이것이 석가모니 부처님의 불교다

이것이 석가모니 부처님의 불교다

발행일   2023년 9월 22일

지은이   정해석(신원)
펴낸이   손형국
펴낸곳   (주)북랩
편집인   선일영   편집   윤용민, 배진용, 김다빈, 김부경
디자인   이현수, 김민하, 안유경, 최성경   제작   박기성, 구성우, 배상진
마케팅   김회란, 박진관
출판등록   2004. 12. 1(제2012-000051호)
주소   서울특별시 금천구 가산디지털 1로 168, 우림라이온스밸리 B동 B113~114호, C동 B101호
홈페이지   www.book.co.kr
전화번호   (02)2026-5777   팩스   (02)3159-9637

ISBN   979-11-93304-65-5 03220 (종이책)   979-11-93304-66-2 05220(전자책)

(주)북랩 성공출판의 파트너

북랩 홈페이지와 패밀리 사이트에서 다양한 출판 솔루션을 만나 보세요!

홈페이지 book.co.kr   •   **블로그** blog.naver.com/essaybook   •   **출판문의** book@book.co.kr

작가 연락처 문의 ▶ ask.book.co.kr

작가 연락처는 개인정보이므로 북랩에서 알려드릴 수 없습니다.

재가불자가 쓴
정통 불교 교과서

이것이
석가모니
부처님의
불교다

정해석(신원) 지음

 북랩

초기불교는 석가모니 부처님을 교주로 하는 불교입니다. 석가모니 부처님은 위없는 깨달음을 스스로 얻은 역사적 실존 인물이며 결코 신이나 절대자가 아닙니다.

우리나라는 1,000년이 넘도록 불교 국가라고 해 왔지만 중국불교에 가려서 초기불교는 전혀 알지 못했습니다. 오히려 옛날에 수준 낮은 저급한 종교가 있었다는 정도로만 알려졌습니다(오시교판). 그러다가 초기불교의 제 모습을 알게 된 것은 고작 40~50년 정도밖에 되지 않았습니다.

초기불전연구회의 각묵 스님, 대림 스님과 빠알리 성전협회의 전재성 회장님에 의해서 5부 니까야의 원전 모두가 번역되면서부터입니다. 그 이후로 초기불교 해설서도 각묵 스님과 일묵 스님을 비롯하여 성열 스님 등이 쓰신 여러 권이 나와서 대승불교와 선불교 일색에서 벗어나는 계기가 되었습니다.

저는 불교를 전문적으로 공부한 사람이 아닙니다. 지극히 평범한 재가불자입니다. 초기불교 경전이 번역, 보급되기 전에는 다 그랬듯이 저도 불교라면 대승불교와 선불교만 있는 줄 알았습니다. 그러던 제가 초기불교를 접하게 된 것은 강남포교원의 성열 스님을 만나면서입니다. 성열 스님은 벌써 40년 전에 우리나라 최초로 서울 시내 한복판에 초기불교의 포교원(강남포교원)을 설립하시고, 1985년도에 누구보다도 앞서 영국의 빠알리 성전협회의 영역본(PTS)을 번역, 요약하여 아함경의 번역, 요약본과 합쳐 『부처님 말씀』이라는 제호로 출간하신 바가 있는 초기불교의 선구자이십니다.

이 책의 내용은 기존에 출간된 다른 책들과 대동소이합니다. 그래서 어떤 대목은 성열 스님을 비롯하여 각묵 스님, 일묵 스님 등의 글을 거의 그대로 옮기다시피 한 부분이 여러 군데 있습니다. 설명이 워낙 잘되어 있어서 더 이상 제가 덧붙일 것이 없기 때문입니다. 이분들 외에도 김윤수 변호사, 오강남 교수, 묘원 법사, 김재성 교수, 조성택 교수, 도법 스님, 미산 스님, 관정 스님 등으로부터도 많은 도움을 받았습니다.

그런데 이 책은 기존의 책들과 다른 점이 몇 가지 있습니다. 기존에 전문가들의 훌륭한 해설서들이 있는데도 불구하고 제가 이 책을 쓰게 된 것도 사실은 이 점을 쓰기 위한 것이기도 합니다.

첫째, 반야심경에서 사성제를 부정하는 것은 잘못된 것이므로 독송하지 않는 것이 좋다는 점을 지적했습니다.

둘째, 우리나라의 대승불교는 상당 부분 힌두화되었다는 점을 지적하였고, 특히 유식의 아뢰야식은 석가모니 부처님의 가르침이 아니라 사실상 아트만사상이라고 비판하였습니다.

셋째, 선불교는 힌두화된 대승불교가 중화사상으로 콧대가 높은 중국에 전래되면서 유교(성리학)의 심성사상 및 직관과 무위자연을 주창하는 중국의 도가(노장)사상과 섞이면서 석가모니 부처님의 흔적은 하나도 찾을 수 없게 되었으므로 불교라고 할 수 없고 중국의 조사교라고 하는 것이 합당하다는 점을 지적하였습니다.

넷째, 그동안 너무 소홀히 취급되어 왔던 재가불자에 대한 부처님의 가르침을 설명했다는 점입니다.

마지막으로 당초 삼법인이 논의되던 때와는 다르게, 갈수록 거세지는 기독교 등 계시종교에 대응하기 위해서 시대에 맞게 삼법인을 새롭게 재정립할 필요가 있다는 점을 지적하고 그 대안을 제시했습니다.

그러나 위 첫 번째와 두 번째 그리고 세 번째의 지적에 대해서는 매우 충격적으로 받아들이는 사람이 많을 것입니다. 왜냐하면 이들 세 가지는 기성 교권에서는 대놓고 논의하기가 어려운 것들이기 때문입니다.

그러나 저는 기성 교권과는 전혀 무관한, 평범한 재가불자입니다. 그런 제가 20년 넘게 공부하면서 느낀 솔직한 생각을 쓴 것입니다. 잘못된 점에 대해서는 명확한 근거를 제시하고 비판하였으며 나름대로 합리적인 대안까지 제시하였습니다.

어떻든 제가 알기로는 이런 내용의 책이 국내에서 처음이므로 여러 가지 반향이 있을 것입니다. 편향적인 시각이라는 강한 비판도 있을 것이고, 저의 의견에 동조하는 사람도 상당히 있을 것으로 저는 생각합니다. 이 책을 계기로 불교계에서 이들에 대해 공개적이고 충분한 논의가 있기를 바랍니다.

불교를 전문적으로 공부한 사람이 아니므로 잘못 알고 있는 것이 있을 줄 압니다. 지적해 주시면 바른 공부가 되도록 노력하겠습니다.

참고로 본문 중 괄호 안의 영문 약자 A, D, M, S는 각각 앙굿따라니까야, 디가니까야, 맛지마니까야, 상윳따니까야를 표시한 것입니다.

2023년 9월

정해석(신원)

차례

제3부 초기불교

제4부 초기불교의 교학

제5부 초기불교의 수행

제6부 초기불교 수행의 결과

제7부 업과 윤회

제8부 재가불자에 대한 가르침

제9부 우리나라 불교의 현실

제10부 새로운 삼법인을 생각하다

제11부 어떻게 살 것인가

제1부

불교는 다른 종교와 무엇이 다른가

1
불교는 인간의 종교입니다

이 세상에는 불교 외에 기독교, 이슬람교, 힌두교, 유대교, 유교, 신도 등 수많은 종교가 있습니다. 불교에는 이들 종교와 몇 가지 다른 특성이 있습니다. 그 특성은 모두 연기법에서 도출되는 것들입니다.

우선, 불교는 인간의 종교입니다.

부처님의 가르침은 인간의 문제로부터 출발하여 인간의 문제를 해결하는 데서 마치게 됩니다. 따라서 불교는 처음부터 신의 문제를 거론하지 않는 무신론입니다. 인간의 문제는 인간 스스로 해결할 수 있다고 보기 때문입니다. 이와 같이 불교는 인간의 가능성에 대한 깊은 신뢰 위에 세워진 종교입니다. 이와 관련된 몇 가지 경전의 말씀을 보면 다음과 같습니다.

먼저, "너 자신을 등불 삼고 너 자신을 의지하라. 진리를 등불 삼고 진리를 의지하라. 이 밖에 다른 것에 의지해서는 안 되느니라."

이 말씀은 부처님의 마지막 유훈인 자등명, 법등명의 가르침으로 불교의 기본정신을 잘 나타내 주고 있습니다. 즉, 인간은 스스로에게 등불이 될 수 있는 능력을 본래부터 갖추고 있으니 다른 어떤 것에도 의지하지 말라고 하신 것입니다.

또 『법구경』에는 "자기가 의지할 곳은 자기뿐이니 그 밖의 어디에 의지할 데 있으랴. 자기가 잘 조어될 그때 아주 희귀한 의지처가 생기리"라는 게송이 있습니다.

또 왁깔리라는 병든 비구가 죽기 전에 마지막으로 부처님의 모습을 우러러 뵙고 두 발에 정례를 드리고 싶다고 하자 "왁깔리여, 이 썩어 문드러질 몸을 본들 무슨 소용이 있으랴. 너는 이렇게 알아야 하느니라, 법을 보는 자는 나를 보고 나를 보는 자는 법을 보는 것이다"라는 유명한 말씀을 하셨습니다. 부처님은 예배의 대상도 아니고 매달려 구제를 탄원해야할 상대도 아니라며 스스로 신격화를 거부하신 것입니다.

또 『산수목건련경』이라는 경전에는 "부처님의 가르침을 듣고 왜 누구는 그 경지에 이르고 누구는 그 경지에 이르지 못하는 것입니까"라고 묻는 제자에게 "나는 오직 길을 가르쳐 주는 사람일 뿐 그 길을 가고 안 가고는 내가 어떻게 하겠느냐"라고 하심으로써 스스로 안내자(導士)임을 자처하시기도 하였습니다.

이상에서 몇 가지 부처님 말씀을 살펴보았지만 이를 한마디로 말하면 부처님은 어디까지나 사람이지 신의 아들이 아니며 신과 인간의 중재자이거나 대속자도 아닙니다. 더구나 심판자이거나 신일 수도 없습니다.

신격화의 시도는 불교에 한 발짝도 발붙일 여지가 없습니다. 대승불교로 오면서 부처님은 점차 신격화되지만 이것은 초기불교의 가르침이 아닙니다. 불교가 이처럼 무신론의 입장에 선다는 것은 신까지도 하나의 관념, 우상으로 봄으로써 거기에서부터도 자유롭고자 하는 철저한 인간 중심의 종교임을 말하는 것입니다.

이러한 불교의 특성은 기독교 등 계시종교와 비교해 보면 더욱 분명하게 드러납니다. 서양의 종교에서 인간의 문제는 인간 스스로 해결할 수 없는 구조로 되어 있습니다. 이를 해결하는 데는 절대적인 신이 요청됩니다. 인간은 신에 의해서 창조되었기 때문에 신 없이는 존재할 수 없습니다. 신은 창조주고 인간은 지음을 받은 피조물입니다. 그래서 종교는 신과 인간의 관계로 이해되는 것입니다. 이러한 종교에서 인간은 피조물일 뿐만 아니라 더 나아가서 신의 뜻을 거역한 죄인으로 이해됩니다. 죄인으로서 인간은 창조주인 신에게 의존하고 자신의 죄를 회개해야만 합니다. 이것이 신과 인간의 관계에서 인간이 해야 할 일입니다.

따라서 문제 해결의 열쇠인 구원은 인간의 힘이나 능력에 의해서 이루어지는 것이 아닙니다. 인간은 스스로의 문제를 해결할 수 있는 능력이나 힘이 없으며 구원은 인간의 노력에 대한 보상일 수가 없습니다. 네 공로로 뽑힌 것이 아니라 신의 은총으로 뽑힌 것이라고 합니다.

가끔 불교는 인생 철학이지 종교가 아니라고 말하는 사람이 있습니다. 여기에는 '신을 거론하지 않는 종교는 종교가 아니다'라는 무지와 편견이 담겨 있습니다. 신과 인간의 관계만이 종교라고 하는 종교의 정의는 불교를 몰랐던 시대의 서구 중심 종교관으로서, 이미 오래전에 종교학에서 폐기되었다는 것을 알아야 합니다. 불교는 스스로의 문제를 스스로의 노력과 실천으로 해결하는 인간의 종교라는 것을 알아야 됩니다.

2
불교는 무아의 종교입니다

무아설은 세상의 다른 어떤 종교에도 없는 불교만의 독특한 특성으로, 부처님의 위대한 통찰입니다. 부처님은 이 무아의 진리를 통해 수많은 사람들을 자아라는 미망으로부터, '나'라는 아집으로부터 해방시켰습니다.

무아를 알면 불교를 다 알았다 해도 과언이 아닐 정도로 이것은 불교의 중요한 사상입니다. 그런 만큼 이해하기가 쉬운 것은 아닙니다.

여기서 미리 알아야 할 것은, 불교에서 무아를 말하면 모든 '나', 즉 홍길동이나 갑순이와 같은 생활인으로서의 '나', 그리고 상대방인 너와 구별하는 1인칭 의미의 '나'까지 없다는 것이 아닌가 하는데 그런 것까지 부정하는 것은 아닙니다. 그런 '나'는 인정합니다. 경전의 첫머리에 등장하는 여시아문(如是我聞)할 때의 '아'가 그런 것입니다.

그러나 불교의 무아에서 我(나)는 그런 생활인이나 인칭적 의미에서의 '나'가 아니라 사람을 구성하는 것(오온)에 영혼과 같은 인격적 개체로 여길 만한 영속적인 불변의 실체가 없다는 것입니다.

좀 더 설명하면 다음과 같습니다.

부처님은 철저한 현상적 인간관을 갖고 계셨습니다. 즉, 항시 변하고 있는 현상적 인간 존재의 배후에 '자아'라는 불변하고 항구적인 실체 내지 본체라는 것은 없다는 인간관입니다.

이것은 부처님께서 깨달은 연기법에서 자연스럽게 도출되는 것입니다. 인간은 무상하고 괴로운 색, 수, 상, 행, 식이라는 다섯 가지 요소들의 복합체일 뿐이며 내 의지와 무관하게 조건에 따라 생멸하는 일시적 요소들의 덩어리일 뿐 그 가운데 혹은 그 배후에 그것과는 별도로 '나'라고 하는 항구적 실체가 있는 게 아니라는 것입니다. 그러한 실체가 존재한다는 견해야말로 모든 아집과 번뇌의 근원이 된다는 것입니다.

오온이라는 다섯 가지 구성요소들의 배후에 그것들을 소유하고 있는 소유주, 그것들이 속해 있는 실체 혹은 주체가 따로 있는 것이 아니며 '나의 몸', '나의 감정', '나의 생각'이라고 말하지만 이러한 '나'는 언어의 산물이며 편의상 붙인 이름(가명)일 뿐이라는 것입니다. 마치 부품들을 조립한 것이 있을 때 마차라는 명칭이 있는 것처럼 무더기들(蘊)이 있을 때 중생이라는 인습적 표현이 있을 뿐이라고 했습니다(와지라경).

한 마디로 내 몸과 마음은 조건 따라 끊임없이 일어나고 사라지는 현상들의 연기적 흐름일 뿐 내 마음대로 할 수 있는 '나'라는 실체, 즉 영혼과 같은 영속적인 실체가 있는 것이 아니라는 것입니다. 요컨대 인간은 고정불변의 실체가 아니라 시간적으로는 조건 따라 항시 변하고 있는 과정이나 흐름으로서의 존재일 뿐이며, 공간적으로는 여타 사물들이나 인간들과의 상호작용 및 관계를 통해 그때그때 형성되어 가는 관계적 존재일 뿐이라는 것입니다. 그러니까 부처님은 '나'라는 존재를 다섯 가지 무더기(오온)로 해체한 최초의 해체주의자라고도 부를 수 있습니다.

무아에 관한 경전 『오온무아상경 - S』의 말씀은 다음과 같습니다.

> 비구들이여, 색(色: 몸)은 자아가 아니다. 만약 색이 자아라면 병에 걸릴 리가 없다. 또 그것에 대하여 나의 몸은 이렇게 되어라 저렇게 되어라 하고 말할 수 있을 것이다. 그러나 색은 자아가 아니기 때문에 병에 걸리며 또 이렇게 되어라 저렇게 되어라 하고 말하지도 못한다. 수(受)에 대하여도 마찬가지이며 상(想), 행(行), 식(識)도 마찬가지다.
>
> 또 색, 수, 상, 행, 식 등 오온의 어느 것도 무상하다. 그래서 무상한 것은 모두 괴로움이다. 무상하고 괴롭고 변하는 성품을 지닌 것을 두고서 '이것은 나의 것이다. 이것은 나다. 이것은 나의 자아다' 하고 볼 수 있겠는가, 과거, 현재, 미래의 오온에 대하여 그 어떤 것이든 나의 것이 아니고 나가 아니고 나의 자아가 아니라고 진실한 지혜로 여실히 관찰하지 않으면 안 된다. 그렇게 관찰하면 오온을 싫어(염오)하여 그것에 집착하지 않고(이욕) 해탈하는 것이 가능하다. 그리하여 '나는 해탈했다' 하는 자각이 생겨서 '태어남이 다했다. 거룩한 행위를 닦았다. 할 일을 다 했다. 다시는 이 상태로 돌아오지 않는다'는 것이다.

불교의 무아와 관련하여 생각해 볼 것이 하나 있습니다. 세계적인 역사학자 토인비가 '모든 종교는 자기중심주의를 극복하는 것'이라고 말한 것처럼 다른 종교에서도 '자기 비움', '자기 버림'을 말하고 있는 것이 많이 있습니다. 그리스도교의 예수는 "누구든지 나를 따라오려거든 자기를 부인하고 제 십자가를 지고 나를 따라오너라"라고 말했고, 유교에서도 사(私)를 잊으라고 했고, 도가의 장자도 오상아(吾喪我: 나를 잃어버림)의 경지를 이야기하고 있습니다.

그렇기 때문에 혹자는 이들 종교에서의 '자기 비움', '자기 없앰'과 불교의 무아가 같은 것이 아닌가 하는 생각을 할 수도 있습니다. 실제로 가장 많이 오해하는 부분입니다.

그러나 양자는 차원이 전혀 다른 것입니다. 즉, 다른 종교에서의 '자기 비움'은 그들 종교에서의 윤리적인 요청에 따른 정신적인 상태(몰아와 같은 자기 망각)를 의미하는 것인데 반하여 불교에서의 무아는 이러한 윤리적인 요청을 넘어 '나'라는 존재를 오온으로 해체하여 그 실상을 통찰함으로써 집착의 근원을 제거하는 존재론적 진리라는 점에서 근본적으로 차원을 달리하는 것입니다. 다시 말하면 불교의 무아는 그것이 망아의 황홀한 상태를 말한다거나, 무념무상의 경지에 드는 것과 같은 정신적 상태를 가리키는 것이 결코 아니라는 것입니다. 나 자체가 존재론적으로 불변의 실체가 없다는 것입니다.

무아에 관해서 윤회와 모순되는 것이 아니냐는 논의가 있으나 무아와 윤회는 결코 모순되는 것이 아닙니다. 이 점에 관해서는 뒤에 별도로 상세히 설명할 것입니다.

3
불교는 열린 종교,
평화의 종교입니다

불교는 진리에 대한 독선이 없는 열린 종교, 개방적인 종교입니다.

부처님은 "연기의 진리는 내가 지은 것도 아니고 다른 사람이 지은 것도 아니다. 여래가 이 세상에 나오든 나오지 않든 진리는 항상한 것이다. 여래는 다만 이 진리를 깨쳐서 중생들에게 설할 뿐이다"라고 말씀하셨습니다. 여기에는 누구든지 진리를 깨치면 부처님이 될 수 있다는 전제가 있습니다.

불교가 열린 불교임을 나타내는 유명한 것으로 뗏목의 비유가 있습니다. 괴로움이 있는 이 언덕에서 평안의 저 언덕으로 건너가기 위해서는 강을 건너는 뗏목이 필요한데 그 뗏목, 혹은 배가 다름 아닌 종교와 같은 것입니다. 그런데 그 배는 사람의 취향에 따라 소승의 작은 배를 타고 갈 수도 있고, 대승의 큰 배를 타고 갈 수도 있는 것이며 그 배는 불교호일 수도 있고 기독교호, 힌두교호, 이슬람교호일 수도 있습니다. 이 비유는 어떤 종교를 믿을 것인가는 각자의 선택에 달려 있다는 것입니다. 불교는 인간의 매우 다양한 정신적 성향을 인정하고 있습니다.

또 종교의 상대성을 알 수 있는 경전으로 『깔라마경 - S』이라는 유명한 경전이 있습니다. 이 경은 내노라 하는 수많은 사람들이 자기의 말만이 진리이고 다른 사람의 말은 거짓이라고 하니 누구의 말이 진리인가를 묻는 깔라마들에게 부처님께서 하신 말씀입니다.

깔라마들이여, 풍문이나 전설이나 소문에 잘못 이끌리지 마시오. 어떤 종교의 성전에 있는 말이라고 해서 무조건 이끌리지 마시오. 논리나 추리에 불과한 말에 이끌리지 마시오. 검증되지 않은 논리의 전제에 이끌리지 말고, 어떤 이론이 사람들의 지지를 받는다고 무조건 따르지 말고, 어떤 가르침이 남들의 비난을 받는다고 무조건 배척하지도 마시오. 어떤 사람이 그럴듯해 보인다고 해서 그 사람에 이끌리지 말고, 사람들로부터 존경받고 있는 사람이 주장했다고 해서 그 말에 현혹되지 마시오.

깔라마들이여, 이것은 아무 쓸모도 없는 것은 아닌가, 나무랄 만한 것은 아닌가, 지혜로운 사람들에게 책망받을 만한 것들은 아닌가, 또 이것을 받아들이면 좌절이나 고통에 빠져드는 것은 아닌가를 당신들 자신이 잘 식별하고 판단하여 거절해야 할 것은 마땅히 거절해야 할 것이요. 또한 내 말에 대해서도 마찬가지요. 나에 대한 존경심 때문이 아니라 내 말에 대해서도 면밀히 검토해 보고 나서 옳다고 생각되거든 받아들여야 할 것이요.

이 말씀 가운데 특히 중요한 것은 '성전에 쓰여 있다고 해서, 스승의 말이라고 해서 그대로 따르지 말라'라는 말씀입니다. 성전(聖典)은 진리를 설명하고 표현하는 것일 뿐이지 진리 그 자체는 아님니다. 따라서 성전들은 상대적인 것입니다.

이것은 경전을 설(設)하는 시간이나 장소 또는 듣는 사람이 누구냐에 따라 그 내용이 얼마든지 달라질 수 있다는 말입니다. 예를 들어 성경이라는 것도 2,000년 전 팔레스타인이라는 시간과 장소에서 표현이 그렇게 된 것이지, 만약 시간과 장소가 다르다면 그 설명이나 표현은 얼마든지 달라질 수 있는 것입니다. 그럼에도 불구하고 '표현된 문자(말씀) 그대로가 진리 그 자체다'라고 생각한다면 그것은 상대적인 것을 절대화하는 오류를 범하게 되는 것입니다.

경전(심사빠 숲경 - S)에 보면 부처님이 제자들과 숲속을 거닐다가 낙엽을 한 움큼 쥐고 제자들에게 "내 손안에 있는 나뭇잎과 저 숲속에 있는 나뭇잎 중 어느 것이 많으냐"라고 물으시자 제자들은 "그야 숲속의 나뭇잎이 비교할 수 없을 만큼 많습니다"라고 대답했습니다. 그러자 부처님께서는 제자들에게 "비구들이여, 그와 마찬가지로 내가 설한 가르침은 손바닥의 나뭇잎처럼 적고, 내가 설하지 않은 부분은 저 숲속에 있는 나뭇잎처럼 많으니라"라고 말씀하셨습니다. 여기서 우리는 무한한 진리 자체와 표현된 것의 유한성을 잘 알 수 있습니다. 표현된 것만이 진리라고 절대화했을 때 표현되지 않거나 혹은 그것과 다른 것은 모두 거짓이라고 하는 어리석음에 빠지게 됩니다.

또 부처님은 스승인 내 가르침이라도 무조건 따르지 말고 따져봐서 이치에 맞고 합당하면 따르라고 하셨습니다. 예수나 마호메트에게서는 상상할 수도 없는 말씀입니다.

열린 종교인 불교는 진리를 독점하지 않습니다. 모든 것이 관계에 의해 결정된다는 불교의 상대적 연기사상은 나만이 옳다는 독선적 사고를 허용하지 않습니다.

종교란 본래 '나'를 넘어서는 것을 추구하는 정신적, 사회적 실천입니다. 그렇기 때문에 차이와 다름에 대한 관용과 인정은 종교적 실천의 출발이자 종교인의 내면적 덕목입니다.

종교가 다른 믿음 체계를 용인하지 않을 때 종교는 다른 어떤 이념보다도 더 무자비한 폭력을 낳습니다. 지난 역사를 돌이켜 보면 종교적 독선이 가져온 폐해는 너무나 엄청난 것이었습니다.

역사적으로 인류를 구원하겠다고 나선 종교가 여럿 있었는데 그 중에서 과연 인류에게 진정한 자유와 평화 그리고 행복을 준 종교는 어느 종교였나요. 십자군전쟁, 종교재판, 마녀사냥과 화형, 수많은 종교전쟁 등으로 중세 천년의 긴 역사를 암흑 속에 살게 한 종교는 어느 것이었나요.

근대 이후에도 노예제, 제국주의, 과학적 지식이나 자유사상의 억압, 유대인 학살 등의 부정적 역사는 어느 종교의 것이었나요. 그리고 지금도 9·11테러, 이스라엘과 팔레스타인 간의 전쟁, 발칸 반도의 인종청소, 이슬람과 힌두교의 충돌 등 지구촌 곳곳에서 끊임없이 자행되는 처절한 분쟁사태는 어느 종교를 배경으로 하고 있는가를 생각해 본다면 기독교, 이슬람 등 게시종교의 독선적 폐해를 알 수 있는 것입니다. 그것은 그들의 유일절대 사상이 '나와 다름'을 결코 인정하지 않는다는 것입니다. 진리를 독점하는 닫힌 종교이기 때문입니다. 성경이라는 문자에 꽉 막혀 꼼짝 못하는 종교입니다.

이에 반하여 공존과 상생을 의미하는 불교의 무아, 연기사상은 위와 같은 인간의 상극적인 집단 광기로부터 인류를 구원할 수 있는 비폭력, 평화주의 종교로서 21세기, 나아가 인류의 영원한 공존, 공영의 대안사상으로 가장 적합하다 하겠습니다.

칼 야스퍼스는 "불교는 종교라는 이름으로 다른 종교를 탄압하고 폭력이나 종교재판, 종교전쟁을 일으키지 않은 유일한 종교다"라고 했습니다. 또 인도의 불교 성군이라고 칭송되는 아쇼카 왕은 "타인의 신앙을 존중하는 것은 나의 신앙을 존중하는 것이며 반대로 타인의 신앙을 해치는 것은 곧 자신의 신앙을 해치는 것이다"라고 했습니다.

더 나아가서 부처님은 "마치 강을 건넌 사람이 뗏목을 버리듯이 불법까지도 버려야 한다"라고 말씀하셨습니다. 황금으로 된 감옥도 자유를 속박하기는 마찬가지라는 말씀입니다. 자신의 가르침에 대해 세상의 어떤 종교 창시자도 하지 못한 말씀을 부처님은 서슴없이 하고 계신 것입니다. 불교는 이렇게 열린 종교입니다. 종교에 배타와 독점이 있어서는 안 됩니다.

기독교가 지상에 건설하려는 '하나님 나라'라는 것이 모든 차별이 철폐되고 사랑과 평화, 정의가 실현되는 곳이라 할진대 이러한 초월적인 가치는 교회만이, 기독교만이 독점하는 것이 아니라 모든 인류가, 모든 종교가 추구하는 것입니다. 이런 측면에서 보면 인간 중심적이며 현실을 중시하고 개방적이며 평등의 종교라는 특성을 갖는 불교야말로 세계의 모든 종교 중에서도 이러한 가치 실현에 가장 적합한 것이라 하겠습니다.

이제 세월이 많이 흘러 20세기를 지나 21세기가 되었습니다. 피자가 서양 사람만 먹는 음식이 아니고 김치가 한국 사람만 먹는 음식이 아닙니다. 공존의 밀도가 높아져서 모든 경계가 무너져 서로 섞이고 융합되어 하나로 돌아가는 세상입니다.

바야흐로 하나 속에 여럿이 있고 여럿 속에 하나가 있는, 그야말로 상즉, 상입하는 걸림 없는 세상이 되어 가고 있습니다. 초연결의 시대입니다.

이런 판에 종교만이 서로 벽을 쌓고 있을 수는 없는 것입니다. 하나의 종교만을 아는 것은 종교에 대해서 아무것도 모르는 것과 같습니다. 종교 간의 대화와 이해 없이는 세계의 평화는 없습니다.

다행히 최근 들어 문자(말씀)주의에 매몰된 근본주의자들의 극렬한 반발에도 불구하고 종교 간의 대화와 공존을 추구하는 종교다원주의 논의가 조금씩 활기를 띠고 있는 것은 매우 고무적인 것입니다.

영국의 세계적인 역사학자 토인비는 "후대의 역사가들이 20세기에 일어난 일 가운데 무엇을 가장 의미 있는 일로 볼 것인가라고 가정했을 때, 우주선이나 컴퓨터 같은 과학기술의 발전이나 공산주의의 발생과 몰락과 같은 사회, 정치적 사건이 아니라 기독교와 불교가 처음으로 의미 있게 만난 것을 지적하리라"라고 예견했다고 합니다. 시사하는 바가 매우 큰 훌륭한 통찰이라고 생각합니다.

4
불교는 현실을 중시하는
종교입니다

불교는 현실을 중시하는 종교입니다. 형이상학적인 관념론이 아닙니다. 불교에 대한 많은 오해 가운데 하나는, 마치 불교가 현실을 떠난 문제나 신비한 세계를 추구한다고 생각하는 것입니다. 그러나 불교에서는 '현재의 내가 어떻게 생각하고 말하고 행위하는가'를 가장 중요하게 생각합니다. 왜냐하면 지금 내가 생각하고 말하고 행위하는 것이 바로 나의 미래를 창조해 가고 이 사회의 미래를 결정짓기 때문입니다. 불교의 업설의 기본도 여기에 있습니다.

이와 같이 불교는 지금, 여기를 떠난 다른 어떤 세계에 안주하라는 가르침이 결코 아닙니다. 부처님께서는 당신의 가르침이 지금, 이곳의 문제를 여실히 보고 해결해 가는 것임을 누누이 강조하셨습니다.

대표적인 것이 사변적인 형이상학적 사항에 대한 10가지 질문에 침묵하신 10무기(無記)와 침묵의 이유를 설명한 유명한 독화살의 비유(전유경)입니다.

부처님께서 기원정사에 계시던 어느 날 마룽카풋타라는 제자가 여쭈었습니다.

"부처님이시여, ① 세계는 시간적으로 무한인가 ② 유한인가 ③ 세계는 공간적으로 무한인가 ④ 유한인가 ⑤ 생명과 육신은 동일한가 ⑥ 다른가 ⑦ 여래는 사후에 존재하는가 ⑧ 존재하지 않는가 ⑨ 존재하기도 하고 존재하지 않기도 하는가 ⑩ 존재하는 것도 아니며 존재하지 않는 것도 아닌가요."

이러한 질문에 부처님은 대답을 하지 않고 침묵을 지키셨습니다. 대답을 재촉하는 제자에게 침묵한 이유를 설명한 것이 유명한 독화살의 비유입니다.

"마룽카풋타여, 어느 사람이 독화살을 맞았다고 하자. 그때 이 화살을 누가 쏘았고 어떤 방향에서 날아왔으며 독의 성질이 무엇인지 따지는 것이 급한가, 아니면 먼저 화살을 뽑고 응급처치를 하는 것이 더 급한가."

"물론 화살을 먼저 뽑고 응급처치를 해야 합니다."

그러자 부처님께서 다시 말씀하셨습니다.

"그와 같이 내가 가르치는 것도 형이상학적인 공론이 아니라 지금, 여기에 있는 고(苦)의 현실을 알고 이를 극복하는 일이다. 내가 한결같이 말하는 것은 괴로움과 그 괴로움의 원인, 그리고 괴로움을 멸하는 길이다."

불교는 이 말씀처럼 공리공론이나 신비한 다른 어떤 세계의 문제를 논하는 관념론적 형이상학이 아니라 우리가 현재 살아가고 있는 삶의 문제를 하나하나 해결해 가는 생생한 가르침입니다. 그런데 대승불교와 선불교에 와서는 이러한 초기불교의 현실적인 경험론이 선험적인 관념론으로 치우치게 되어 많이 달라지게 되는데 이에 관해서는 뒤에 12연기 부분에서 설명할 것입니다.

또 부처님은 당신의 가르침의 기본적 성격을 "현실에서 사실로 경험되는 것이며, 어느 시대에나 적용될 수 있는 것이며, 누구라도 와서 보라고 말할 수 있는 것이며, 열반으로 잘 인도하는 것이며, 지혜에 의해 스스로 경험될 수 있는 것이다"라고 말씀하신 바 있습니다. 이 말씀도 불교가 미래의 다른 세상 얘기를 하는 것이 아니라 현실을 중시하는 가르침이라는 것을 나타내고 있는 것입니다.

5
불교는 모든 생명의 평등을
지향하는 종교입니다

불교의 핵심은 깨달음입니다. 깨달음이란 '나다'라는 울타리가 깨져서 나와 남, 나와 다른 모든 생명, 나와 자연이 하나가 되어 서로 통하는 것입니다. 제법무아가 그것입니다. 이 깨달음이 불교의 평등관이 성립되는 기초입니다.

불교의 평등관은 세 가지로 나누어 볼 수 있습니다.

첫째, 부처님과 인간의 평등입니다. 중생과 부처가 본래 다르지 않다는 것입니다. 부처님은 깨달은 사람입니다. 고타마 싯다르타는 정진 끝에 존재의 실다운 모습에 눈떴기 때문에 부처님이 되신 것입니다. 마찬가지로 우리들 가운데 누구라도 그 진리에 눈뜨면 역시 깨달은 자(覺者)인 부처님이 됩니다. 부처님은 깨달은 사람이고 중생은 장차 깨달아 부처가 될 사람이기 때문에 깨달았는가, 깨달을 것인가의 차이만 있을 뿐 본질적으로는 차별이 없습니다.

초전법륜에서 다섯 명의 제자가 깨달았을 때 부처님은 여섯 명의 아라한이 생겼다고 기뻐하셨습니다. 자신도 아라한의 한 명으로 똑같이 보신 것입니다.

서양의 종교에서는 인간과 신이 평등할 수 없습니다. 기독교의 경우는 인간으로 태어난 사람 중에 신성을 갖춘 존재는 오직 예수 한 분뿐입니다. 그리스도라는 신성을 나타내는 자격은 예수 그리스도 한 분에게만 있습니다. 따라서 예수 이외의 어떤 사람이 그리스도를 주장하는 것은 이단일 수밖에 없습니다.

둘째, 인간과 인간의 평등입니다. 부처님은 다음과 같이 말씀하셨습니다. "사람의 귀천이란 인종이나 가문에 의해서 결정되는 것이 아니라 그 사람이 하는 행위에 달려 있을 뿐이다. 출생에 의해 천민이 되는 것도 아니고 출생에 의해 바라문이 되는 것도 아니다. 우리는 모두 똑같은 사람이다." 또 "나에게 어떤 계급인가를 묻지 말고 어떤 일을 하느냐고 물어라"라고도 하셨습니다.

부처님 당시의 인도는 역사상 유례를 찾을 수 없는 4성제라는 엄격한 계급제도 아래에 있었습니다. 석가모니 부처님은 이처럼 불평등이 제도화된 사회에서 태어나서 자랐고 그 자신이 불평등한 사회의 기득권자였음에도 불구하고 만인의 평등을 주창하신 것입니다. 기원전 6세기 때의 일입니다.

인류 역사상 신분제 폐지가 논의되고 실현되기 시작한 것은 인류 문명이 한참 발달했다고 하는 19세기 초중반 이후의 일입니다. 부처님으로부터 2천 년이 훨씬 넘은 후의 일입니다. 오늘날에는 만민의 평등이 하나의 상식이지만 2천5백여 년 전에는 만인의 평등이란 상상하기조차 힘들었던 일이었습니다.

인간의 이성이 신과 계급의 굴레에 짓밟혔던 암흑의 시대에, 인간은 계급으로 태어나는 것이 아니라 모두가 맑고 순수한 마음으로 태어났다고 만인의 평등을 주장하였던 분이 바로 석가모니 부처님입니다. 피부색에 의해 차별받는 것을 거부하셨고 남녀의 차별도 거부했습니다. 그가 어떤 집안에 태어났느냐에 따라 그의 인격이 결정되는 것이 아니라 사람은 그가 하는 행동에 따라 평가받아야 한다고 가르쳤습니다. 아무리 검은 피부를 가지고 태어났다고 해도 그가 하는 행동이 착하고 정의로우면 그 사람은 흰 피부를 가진 사람과 다름이 없다고 가르쳤습니다. 지금도 피부색에 의한 차별이 완전히 해소되지 않았다고 볼 때 부처님의 생각이 얼마나 시대를 초월한 것인가를 알 수 있습니다.

부처님은 여성들도 남성들과 똑같은 능력이나 자질을 가지고 있다는 것을 인정하고 여성들에게 출가의 문을 열어 주었습니다. 이렇게 볼 때 부처님은 종교 이전에 인간의 존엄과 가치를 인류 최초로 주창하신 인권의 선각자이심을 알 수 있는 것입니다. 현대사회에서는 빈부의 격차가 하나의 새로운 사회적 계급처럼 고착화되고 있는 것이 걱정입니다.

셋째, 다른 모든 생명과 자연과의 평등입니다.

불교가 바라보는 세계의 실상은 연기의 세계입니다. 연기란 모든 존재가 서로 연관되어 존재함을 의미합니다. 연기의 세계에서 나의 존재는 다른 존재에 의존하며 다른 존재가 없으면 나의 존재도 없습니다. 나는 고립된 개체가 아니라, '나' 아닌 모든 존재와 연결된 관계로 존재합니다. 이것이 있으므로 저것이 있고, 저것이 있으므로 이것이 있는 것입니다.

'나'는 다른 인간은 물론, 동물 등 다른 모든 생명에 의존하고 있으며, 산, 강, 나무, 풀 등 자연세계에도 의존하고 있습니다. 이러한 연기적 세계관을 아름답게 형상화한 것이 바로 화엄세계의 인다라 망입니다. 이것은 우리의 존재가 모두 서로 연관되어 있다는 '관계의 그물망'을 의미하는 것인데 이 세계에서 보자면 각 개별 존재는 본원적으로 평등(상즉)하며 상호의존(상입)하고 있다는 것입니다. 하나의 구슬에 모든 구슬이 들어 있는 것처럼 개별 존재는 전체의 일부로서 존재하는 것이 아니라 그 자체로 하나의 생명공동체를 이루고 있는 평등한 전체입니다. 인간은 모든 생명 가운데 하나일 뿐입니다.

제2부

부처님의 생애

1
부처님 당시의 인도

(1) 바라문 문화, 엄격한 계급제도

불교를 정확히 이해하기 위해서는 부처님이 살았던 당시의 정치, 경제, 문화, 사회, 사상 등에 관한 역사적 배경을 살펴보는 것이 중요합니다. 부처님도 시대 속의 인물이기 때문입니다.

원래 인도는 피부색이 검고 코가 낮은 원주민들이 지금으로부터 5천여 년 전에 이미 찬란한 문명의 꽃을 피우고 있었습니다. 100년 전에 발견된 모헨조다로의 유적을 통해서 당시에 이미 하수도나 목욕탕 시설을 비롯하여 계획적인 도시 건설이 있었음을 알 수 있습니다. 또한 그들의 고유한 문자를 비롯하여 가부좌를 튼 요가의 형상이나 조각 등을 통해 그들의 생활상을 엿볼 수 있습니다.

그런데 지금부터 3,500여 년 전인 B.C. 15세기경에 피부색이 희고 코가 높은 인종인 아리아인들이 침입해 들어오면서부터 이들이 원주민을 지배하고 인도 문화를 주도하게 되었습니다. 그들은 점차로 정착하면서 원주민을 지배하기 위해 아리안 중심의 종교와 사회제도를 확립했습니다.

이들은 베다라는 성전을 받들고 있었는데 이 종교를 바라문 문화라고 불렀습니다. 이러한 종교적 분위기 속에서 자연히 신과 인간을 중개해 주고 제사와 같은 종교의례를 전문적으로 맡는 바라문이라는 사제계급이 부상하게 되었고 그들은 이른바 4성계급이라는 독특한 계급제도를 형성해 그들의 지배체제를 영속화해 갔습니다.

4성이란 사제계급인 바라문을 정점으로 왕족, 평민, 노예 등의 네 계급을 수직적으로 나눈 것입니다. 각 계급은 세습되었고 직업도 계급에 따라 결정되었으며 결혼도 같은 계급끼리만 하도록 되어 있는 엄격한 계급제도였습니다.

바라문은 최상층의 계급으로 창조신의 '머리' 부분에서 나왔다고 했는데 이들은 당시의 지식인이자 사제로 왕권 위에 군림하였습니다. 바라문들은 베다를 신의 계시서라고 말하며 그것을 역사적 사실인 것처럼 가르쳤는데 이들의 가르침을 바라문교라고 합니다. 이러한 바라문교는 4세기경 굽타왕조시대에 와서 힌두교라고 이름을 바꾸었는데 인도인들의 민족종교인 힌두교는 오늘날까지도 혈통에 의한 신분의 차별을 강조하고 있습니다.

두 번째 계급은 창조신의 '어깨' 부분에서 나왔다는 끄샤뜨리아로 왕이 될 수 있는 무사계급입니다. 부처님이 어머니 마야 부인의 오른쪽 옆구리에서 태어났다는 설화는 부처님이 속한 계급을 말합니다.

세 번째 계급은 창조신의 '배'에서 나왔다는 바이샤로 주로 농사를 짓거나 수공업에 종사하거나 장사를 하는 평민들입니다. 네 계급 가운데 유일하게 납세의 의무를 지고 있었습니다.

네 번째 계급은 슈드라로 창조신의 '발'에서 태어났다고 했습니다. 주로 검은 피부를 가진 원주민이나 피정복민들이 여기에 속했습니다. 이들은 교육을 받을 권리도 없었고 재산의 소유도 허락되지 않았으며 세금도 내지 않고 평생을 오로지 자유민인 위 계급을 위한 봉사만 했습니다. 만약 노예계급의 사내가 바라문의 여인과 혼인하여 자식을 낳으면 아웃카스트라 하여 아예 사회적 계급조차 없는 불가촉천민으로 취급하였습니다.

부처님은 바라문들의 이러한 가르침을 자기들의 이익을 꾀하는 날조된 주장이라고 신랄하게 비판했습니다. 그러자 바라문들은 부처님에게 '발뒤꿈치'에서 태어난 놈이라며 욕설을 퍼부었습니다.

부처님이 발뒤꿈치에서 태어났다는 것은 노예보다도 더 천한 신분이라는 뜻입니다.

(2) 바라문 문화의 특별한 점

바라문들이 주도하는 인도 문화에는 위에서 언급한 엄격한 계급제도 외에 특별한 점이 몇 가지가 있습니다.

첫 번째는, 이들 아리안들은 이 세상을 산다는 것이 괴로움(苦)이라고 보았습니다. 아마도 인도의 자연환경이 살기 너무 힘들었기 때문이라 봅니다. 인도아대륙의 기후는 건기, 혹서기, 우기로 나누어지는데 건기 특히 혹서기에는 섭씨 50도를 오르내리는 살인적인 무더위가 계속되고 우기 때는 몬순이 몰고 오는 폭우가 쏟아져 홍수가 맹위를 떨칩니다.

두 번째는, 이와 같은 고통스런 삶은 육신의 죽음으로 끝나는 것이 아니라 수레바퀴가 돌듯이 반복한다고 보아 윤회(輪廻)를 믿었습니다.

세 번째로, 이처럼 윤회하는 삶은 그대로 고해(苦海)이므로 고해에서 벗어나 자유로워지는 해탈(解脫)을 얻는 것이 바라문들의 중요한 목표가 되었습니다.

네 번째로, 삶이 끊임없이 반복되는 순환이라고 한다면 무엇 때문에 누구는 장수(長壽)하고 부귀한 삶을 누리고 누구는 단명에 빈천한 삶을 살아야만 하느냐는 의문을 자연스럽게 가졌을 테고 그에 대한 답이 까르마, 즉 업(業)이라는 결정론적인 윤리법칙을 낳게 되었습니다.

다섯 번째로, 바라문들은 혈통과 신분에 따른 계급제도를 유지해 나갈 수 있는 온갖 원칙과 규제를 정해 놓고 그것을 다르마, 즉 법(法)이라 하였습니다. 바라문들은 다르마가 절대적인 신의 계시이므로 결코 바뀔 수 없고 인간으로서 거부할 수 없는 원칙이라고 강조했습니다.

인생은 고(苦)요, 삶은 윤회이며 윤회는 자신의 행위인 업에 따른 결과이므로 모든 행동은 다르마(法)를 어기지 않는 것이 선행(善行)이라는 이 믿음은 인도 문화의 저변에 깊이 깔려 있는 특징입니다. 바라문교뿐만 아니라 인도에 뿌리를 두고 있는 모든 문화에는 윤회

(輪廻)와 업(業)과 법(法)이라는 세 개의 사상이 공통적으로 흐르고 있습니다. 힌두교뿐만 아니라 불교나 자이나교도 마찬가지입니다.

한마디로 인도에 뿌리를 두고 있는 사상이면 어떤 사상이라도 윤회와 업 그리고 법이라는 관념을 굳건하게 밑바닥에 깔고 있습니다.

다만 불교도 이러한 관념을 사용하지만 그것에 대한 의미와 해석을 완전히 달리하여 사용하고 있는 것이 다른 것입니다. 이 점에 대해서는 다음에 자세히 설명하게 될 것입니다.

(3) 삶의 네 단계(아슈라마)

바라문 문화에는 위에서 언급한 특별한 점 외에 또 다른 아주 특수한 사회적 전통이 하나 더 있습니다. 그것은 아리안들이 해탈을 얻기 위해서는 그에 맞는 인생을 살아야 한다고 생각하고 삶을 네 단계로 나눈 것입니다.

첫 번째 단계는 범행기(梵行期)라고 하는 것입니다. 이것은 어릴 때 바라문 스승의 밑으로 들어가 바라문으로 살아가는 행동거지를 학습하는 기간입니다. 이때의 학습은 주로 바라문들의 계급적 우월성과 이익을 대변하는 가르침을 외우는 것이었습니다. 이런 과정을 통해 바라문들은 자기들이 고안해 낸 신분 차별제도를 사람들에게 세뇌시킬 수 있었습니다.

두 번째 단계는 가주기(家住期)라고 하는데 자기 집으로 돌아와 가정을 꾸리고 가장으로서의 의무를 다하는 기간입니다.

세 번째 단계는 임서기(林棲期)라고 하는데 장남을 결혼시키는 등 가장으로서의 의무를 마치면 해탈을 얻기 위해 다시 가정을 떠나 숲에 머물면서 요가를 수행하는 기간을 가지게 됩니다.

마지막 네 번째 단계는 유행기(遊行期)라고 하는데 위 임서기의 기간에 요가 수행을 통해 새롭게 터득한 견처가 있으면 그것을 가지고 전국을 떠돌면서 사람들을 설득하고 지지자를 이끌면서 살아갑니다.

바라문들이 고안해낸 이 특수한 사회적 전통 때문에 인도 사회에서는 옛날부터 많은 사상가들이 배출되었고 그들 사상가들 사이에는 자기의 주장을 앞세워 서로 경쟁하며 토론하는 문화가 형성될 수 있었습니다. 그러는 과정에 사상가들 사이에 대립과 투쟁을 낳기도 하여 사상적 혼란을 불러오기도 하였습니다.

이러한 삶의 네 단계는 처음에는 제일 위 계급인 바라문들만의 특권으로 여겼으나 끄샤뜨리아나 바이샤들에게도 점차 개방되다가 부처님 시대에 이르러서는 여성을 제외하고 노예계급인 슈드라까지도 출가할 수 있게 되어 바라문주의의 전통도 많이 퇴색했음을 알 수 있습니다.

어쨌든 이러한 사회적 관습과 전통이 있었기 때문에 인도에는 옛날부터 걸식하며 사는 출가자들이 많았고 사상적으로도 자유분방한 시대여서 인간이 생각할 수 있는 온갖 생각들이 우후죽순처럼 쏟아져 나와 아무런 제약 없이 자유롭게 경쟁할 수 있었습니다. 불교는 이러한 역사적 환경에서 태어나 많은 경쟁자들을 물리치고 우뚝 서게 됩니다.

(4) 반 바라문사상의 태동과 불교의 등장

이상에서 바라문 문화의 특성과 특수한 사회적 전통에 관하여 살펴보았지만 이러한 바라문 문화도 역사의 진전과 더불어 서서히 변해 갑니다. 그 변동의 시작은 아리안들이 비옥한 갠지스강 중류 지방으로 이주하면서 눈에 띄게 나타났습니다.

농업생산이 늘어나고 인구가 집중되면서 곳곳에 도시가 발달하기 시작하였으며 정치적으로도 군소 부족이 통합되어 강대한 국가체제가 나타나기 시작했습니다. 부처님 당시의 인도에는 16개의 큰 나라가 있었는데 이들 대국에는 왕권이 신장되어 왕족계급이 새로운 실력자로 등장하였습니다.

또 경제적으로도 도시가 발달하자 상업과 수공업이 활발해져서 자본가들도 새로운 실력자가 되었습니다. 경전에 많이 언급되는 장자들이 그들입니다.

이처럼 정치적으로 국왕, 경제적으로 자산가들이 큰 세력을 가지게 되자 바라문을 정점으로 하던 사회제도에도 큰 변화가 일어나 4성계급 자체가 크게 흔들리는 시기를 맞게 되었습니다.

그런가 하면 이러한 변화와 맞물려 사상적으로도 큰 변화가 일어나 전통적인 바라문교에 반기를 들고 일어나는 새로운 사상가들이 여기저기에서 출현하기 시작했습니다. 이러한 사상가들이나 종교인들은 위에서 본 바와 같이 삶의 단계에 따라 출가하여 유랑하며 살았는데 그들을 통틀어 사문이라고 불렀습니다. 이 사문 집단이 62종이나 있었다고 할 정도로 그야말로 백가가 쟁명하는 시대였습니다.

그중 대표적인 것을 경전에서는 육사외도, 즉 불교와 다른 사문 여섯이라고 했습니다. 이들에 관해서는 디가니까야의 『사문과경』이라는 경전에 자세히 설명되고 있는데, 이들의 공통점은 베다의 권위를 부정하고 만물이 브라흐만이라는 신으로부터 나왔다는 바라문교의 입장에 반대하여 만물과 인간은 지, 수, 화, 풍 등 실재하는 몇 가지 요소로 구성되었다고 본다는 데 공통점을 가지고 있습니다.

그런데 이 사문들은 선악의 행위가 어떤 결과를 가져오는가 그렇지 않은가 하는 문제를 중심으로 각기 다른 견해를 피력하였습니다. 즉, 이들 가운데는 사람을 죽이거나 남의 물건을 훔쳐도 악을 행하는 것이 아니며 선악의 행위는 도덕적 결과를 초래하지 않는다는 도덕부정론자도 있었고, 인간의 삶은 단지 과거의 업에 따라 정해진 대로 운명이 풀려갈 뿐이라는 숙명론자도 있었습니다. 그런가 하면 감각적 쾌락만을 즐기는 쾌락주의자도 있었고, 일체의 질문에 대답을 회피하는 불가지론자도 있었습니다. 또 영혼을 자유롭게 하기 위해서는 업의 속박을 끊어야 한다며 극단적인 고행을 하는 자이나교와 같은 부류도 있었습니다.

이러한 어수선한 분위기 속에서 이미 지도력을 상실한 바라문교는 점차 타락해서 기득권을 지키기 위하여 종교적 의식을 더욱 복잡하게 만들면서 제사와 공물을 강제하는 데 급급하여 주술적인 속신으로 전락하고 맙니다. 따라서 당시에는 이상과 같은 육사외도로 대표되는 사상적 혼란과 사제 중심, 의례 중심의 낡고 형식적이고 타락한 바라문교의 병폐로부터 벗어나 인간의 근원적인 문제를 풀어 가는 실천적인 종교가 필요하게 되었습니다. 이러한 시대적 요구에 따라 불교가 태동하게 된 것입니다.

부처님이 정각을 이루신 다음 첫 가르침을 펴시면서 "이제 감로의 문을 열겠노라. 귀 있는 자 들으라. 낡은 믿음을 버려라" 하고 외치셨던 말씀은 위의 모든 사정을 한마디로 표현하신 것입니다.

2
부처님 이 세상에 오시다

(1) 부처님의 탄생

부처님은 부족국가인 카빌라국에서 숫도다나 왕과 마야 부인 사이에서 왕자로 태어났습니다.

부처님의 탄생 연대에 관해서는 많은 학설이 있으나 지금은 세계불교도우의회에서 1956년을 불기 2500년으로 통일했으므로 탄생 연대는 B.C. 624년입니다.

부처님의 탄생지는 룸비니로, 네팔의 파라이 지방에 속해 있으며 인도 국경으로부터 30~40분 걸리는 거리에 위치하고 있습니다. 신화 속의 인물인 줄 알았는데 아쇼카 왕의 석주가 발견됨으로써 역사상 실존 인물임이 확인되었습니다.

부처님의 성은 고타마였고 어릴 때의 이름은 싯다르타였습니다. 부처님을 석가모니 혹은 석존이라고 부르는데 이 말은 석가족의 성인, 석가족의 존자라는 의미입니다.

탄생일은 북방에서는 음력 4월 8일로 하고 있으나 남방 불교권에서는 부처님의 탄생과 성도, 입멸을 모두 바이시카달(인도의 두 번째

달)의 보름날에 경축하고 있습니다.

(2) 부처님의 전생담(자타카)

자타카는 본생담, 본생경으로 번역되는데 이 경전은 부처님이 숫도다나의 아들로 인간의 역사 안에 오시기 전에 어떠한 삶을 살았느냐를 신화적으로 말해 주고 있습니다. 다른 종교에서는 교주의 전생을 말해 주는 경우가 전혀 없는데 불교만이 그것을 말해 주고 있다는 점에서 불교 특유의 경전이라 하겠습니다.

물론 합리적인 사고로 볼 때 이러한 전생담은 한낱 신화에 지나지 않는 것이라고 할 수 있습니다. 그러나 종교 언어는 역사적 사실을 넘어 그것이 상징하는 의미를 지닌 것이므로 그것이 사실이냐 아니냐를 따지기 전에 그 상징적 의미를 새겨 봐야 할 것입니다.

자타카의 이야기는 윤회전생이라는 인도의 생사관을 전제로 합니다. 즉, 삶은 일회적인 것이 아니라 그 외형적인 모습을 달리하면서 거듭되는데 부처님은 아득한 옛날부터 거듭되는 삶에서 중생구제라는 분명한 목적의식을 가지고 살다가 마지막으로 그 목적을 완성하기 위하여 이 세상에 태어났다는 것입니다. 그러니까 부처님이 이 세상에 오신 것은 단순히 업력에 의하여 떠밀려 태어난 것이 아니라 중생구제라는 분명한 목적의식을 가지고 자신의 삶을 자발적으로 선택한 원력소생이라는 것입니다.

자타카에 의하면 부처님은 이 세상에 태어나시기 전에 3계를 돌고 4생을 거치면서 무려 547번이나 삶을 거듭하시는 동안 인간의 모습만이 아니라 사자, 원숭이, 비둘기, 거위 등 가지가지의 축생의 몸으로도 태어나면서 온갖 보살행을 해 오셨습니다. 그런데 부처님은 이처럼 길고 긴 윤회의 삶을 거치면서 실로 놀라운 사실을 발견하시게 됩니다. 그것은 '인간이란 참으로 잔혹하고 간계에 능한 동물'이라는 것입니다.

이러한 발견은 중생계 전체의 자유와 평화를 위협하고 파괴하는 것은 바로 인간이라는 것을 의미하는 것입니다. 따라서 모든 생명들 가운데서 인간을 깨달음으로 교화하지 않고서는 결코 중생계 전체의 자유와 평화는 이루어질 수 없다는 것입니다. 다시 말하면 중생계 전체의 행복은 인간의 깨달음과 동참이 있어야만 가능하다는 것을 말하는 것입니다.

그래서 부처님은 보살행의 완성 단계로 인간의 삶을 선택하지 않을 수 없었다는 것입니다. 인간으로의 태어남은 부처님으로서는 필연적인 과정이었던 것입니다.

(3) 탄생게

경전에 의하면 부처님께서는 태어나자마자 사방으로 일곱 발자국을 걸으면서 한 손으로는 하늘을, 다른 한 손으로는 땅을 가리키며 이렇게 외쳤다고 합니다.

> 하늘 위와 하늘 아래 오직 나 홀로 높다. 온 세상이 고통 속에 있으니
> 내 이를 평안케 하리라.

이것이 탄생게라고 불리는 유명한 선언입니다. 이것도 금방 태어
난 아기가 어떻게 사방으로 걸을 수 있으며 그런 외침을 할 수 있느
냐는 사실적인 입장보다는 거기에 담긴 뜻을 이해해야 할 것입니
다. 그렇게 볼 때 탄생게에는 두 가지 의미가 담겨 있는 것입니다.

첫째는 '하늘 위와 하늘 아래 나 홀로 높다'라는 선언입니다. 이
것은 흔히 오해하고 있듯이 '나 혼자만이 제일이다' 하는 안하무인
이나 유아독존적인 말이 아닙니다. 여기서 '나'는 개체적인 나, 즉
석가모니 자신을 가리키는 것이 아니라 위대한 인간의 존엄과 가
치, 인간 이성을 선언한 것입니다.

즉, '하늘 위'라는 것은 바라문 신학의 허구적 굴레로부터 인간이
자유로워졌다는 것을 말하는 것이며 '하늘 아래'라고 하는 것은 카
스트라는 계급제도의 억압에서 해방되었음을 말하는 것입니다. 이
러한 탄생게는 부처님이 전도선언을 하시면서 첫머리에 "나는 신과
인간의 굴레에서 해방되었다" 하신 것과 그 의미를 같이하는 것입
니다. 이러한 부처님의 인간 해방 선언은 서양의 르네상스 인본주
의보다 무려 2,000년이나 앞선 것으로, 실로 놀라지 않을 수 없는
것입니다.

둘째는 '온 세상이 괴로움 속에 있으니 내 이를 마땅히 평안케

하리라'라는 선언입니다. 여기서 '나'는 석가모니 부처님을 가리키는 것입니다. 이 말씀은 위 자타카에서 보았듯이 중생구제의 원을 실현시키기 위해서 보살행의 완성단계로 이 세상에 오셨다는 것입니다.

실제로 부처님께서는 45년 동안을 중생의 아픔을 치료해 주는 동체대비의 삶으로 일관하셨습니다. 이러한 대비원력은 '일체의 생명이 생사의 수레에 매여 고통받고 있지 아니한가, 나는 그들을 구하기 위해 출가하노라'라는 출가송(誦)과 '많은 사람들의 이익과 행복을 위하여 법을 전하러 가라'라는 전도선언으로 일관되게 이어집니다. 이러한 말씀들은 불교가 지혜의 성취와 아울러 이타의 자비에 그 근원을 두고 있음을 말하는 것입니다.

이러한 것을 간과하고 초기불교를 소승이라고 폄하하는 대승불교와 선불교의 입장은 한참 잘못된 것입니다.

3
부처님이 깨달음을 얻기까지

(1) 부처님의 출가

부처님은 29세에 일체의 것을 버리고 출가를 단행합니다. 당시 인도적 배경으로 볼 때 출가가 그리 생소한 일은 아니었지만 그 길은 모든 것을 버리고 혼자서 가는 외로운 길이었습니다. 그래서 서양인들은 부처님의 출가를 '위대한 포기'라고 합니다(Great Renunciation).

그러면 부처님께서 출가하지 않으면 안 되었던 동기는 무엇일까요. 우리는 출가의 동기를 간접적인 것과 직접적인 것으로 구분해 볼 수 있을 것입니다.

간접적인 원인으로는 세 가지를 생각해 볼 수 있습니다.

첫째, 싯다르타의 어머니인 마야 부인이 생후 7일 만에 돌아가신 사건을 들 수 있습니다. 싯다르타는 풍습에 따라 이모인 마하파자파티에 의해 잘 양육되었지만 심리적으로 어머니에 대한 그리움과 생사의 슬픔을 간직하고 있었을 것입니다.

둘째는, 싯다르타의 타고난 종교적 감수성을 들 수 있습니다. 그는 열두 살 되던 봄에 한 해 농사의 시작을 알리는 행사인 춘경식

행사에 참석했습니다. 거기에서 힘들어하는 농부들의 모습, 쟁기를 끄는 소의 고통, 보습에 잘려나가는 벌레들, 그것을 새들이 쪼아 먹는 모습 등을 보면서 어찌 보면 대수롭지 않은 지극히 평범한 일이지만 싯다르타는 큰 충격을 받고 더 이상 그 자리에 머물 수가 없어서 근처 나무 아래로 가서 명상에 잠겼습니다. 이러한 명상의 기억은 뒤에 고행의 무익함을 알고 버리는 계기가 됩니다. 부처님은 이와 같이 어릴 적부터 매사를 범연하게 여기지 않는 타고난 종교적 기질의 소유자였던 것입니다.

끝으로, 카필라국의 정치적 위치입니다. 당시 인도는 강대국이 약소국을 병합해 가는 과정에 있었으므로 카필라성은 주변의 코살라 같은 큰 나라에게 항상 침략의 위협을 받고 있었습니다. 당시 인도인의 이상은 전륜성왕이나 종교적 성직자가 되는 것이었습니다. 싯다르타는 전륜성왕으로서의 한계를 잘 알았기 때문에 자연히 종교적인 선택을 하지 않았나 하는 짐작을 해 볼 수 있습니다.

이상으로 간접적인 동기를 알아보았는데, 출가의 직접적인 동기는 생사문제에 대한 깊은 통찰과 그에 따른 회의입니다. 이것을 극적으로 표현하고 있는 것이 사문유관(四門遊觀)입니다.

즉, 싯다르타가 동서남북의 네 문을 통해 늙은이, 병자, 시체, 사문을 만나 보면서 다른 사람의 나이 든 모습을 통해 자신도 나이 먹지 않으면 안 된다는 실존을 통찰할 수 있었고 또한 다른 사람의 병들고 죽어가는 모습을 통해 자신도 병들고 급기야 죽어야만 하는 생사의 문제를 꿰뚫어 본 것입니다.

경전『유연경』에 보면 부처님께서 출가하시기 전 자신의 삶을 회상하는 내용이 있습니다.

비구들이여, 나는 행복했고 티끌만 한 괴로움도 몰랐지만 이런 생각을 했다. 어리석은 범부는 스스로 늙어 가면서 남이 늙는 것만 보고 자신의 일은 잊은 채 그 늙음을 혐오한다. 자신 또한 늙어 가는 몸이다. 아직 늙음에서 벗어날 길을 모르면서 남의 늙음을 혐오해도 되는가. 이는 결코 마땅한 일이 아니다.

비구들이여, 내 생각이 이에 미치자 내 청춘의 교만은 산산이 부서지고 말았다. 병들지 않을 수 없는 몸이면서 다른 사람의 병을 혐오하고 죽지 않을 수 없는 몸이면서 다른 사람의 죽음을 보고 눈길을 돌리는 것은 결코 마땅한 일이 아님을 알게 되었을 때 나의 건강에 대한 교만은 산산이 부서지고 생의 교만도 티끌처럼 날아갔다.

그리고 부처님의 결정적인 출가 동기는 출가를 말리는 아버지 숫도다나와의 다음과 같은 대화에서 드러납니다.

"아버지시여, 제가 늙지 않고 병들지 않으며 죽지 않는 길만 알려 주신다면 아버지의 말씀대로 출가를 포기하겠습니다."

"태자야, 그런 말은 하지 마라. 세상에 그런 길이란 있지 않다. 행여 네가 그런 말을 했다는 것을 누가 들으면 모두 웃을 것이다."

"아버지시여, 그런 길이 없다면 저는 그런 길을 찾아 출가를 해야겠습니다."

부처님은 이와 같이 생로병사라고 하는 문제, 모든 생명체가 가지고 있는 근원적인 문제를 해결하기 위해 출가를 단행하신 것입니다.

마침 부인 아쇼다라와의 사이에서 아들 라홀라를 얻어 대를 이을 수 있었기 때문에 마음의 부담은 한결 적었을 것입니다.

(2) 외도의 스승을 만남

당시 인도의 수행법에는 선정주의와 고행주의가 유행하고 있었는데 싯다르타 태자는 출가 후에 첫걸음으로 당시 선정 수행의 대가였던 알라라 깔라마라는 선인을 찾아가 무소유처정이라는 선정을 배웠습니다. 무소유처정은 마음이 아무 데도 걸리지 않는 선정을 가리킨다고 합니다. 싯다르타는 스승의 가르침에 따라 곧 그런 선정에 들었으나 거기에 만족하지 못하고 더 높은 경지를 향해 떠났습니다.

다음으로 찾아간 선인이 웃다까 라마뿟다였는데 싯다르타는 그로부터 비상비비상처정이라는 선정을 배웠습니다. 그것은 의식도 무의식도 끊어진 깊은 선정으로 무소유처정보다 더 깊고 묘한 선정이라고 합니다. 싯다르타는 이 선정에도 곧바로 들게 되었습니다. 그러나 선정에 들어 있을 때에는 마음이 진리와 하나가 된 듯하지만 깨어나면 그만이었습니다. 무심만으로는 깨달음을 얻을 수 없다는 것을 아신 것입니다. 더구나 그 선정을 닦는 것이 하늘 세계에 태어나는 것(생천)을 목적으로 한다는 것을 알고서는 따라야 할 길이 아님을 알게 되었습니다.

(3) 극한의 고행을 체험함

그래서 싯다르타는 웃다카 스승을 떠나 많은 고행자들이 고행을 하는 가야 근처의 우루벨라로 갔습니다. 싯다르타는 네란자라 강 부근의 고요한 숲에서 다른 고행자들과 함께 고행을 시작하였습니다. 고행은 육체를 괴롭힘으로써 정신을 해방시킨다는 수행입니다. 이 고행은 상상을 초월할 정도로 혹독합니다. 그들은 육체를 괴롭히기 위해 하루 종일 퇴비 속에 누워 있거나 날카로운 가시밭을 맨발로 걸어 다니기도 하였습니다.

싯다르타는 6년이라는 세월 동안 다른 수행자들과는 비교도 되지 않을 만큼 극한의 고행을 했습니다. 처음에는 숨을 멈추는 고행을 시작합니다. 숨을 최대한 오래 참음으로써 수행하는 것입니다. 장시간 숨을 참으면 온몸을 칼로 베는 것과 같고 온몸이 불타는 것과 같은, 이루 말할 수 없는 고통을 겪게 됩니다. 그래도 깨달음은 일어나지 않았습니다.

그래서 다음에는 음식을 줄이는 고행을 합니다. 어떤 날은 하루에 한 번, 콩 한 톨로 끼니를 해결했습니다. 이처럼 소량의 음식만 먹고 지낸 결과 싯다르타의 몸은 극도로 야위고 쇠약해졌습니다. 그래서 뱃가죽이 등뼈에 달라붙어 뱃가죽을 만지면 등뼈가 만져지고 등뼈를 만지면 뱃가죽이 만져질 정도로 앙상해졌습니다. 이러한 모습은 현재 파키스탄의 라호르 박물관에 전시된 고행상에 잘 나타나 있습니다.

이러한 혹독한 고행을 통해 싯다르타는 정진하는 강한 의지를 기를 수 있었지만 깨달음을 얻지 못했습니다. 왜냐하면 육체를 괴롭힘으로써 정신을 해방시킨다는 수행이 오히려 육체에 집착하는 일이 되어 버리기 때문입니다. 그래서 싯다르타는 고행도 버리게 됩니다.

(4) 중도의 길을 찾다

선정주의와 고행주의를 버린 싯다르타 태자는 두 수행방법의 문제점이 무엇인지 통찰했습니다. 그 결과 선정주의와 고행주의는 모두 육체와 정신을 둘로 보는 물심이원론에 바탕을 두고 있기 때문이라는 것을 간파했습니다. 즉, 선정주의는 육체를 떠나 마음의 해탈을 얻고자 했으며 고행주의는 육체를 더러운 것으로 보아 그 지배로부터 정신을 해방시키려는 방법이었습니다. 따라서 그들이 추구하는 해탈이나 정신의 해방은 육체가 있는 한 불가능합니다. 그들이 생천을 목표로 수행하는 것도 바로 이 때문입니다.

선정과 고행의 한계점은 이와 같이 육체가 멸하여 죽은 다음에나 완성된다는 데 있습니다. 그래서 당시 수행자들은 사후에 하늘에 태어나는 것을 목적으로 하였습니다. 그러나 싯다르타 태자는 사후의 해탈이 아니라 현세에서의 해탈을 원했습니다. 육신이 멸한 다음이 아니라 지금 이대로 우주의 실상을 깨침으로써 생사로부터 자유를 얻고자 했던 것입니다.

그리하여 싯다르타 태자는 선정주의와 고행주의 모두를 버리고 새로운 길을 찾지 않을 수 없었습니다. 그 새로운 길이란 육체와 정신을 둘로 나누어 보는 수행이 아니라 심신을 하나로 보는 중도적 수행을 가리킵니다. 중도적 수행은 육체를 괴롭히는 고행도 아니고 정신만을 고요히 하는 선정도 아닙니다.

따라서 네란자라 강에서 목욕을 한 다음 우유죽을 공양받고 보리수 아래에서 "우주의 실상을 깨치기 전에는 결코 일어나지 않으리라"라는 마지막 결의를 하고 깊은 선정에 드십니다. 이렇게 선정에 든 싯다르타의 모습은 외형상으로는 외도의 선정을 수행하던 때의 모습과 비슷하지만 그 내용에 있어서는 아주 다른 것입니다. 그것은 지금까지 해왔던 수행이 몸과 마음을 둘로 보고 마음만을 가라앉히는 것이었지만 보리수 아래에서의 새로운 수행은 몸과 마음이 하나인 바탕에서 행해지는 것이기 때문입니다.

이것이 바로 중도적 수행입니다. 이런 중도는 팔정도의 가르침으로 구체화됩니다. 팔정도 중에서도 삼매를 바탕으로 활용해서 '나'라는 존재를 신, 수, 심, 법으로 분리, 해체해서 봄으로써 그들의 성품이 무상이며 고이고 무아라는 것을 통찰토록 하여 집착심을 버리도록 하는 정념(사념처, 위빠사나)이라는 새로운 수행법으로 깨달음을 얻으십니다.

(5) 깨달음을 얻다

ⓐ 깨달음이란 무엇인가

싯다르타 태자는 29세에 출가하여 6년간의 수행 끝에 35세의 나이에 깨달음을 얻어 드디어 고타마 붓다가 되십니다. 이 성도의 순간이 불교의 시원점입니다.

부처님은 무엇을 깨달아 부처님이 되셨는가, 깨달음의 내용은 무엇인가에 대하여 여러 가지 설명이 있습니다. 이를 요약하면 다음과 같습니다.

첫째로 연기법을 알았다는 것입니다. 경 『우다나』에 보면 다음과 같은 말이 있습니다. '참으로 진지하게 사유하여 일체의 존재가 밝혀졌을 때 모든 의혹은 씻은 듯이 사라졌다. 그것은 연기의 진리를 알았기 때문이다.' 또 『중아함경』에서 '연기를 보면 진리를 본 것이요, 진리를 보면 연기를 본 것이다'라고 한 것도 이것을 가리키는 것입니다.

둘째로 사성제를 알았다는 것입니다. 『숫따니빠따』에서 부처님은 왜 자신이 깨달은 사람인가 하는 것을 이렇게 밝히고 계십니다. "나는 알아야 할 바(고성제)를 알았고 닦아야 할 바(도성제)를 닦았고 버려야 할 것(집성제)을 버렸다. 그래서 나는 붓다, 깨달은 사람이다."

세 번째로 제법(온, 처, 계)의 여실한 관찰에 의하여 일체존재의 성품이 무상, 고, 무아임을 알았다는 것입니다. 그러나 위 세 가지는 다른 것이 아니라 여러 각도에서 부처님의 깨달음을 설명하는 것입니다. 부처님께서는 듣는 이의 능력과 근기에 맞게끔 다양한 설법을 하셨기 때문에 깨달음의 내용에도 여러 가지 가르침이 있는 것입니다. 그렇지만 위 셋 중에서 가장 중요하게 여겨지는 것은 세 번째 의미이고 그중에서도 무아의 통찰입니다.

그런데 선불교(중국의 조사교)에서는 깨달음을 견성(見性)이라 하고, 견성은 절대 무심이라고 하여 전혀 다르게 설명합니다(성철 스님, 선문정로). 선불교에 대해서는 뒤에서 자세히 설명할 것입니다.

ⓑ 깨달음의 과정

부처님이 깨달음을 얻으시는 과정은 경전 『삿짜까 긴경 - M』에서 다음과 같이 설명하고 있습니다.

부처님께서는 출가 후 약 6년간 극심한 고행을 하셨습니다. 그러나 그 고행이 바른길이 아님을 알고 고행을 버리셨습니다. 그런 다음 보리수 밑에서 들숨 날숨을 알아차리는 아나빠나사띠 수행을 통해 네 가지 색계 선정을 차례로 증득했습니다.

그날 초야, 즉 저녁 6시부터 10시 사이에 색계 사선정을 바탕으로 자신의 전생에 했던 일들을 하나하나 다 기억해 내는 숙명통을 얻었습니다. 부처님은 과거의 수없이 윤회하는 전생을 자세히 기억해 냈습니다. 여기서 전생을 기억한다고 하는 것은 '나'가 존재한다고 생각하는 것이 아니라 전생의 오온이 어떻게 흘러왔는지를 기억해 냈다는 것입니다(오온의 지혜).

　그렇게 자신의 전생을 보고 나서 중야, 즉 저녁 10시부터 새벽 2시 사이에 천안통을 얻게 됩니다. 부처님은 일반 중생이 어떤 업을 지어서 어떤 세상에 태어나는지에 대해 깊이 숙고하고 '까르마(業)'나 '연기'라고 하는 인과율의 원칙을 깨달으셨습니다(연기의 지혜).

　그다음 후야, 즉 새벽 2시부터 6시 사이에 부처님께서는 선정에서 출정하여 스스로 창안하신 위빠사나 수행으로 전환해 물질과 정신 그리고 연기의 요소들의 공통적인 특징이 무상, 고, 무아임을 통찰하게 됩니다(삼법인의 지혜).

　그리고 이와 같은 위빠사나 지혜를 통해 새벽 동이 틀 무렵에 사성제를 있는 그대로 꿰뚫어 알아 드디어 모든 번뇌가 소멸하는 완전한 깨달음을 얻어(누진통) 붓다가 되십니다.

4
부처님의 전도 발자취

(1) 초전법륜(중도, 사성제와 팔정도)

큰 깨달음을 이루신 부처님께서는 5주 동안을 깊은 진리의 즐거움(법열) 속에 계셨습니다. 그리고 이제 누구에게도 의지할 수가 없다는 정각자의 고독을 토로하시면서 "이 오묘한 진리를 감히 전할 것인가" 하는 회의도 가졌다고 합니다. 그것은 욕심에 물들어 있는 세상 사람들이 과연 이 엄청난 진리를 알아들을 수 있을 것인가 하는 생각에서 온 회의였습니다. 내가 비록 법을 설한다고 해도 다른 사람들이 이해하지 못한다면 나만 피곤해질 뿐이라면서 설법을 망설였다고 합니다. 그러나 가장 중요한 이유는, 진리란 근본적으로 전달의 대상이 아니라 스스로 깨달을 수밖에 없는 것이라는 것을 절감하셨기 때문이기도 했을 것입니다.

경전에서는 범천의 세 번에 걸친 권청에 의하여 설법을 결심하셨다고 설명하고 있습니다. 그렇지만 부처님께서는 사람들이 비록 탐욕, 성냄, 어리석음에 물들어 있지만 인간의 바탕은 본래 청정한 것임을 생각하시고 일체의 모든 생명을 위해 진리를 크게 펼치기로 스스로 결심하신 것입니다. 그러니까 범천의 권청은 부처님 마음의 변화 과정을 설화적으로 표현한 것입니다. 그래서 부처님은 "이제 감로의 문을 열겠노라. 귀 있는 자는 들으라. 낡은 믿음을 버려라"라고 선언하십니다.

부처님께서는 맨 처음 누구에게 진리를 전할 것인가를 생각하셨습니다.

먼저 과거의 스승이었던 알라라 까마라와 웃다까 라마붓다에게 전하고 싶었지만 그들은 이미 세상을 떠난 뒤였습니다.

다음으로 부처님께서는 수행 시절 고행을 포기하자 타락했다 하며 그의 곁을 떠나버린 다섯 사문이 생각났습니다. 그들은 바라나시 근처에 있는 녹야원에서 고행 중에 있었습니다. 부처님께서는 그들에게 가르침을 전하기 위해 그곳을 향해 떠나십니다.

성도지인 부다가야에서 그곳까지는 250km 정도로 오늘날 기차로도 대여섯 시간이나 걸리는 먼 길입니다. 찾아간다고 환영해줄 것도 아니라는 것을 알면서도 사방에 수많은 위험이 도사리고 있는 상황에서 그 먼 길을 혼자서, 맨발로, 얻어먹으면서, 노숙을 하면서 간다는 것은 목숨을 내놓고 가는 것과 다름이 없는 위험한 것이었습니다. 그러나 그것은 부처님의 전도 열정에 아무런 문제가 되지 않았습니다.

처음 다섯 사문은 부처님을 타락한 수행자라며 모른 체하기로 했지만 부처님의 모습을 보자 자기들도 모르는 사이에 경배를 드리고 존경의 뜻으로 발을 씻겨 드렸습니다. 그들은 부처님께서 말씀하시기도 전에 이미 그 모습에서 깨달음에 이른 사람의 모습을 보았던 것입니다.

부처님께서 이들 다섯 사람의 수행자에게 준 첫 가르침을 '처음으로 굴리는 수레바퀴'라 하여 초전법륜이라고 합니다. 이것은 쾌락과 고행 두 극단을 떠난 중도를 설하고 있는데 내용적으로는 사성제와 팔정도의 가르침이 골자를 이루고 있습니다.

가르침을 펼친 지 얼마 후에 다섯 사문 중에서 드디어 꼰단냐가 먼저 '생겨나는 속성을 지닌 모든 것은 소멸하는 속성을 지닌다'라는 것을 깨달았습니다. 이에 의하여 꼰단냐는 예류자, 수다원이 된 것입니다. 감격한 부처님은 "꼰단냐가 깨달았다. 꼰단냐가 깨달았다"라고 하면서 기뻐하셨습니다. '생겨나는 속성을 지닌 모든 것은 소멸하는 속성을 지닌다(集法卽滅法)'라는 것을 깨달았다는 것은 조건 발생이라는 연기법을 깨달았다는 것입니다.

초전법륜은 교단사적으로 의미가 큽니다. 이 가르침을 통해 처음으로 부처님, 가르침, 승가의 세 가지 요소가 갖춰지게 되어 불교의 체계가 완성되었기 때문입니다. 『초전법륜경』은 다소 길지만 부처님께서 깨달음을 얻고 나서 처음으로 중도와 사성제, 팔정도에 관해서 설하신 매우 중요한 가르침이므로 여기서 전문을 인용합니다. 중요한 경전은 자주 읽어야 합니다.

이와 같이 나는 들었다. 한때 세존께서는 바라나시에서 녹야원에 머무셨다. 거기서 세존께서는 다섯 비구를 불러 말씀하셨다.

비구들이여, 출가자가 가까이하지 않아야 할 두 가지 극단이 있다.

무엇이 둘인가? 그것은 저열하고 촌스럽고 범속하고 성스럽지 못하고 이익을 주지 못하는 감각적 욕망들에 대한 쾌락의 탐닉에 몰두하는 것과 괴롭고 성스럽지 못하고 이익을 주지 못하는 자기학대에 몰두하는 것이다.

비구들이여, 이러한 두 가지 극단을 의지하지 않고 여래는 중도(中道)를 완전하게 깨달았느니 이 중도는 안목을 만들고 지혜를 만들고 고요함과 최상의 지혜와 바른 깨달음과 열반으로 인도한다.

비구들이여, 그러면 어떤 것이 여래가 완전하게 깨달았으며 안목을 만들고 지혜를 만들며 고요함과 최상의 지혜와 바른 깨달음과 열반으로 인도하는 중도인가? 그것은 바로 여덟 가지 구성요소를 가진 성스러운 도(팔지성도)이니 바른 견해, 바른 사유, 바른말, 바른 행위, 바른 생계, 바른 정진, 바른 알아차림, 바른 삼매이다.

비구들이여, 이것이 바로 여래가 완전히 깨달았으며 안목을 만들고 지혜를 만들며 고요함과 최상의 자혜와 바른 깨달음으로 인도하는 중도이다.

비구들이여, 이것이 괴로움의 성스러운 진리(고성제)이다. 태어남도 괴로움이다. 늙음도 괴로움이다. 병도 괴로움이다. 죽음도 괴로움이다. 근심, 탄식, 육체적 고통, 정신적 고통, 절망도 괴로움이다. 싫어하는 대상들과 만나는 것도 괴로움이다. 좋아하는 대상들과 헤어지는 것도 괴로움이다. 원하는 것을 얻지 못하는 것도 괴로움이다. 요컨대 취착의 대상인 다섯 가지 무더기(오취온) 자체가 괴로움이다.

비구들이여, 이것이 괴로움의 일어남의 성스러운 진리(고집성제)이다. 그것은 바로 갈애이니 다시 태어남을 가져오고 즐김과 탐욕이 함께하며 여기저기서 즐기는 것이다. 즉, 감각적 욕망에 대한 갈애(欲愛), 존재에 대한 갈애(有愛), 존재하지 않음에 대한 갈애(無有愛)가 그것이다.

비구들이여, 이것이 괴로움의 소멸의 성스러운 진리(고멸성제)이다. 그것은 바로 그러한 갈애가 남김없이 빛바래어 소멸함, 버림, 놓아 버림, 벗어남, 집착 없음이다.

비구들이여, 이것이 괴로움의 소멸로 인도하는 도 닦음의 성스러운 진리(고멸도성제)이다. 그것은 바로 여덟 가지 구성요소를 가진 성스러운 도(팔정도)이니 바른 견해, 바른 사유, 바른말, 바른 행위, 바른 생계, 바른 정진, 바른 알아차림, 바른 삼매이다.

비구들이여, 나에게는 '이것이 괴로움의 진리이다'라는, 전에 들어 보지 못한 법들에 대한 눈이 생겼다. 지혜가 생겼다. 통찰지가 생겼다. 명지가 생겼다. 광명이 생겼다.

'이 괴로움의 진리는 철저하게 알아져야 한다'라는, 전에 들어 보지 못한 법들에 대한 눈이 생겼다. 지혜가 생겼다. 통찰지가 생겼다. 명지, 광명이 생겼다.

'이 괴로움의 진리는 철저하게 알아졌다'라는, 전에 들어 보지 못한 법들에 대한 눈, 지혜, 통찰지, 명지, 광명이 생겼다.

비구들이여, 나에게는 '이것이 괴로움의 일어남의 진리이다'라는, 전에 들어 보지 못한 법들에 대한 눈, 지혜, 통찰지, 명지, 광명이 생겼다.

'이 괴로움의 일어남의 성스러운 진리는 버려져야 한다'라는, 전에 들어 보지 못한 법들에 대한 눈, 지혜, 통찰지, 명지, 광명이 생겼다.

'이 괴로움의 일어남의 진리는 버려졌다'라는, 전에 들어 보지 못한 법들에 대한 눈, 지혜, 통찰지, 명지, 광명이 생겼다.

비구들이여, '나에게는 이것이 괴로움의 소멸의 진리이다'라는, 전에 들어 보지 못한 법들에 대한 눈, 지혜, 통찰지, 명지, 광명이 생겼다.

'이 괴로움의 소멸의 진리는 실현되어야 한다'라는, 전에 들어 보지 못한 법들에 대한 눈, 지혜, 통찰지, 명지, 광명이 생겼다.

'이 괴로움의 소멸의 진리는 실현되었다'라는, 전에 들어 보지 못한 법들에 대한 눈, 지혜, 통찰지, 명지, 광명이 생겼다.

비구들이여, 나에게는 '이것이 괴로움의 소멸로 인도하는 도 닦음의 진리이다'라는, 전에 들어 보지 못한 법들에 대한 눈, 지혜, 통찰지, 명지, 광명이 생겼다.

'이 괴로움의 소멸로 인도하는 도 닦음의 진리는 닦아져야 한다'라는, 전에 들어 보지 못한 법들에 대한 눈, 지혜, 통찰지, 명지, 광명이 생겼다.

'이 괴로움의 소멸로 인도하는 도 닦음의 진리는 닦아졌다'라는, 전에 들어 보지 못한 법들에 대한 눈, 지혜, 통찰지, 명지, 광명이 생겼다.

비구들이여, 내가 이와 같이 세 가지 양상과 열두 가지 형태를 갖추어서 네 가지 성스러운 진리를 있는 그대로 알고 보는 것이 지극히 청정하게 되지 못하였다면 나는 위없는 바른 깨달음을 실현하였다고 신과 마라와 범천을 포함한 세상에서, 사문, 바라문과 신과 사람을 포함한 무리 가운데서 스스로 천명하지 않았을 것이다.

비구들이여, 그러나 내가 이와 같이 세 가지 양상과 열두 가지 형태를 갖추어서 네 가지 성스러운 진리를 있는 그대로 알고 보는 것이 지극히 청정하게 되었기 때문에 나는 위없는 바른 깨달음을 실현했다고 신과 마라와 범천을 포함한 세상에서, 사문, 바라문과 신과 사람을 포함한 무리 가운데에서 스스로 천명하였다. 그리고 나에게는 '나의 해탈은 확고부동하다. 이것이 나의 마지막 태어남이며 이제 더 이상의 다시 태어남은 없다'라는 지와 견이 일어났다.

세존께서 이렇게 말씀하시자 다섯 비구는 마음이 흡족해져서 세존의 말씀을 크게 기뻐하였다. 이 상세한 설명이 설해졌을 때 꼰단냐 존자에게는 '일어나는 법은 그 무엇이건 모두 소멸하기 마련인 법이다'라는, 티 없고 때가 없는 법의 눈이 생겼다.

이와 같이 세존께서 법륜을 굴리셨을 때 땅의 신들이 외쳤다. "세존께서 바라나시에 있는 녹야원에서 이러한 위없는 법륜을 굴리셨나니 어떤 사문도 바라문도 신도 마라도 범천도 이 세상의 그 누구도 이것을 멈추게 할 수 없도다"라고.

땅의 신들의 소리를 듣고 사대왕천, 삼십삼천, 도솔천, 화락천, 타화자재천, 범신천의 신들이 똑같이 외쳤다.

이처럼 그 찰나 그 짧은 시간 그 순간에 범천의 세상에 이르기까지 그 소리는 퍼져 나갔다. 그리고 이만 개의 세계는 강하게 흔들렸고 요동쳤으며 측량할 수 없이 광휘로운 빛이 나타났나니 그것은 신들의 광채를 능가하였다.

그때 세존께서는 감흥어를 읊으셨다.

"참으로 꼰단냐는 완전하게 알았구나, 참으로 꼰단냐는 완전하게 알았구나"라고.

이렇게 해서 꼰단냐 존자는 안냐꼰단냐라는 이름을 가지게 되었다.

(2) 두 번째 법문, 『무아상경』

　부처님은 예류자가 된 5명의 비구들에게 무아의 특성에 대한 가르침인 『무아상경 - S』을 설하십니다. 이 법문을 통해 비구들은 모든 존재를 구성하는 물질과 정신의 다섯 가지 무더기인 오온이 끊임없이 변하고 괴로우며 실체가 없다는 가르침을 듣고 아라한이 됩니다. 이때 부처님은 당신을 포함하여 여섯 명의 아라한이 생겼다고 말씀하셨습니다.

　『무아상경』의 내용은 다음과 같습니다.

> 비구들이여, 색(色: 몸)은 자아가 아니다. 만약 몸이 자아라면 병에 걸릴 리가 없다. 또 그것에 대하여 나의 몸은 이렇게 되어라 저렇게 되어라 하고 말할 수 있을 것이다. 그러나 몸은 자아가 아니기 때문에 병에 걸리며 이렇게 되어라 저렇게 되어라 말하지도 못한다. 수(受)에 대해서도 마찬가지이며 상(想), 행(行), 식(識)도 마찬가지다.
>
> 또 색, 수, 상, 행, 식 등 오온의 어느 것도 무상하다. 그래서 무상한 것은 모두 괴로움이다. 무상하고 괴롭고 변하는 성품을 지닌 것을 두고서 '이것은 나의 것이다. 이것은 나다. 이것은 나의 자아다'라고 볼 수 있겠는가.
>
> 과거, 현재, 미래의 오온에 대하여 그 어떤 것이든 나의 것이 아니고, 나가 아니고, 나의 자아가 아니라고 진실한 지혜로 여실히 관찰하지 않으면 안 된다.
>
> 비구들이여, 이렇게 보는 바른 지혜를 가진 성스러운 제자는 물질

(색)을 염오한다. 느낌(수)을 염오한다. 지각(상)을 염오한다. 의도(행)를 염오한다. 의식(식)을 염오한다. 염오하기에 갈애가 없다. 갈애가 없기 때문에 번뇌로부터 자유롭다. 번뇌로부터 자유롭기 때문에 번뇌로부터 해방되었다고 아는 지혜가 생긴다. 태어남은 다했다. 고귀한 수행을 마쳤다. 해야 할 일을 다했다. 이제는 도를 깨달아 번뇌를 제거하기 위하여 해야 할 다른 일은 더 이상 없다고 분명하게 안다.

이 과정에서 중요한 것은 오온을 염오(厭惡)한다는 것입니다. 염오는 싫어서 멀리하는 것입니다. 단지 무심만으로 되는 것이 아닙니다. 무심은 번뇌를 일시적으로 눌러 놓는 것에 불과할 뿐 번뇌를 없애는 힘이 없습니다. 염오해야 집착하지 않아 번뇌를 없앨 수 있는 것입니다(지워 없앰경 - M).

자기 자신의 몸과 마음이 온갖 오염원들로 뒤덮여 있다는 사실을 알면 싫어서 멀리하게 되고 우리는 자유로운 해탈의 길로 나아갈 수 있는 것입니다.

또 『무아상경』을 보면 해탈, 열반을 실현하는 몇 가지 단계가 있습니다. 그것은 ① '나'라는 존재를 오온, 즉 다섯 가지 무더기로 해체해서 보기 ② 오온 각각의 무상, 고, 무아의 철견 ③ 염오 ④ 이욕 ⑤ 해탈 ⑥ 해탈지견이 그것입니다. 이것은 초기불교를 특징짓는, 이른바 **해체해서 보기의 6단계 정형구**라는 것으로 이 경을 시작으로 초기경전에 450여 군데나 나옵니다.

(3) 야샤의 출가와 재가신자,
시계생천 차제설법

　장자의 아들인 야샤는 호화로운 생활을 하며 별장에서 아름다운 여인들과 달콤한 쾌락에 젖어 있었습니다. 그러던 어느 날 밤 야샤는 우연히 그녀들의 잠든 모습을 보게 되었는데 이를 갈기도 하고 침을 흘리기도 하면서 널부러져 자는 여인들의 모습을 보고 야샤는 갑자기 구토를 느껴 밖으로 뛰쳐나왔습니다.

　크게 충격을 받은 야샤는 아름다움이라는 것도 한순간임을 깨닫고 삶의 모든 것이 부질없다는 생각이 들어 몹시 괴로워했습니다. 그래서 '괴롭다, 괴롭다' 하면서 이곳저곳을 헤매다 마침내 녹야원까지 오게 되었습니다. 그를 본 부처님께서는 이렇게 말씀하셨습니다.

　"젊은이여, 여기에는 괴로움이 없도다. 이리 와서 앉으라. 내 그대를 위해 진리를 설하리라. 보시를 실현하고 계율을 준수하면 하늘에 나게 된다." 이와 같이 부처님이 야샤에게 들려준 법문은 보시와 계율 그리고 생천에 대한 가르침인데 이를 시계생천(施戒生天)이라 하며 재가자에 대한 교화의 주된 내용으로 삼았던 차제설법입니다.

　야샤의 아버지도 역시 부처님의 법문을 듣고 감복하여 부처님의 첫 번째 재가신자, 즉 우바새가 되었습니다. 이어서 야샤의 어머니와 아내도 부처님께 귀의하여 최초의 여성 재가신자, 즉 우바이가 되었습니다.

이들 재가불자는 출가자 교단을 경제적으로 지탱해 나가도록 지원해 주는 등 매우 중요한 역할을 맡고 있습니다.

그리고 이어서 야샤의 절친한 친구 네 명과 또 다른 친구 50명도 출가하여 구족계를 받았는데 이들은 얼마 지나지 않아 모두 아라한이 되었습니다. 이로써 불교 교단에는 부처님을 포함하여 61명의 아라한이 있게 되었습니다.

(4) 전법선언

붓다는 제자가 60명이 되었을 때 그들을 모아놓고 다음과 같이 전법선언을 하셨습니다.

> 비구들아, 나는 신들과 인간의 굴레에서 해방되었다. 그대들도 역시
> 신들과 인간의 굴레에서 해방되었다.
> 이제 많은 사람들의 이익과 안락 그리고 세상에서 구하는 미래의 이
> 익과 행복과 안락을 위하여 법을 전하러 가자.
> 다른 마을로 갈 때 두 사람이 같은 길로 가지 말고 혼자서 가라. 처음
> 도 좋고 중간도 좋고 끝도 좋으니 이치에 맞게 조리와 표현을 갖추어
> 잘 알아들을 수 있도록 법을 전하라. 원만 무결하게 청정한 범행을
> 설하라.
> 중생들 가운데는 번뇌가 적은 사람들도 있을 것이다. 그들이 법을 듣

지 못하면 악에 떨어질 것이나 법을 들음으로 성숙해질 것이다. 비구
들아, 나도 법을 전하기 위하여 우루웰라의 세나니 마을로 가서 설법
하리라.

이 전도선언은 불교의 역사를 이끄는 원동력이 되었는데 여기에
담겨 있는 의미를 살펴보면 다음과 같습니다.

첫째로, 신과 인간의 굴레로부터 해방되었다고 선언하신 것입니
다. 인류가 신의 굴레로부터 벗어나 종교와 신앙의 자유를 쟁취한
것은 1789년 프랑스 혁명에 의해서였고 노예제(신분제) 폐지가 논의
되고 인간의 평등이 공식화된 것이 19세기 초중엽이라는 것을 생
각할 때, 2,500년 전에 벌써 부처님께서 이런 선언을 하셨다는 것
은 실로 놀라운 것입니다. 탄생게에서 상징적으로 표현했던 천상
천하 유아독존이라는 말씀을 전도선언을 통해 구체적으로 표현하
신 것입니다. 인권의 선각자로서의 부처님의 위대함은 새롭게 조명
되고 평가되어야 합니다.

둘째는, 나의 이익을 위해서가 아니라 고통과 번민에 빠져 있는
중생들의 이익과 행복을 위해서 나선다는 것입니다. 대승에서 강
조하는 이타정신의 근원도 여기서 찾아볼 수 있는 것입니다.

셋째는, 한 사람씩 흩어져 가라고 함으로써 불법 전파의 길에 저
항이나 박해는 전혀 생각하지 않았다는 것입니다.

넷째는, 감정에 호소하면서 절규하는 예언자적 태도나 권위를 앞
세워 위협적인 언사로 맹목적으로 따르게 하는 것이 아니라 조리
와 표현을 갖추어 논리적으로 설득하도록 한 것입니다.

다섯째는, 붓다 자신도 비구들과 동일한 자격으로 홀로 전도의 길에 나섰다는 것입니다.

마지막으로 전도선언이 가지는 또 다른 의미는, 당시 바라문들이 자신들의 가르침을 스승과 제자 사이에 비법으로 전수해오는 것에 비하여 붓다는 자신의 깨달음을 적극적으로 공개하고 나섰다는 점입니다.

(5) 가섭 삼 형제 귀의와 불의 설법

가섭 삼 형제는 당시 유명했던 배화교, 즉 불을 섬기던 종교 집단의 지도자로 1,000명의 제자를 거느리고 있었는데 부처님은 이들을 이례적으로 신통력으로 교화해 승단에 받아들였습니다. 부처님은 그들과 함께 왕사성에 가는 도중에 가이시사 산(象頭山)에서 유명한 불의 설법이라는 가르침을 설하셨습니다.

"비구들이여, 모든 것은 불타고 있다. 치열하게 활활 타고 있다. 그대들은 먼저 그것을 알지 않으면 안 된다. 비구들이여, 모든 것이 불타고 있다는 것이 어떤 의미인가? 사람들의 눈이 불타고 있지 않은가. 그리고 혀도, 몸도, 마음도 불타고 있지 않은가. 모두가 그 대상을 향하여 불타고 있다."

불을 섬기던 바라문들은 늘 불이 꺼질세라 불을 공경하고 신성시하던 자들이었는데 부처님께서는 이들을 상대로 거꾸로 우리가 번뇌의 불, 생로병사의 불에 타고 있다면서 그러한 불을 꺼야 한다고 가르치신 것입니다. 상대에게 꼭 필요한 가르침을 주신 것입니다.

(6) 사리풋타와 목갈라나의 귀의

당시 라자가하(왕사성)에는 산자야라는 유명한 종교지도자가 있었는데 그는 일종의 회의론자였습니다. 그를 따르는 제자가 250명이 있었는데 사리풋타와 목갈라나도 그의 제자들이었습니다. 사리풋타와 목갈라나는 어려서부터 친구였는데 어느 날 두 사람은 앗싸지 비구(부처님의 초전법륜을 통해 아라한이 된 다섯 비구 가운데 한 사람)를 만나 그로부터 부처님 법을 전해 듣고 첫 번째 깨달음인 수다원이 됩니다. 부처님을 만나지도 않고 그의 제자로부터 간접적으로 부처님 법을 듣고도 수다원이 된 것입니다. 이 두 사람은 산자야의 제자 250명을 데리고 부처님께 귀의합니다. 부처님은 이 두 사람을 보자 "사리풋타와 목갈라나는 나의 상수제자가 될 것이다"라고 말씀하셨는데 그 말씀대로 사리풋타는 지혜제일이 되었고, 목갈라나는 신통제일이 되었습니다. 이 두 사람은 위빠사나 수행을 하여 목갈라나는 일주일 만에, 사리풋타는 보름 만에 아라한이 되었다고 합니다. 이 두 사람은 부처님보다 연장자였기 때문에 부처님보다 3개월쯤 먼저 세상을 떠납니다.

(7) 고향 방문과 석가족 젊은이들의 출가

부처님은 부왕인 숫도다나 왕의 여러 차례에 걸친 간절한 요청에 의해 깨달음을 얻은 지 2년 만에 고향을 방문합니다. 이를 계기로 석가족의 젊은이들이 대거 출가를 하게 됩니다. 부처님의 외아들인 라홀라 역시 예외는 아니었습니다. 라홀라가 출가하여 사미가 된 후로 부처님의 사촌 동생인 아누룻다가 출가를 합니다. 아누룻다 존자는 사념처 수행의 대가로 유명한데 그는 부처님으로부터 게으르지 말고 정진하라는 경책을 듣고 잠도 자지 않고 열심히 수행하다가 시력을 잃고 말았지만 대신 천안이 열리면서 천안통을 얻게 됩니다. 그래서 그를 천안제일이라고 부르는 것입니다.

다음으로 부처님의 사촌이자 아소다라의 오빠인 데바닷타가 출가를 합니다. 그는 나중에 부처님께 반기를 들고 부처님을 죽이려고까지 하면서 교단의 분열을 가져오는 장본인이 됩니다. 그리고 이복동생 난다를 그의 결혼식장에서 바로 출가를 시키십니다.

이들 석가족의 많은 출가자 중에 가장 중요한 사람이 있는데 바로 아난다 존자입니다. 경전 첫머리에 '나는 이와 같이 들었다(여시아문)'라고 할 때 그 '나'가 아난다 존자입니다. 아난다 존자는 아라한이 되지 못한 상태에서 부처님이 55세 되던 해부터 25년간을 모시게 됩니다. 그러다가 1차 결집이 일어나기 바로 전날 밤에 극적으로 아라한이 됩니다. 그러니까 부처님은 55세 되기 전까지 정해진 시자가 없었습니다. 아난다 존자는 부처님이 열반하시고 40년이 지난 후 120세에 열반에 들었다고 합니다.

(8) 왕과 부호의 후원

　부처님의 활동 무대가 된 중요 도시에는 유력한 재가 후원자들이 살고 있었습니다. 그들은 왕이거나 상인계급으로 거대한 부를 축적한 사람들입니다.

　가장 대표적인 인물이 마가다국의 빔비사라 왕이었는데 그는 최초의 정사인 죽림정사를 기증하는 등 온갖 후원을 아끼지 않았습니다. 그리고 부친인 빔비사라 왕을 유폐시키고 왕권을 강탈한 아자타삿투 왕도 부처님께 참회하고 귀의하여 불교 발전에 많은 기여를 하게 됩니다.

　디가 니까야의 두 번째 경인『사문과경』은 부처님께서 아자타삿투 왕에 대해 설한 경전입니다. 마가다국과 쌍벽을 이룬 강대국인 코살라국에는 파세나디 왕이 있는데 이왕도 부처님께 많은 지원을 했습니다.

　특히 재가 장자로 유명한 사람이 수닷타 장자였는데 그는 아난다 핀디카(급고독: 의지할 곳 없는 사람들을 돌봐 주는 사람)라는 별명을 가진 사람으로 기원정사를 지어 승단에 기증합니다. 그리고 위사카라는 여성 신도도 녹자모 강당을 지어 기증하기도 했습니다.

　이들 왕과 많은 부호들이 부처님을 후원한 것은 말할 것도 없이 부처님에 대한 절대적인 존경 때문이지만 한편으로는 정치적, 경제적 실권을 가지고 있음에도 사제계급인 바라문에 대한 신분적인 불만이 있었기 때문이기도 했을 것입니다.

(9) 여성 출가 허용, 비구니 승단

부처님이 깨달음을 얻으신 지 5년째 되던 해에 부왕인 숫도다나
왕이 죽습니다. 이를 계기로 부처님의 이모이자 양모인 마하파자파
티 왕비와 500명의 여인들이 출가를 하게 됩니다. 이들은 부처님
께 출가자가 될 것을 허락해 달라고 간청을 하지만 부처님은 여러
차례 거절하십니다. 이를 보다 못한 아난다 존자가 부처님께 여쭙
니다. "여성들도 출가하면 아라한이 될 수 있습니까?" 그러자 부처
님은 다음과 같은 말씀을 하십니다. "여성들도 출가하면 아라한이
될 수 있다. 아라한이 되는 데 여성과 남성의 차별은 없다." 그러자
아난다 존자가 다시 말합니다. "그렇다면 여성들의 출가를 허락하
는 것이 좋지 않겠습니까?" 아난다 존자가 세 차례 간청하자 부처
님은 결국 여성들의 출가를 허락하십니다. 단 팔경법이라는 조건
을 붙이십니다. 팔경법에는 다소 남녀 차별적인 내용이 포함되어
있는 것이 분명합니다. 예를 들어 80세가 된 비구니가 이제 막 비
구가 된 20세의 젊은 비구에게 절을 해야 한다는 조항 등이 그렇
습니다. 그러나 곰곰이 생각해 보면 비구니가 여성의 몸으로 혼자
숲속이나 산 속에서 수행하기란 쉽지 않을 수 있습니다. 팔경법은
그런 상황에서 비구니 승단을 보호하기 위한 것으로 볼 수 있습니
다. 그리고 무엇보다 당시 바라문사회의 엄청난 저항과 교단 내 바
라문 출신자들의 불만에 대한 대비일 수 있습니다.

(10) 열반과 유훈

　부처님께서는 아난을 위시한 많은 제자들과 더불어 왕사성을 떠나 갠지스강을 건너 밧지국의 수도인 바이샬리에 도착하셨는데 마침 우기를 맞아 마지막 안거에 드시게 됩니다. 그런데 안거 중에 부처님은 병이 나셨습니다. 다행히 병을 잘 극복하셨지만 이미 스스로 노쇠하셨음을 직감하고 있었습니다.

　"나는 이제 노쇠하고 나이도 팔십에 이르렀다. 아난이여, 낡은 수레가 가죽 끈의 도움으로 움직여 가듯이 여래의 몸도 이제 가죽 끈의 도움으로 간신히 움직이고 있다."

　그러자 아난은 부처님께서 열반에 드신 후 교단의 문제에 대하여 어떻게 해야 할지 여쭈었습니다. 이에 부처님께서는 자신이 불교 교단의 주인이라든지 다른 사람들이 당신께 의존하고 있다는 생각을 한 번도 한 적이 없음을 밝히시고 자신의 가르침에는 비밀로 전한다는 이른바 '스승의 주먹(師拳)'은 없다고 하시면서 각자 진리를 등불로 삼고 가르침과 계율을 스승으로 삼아 정진할 것을 당부하셨습니다.

　아난은 또 부처님의 장례를 어떻게 모실지에 대해서도 여쭈었습니다. 부처님께서는 그것은 재가의 제자들이 알아서 할 일이니 출가제자들은 염려할 필요 없다고 말씀하셨습니다.

　그리고 다시 바이샬리를 출발하여 북으로의 여행을 계속하셨습니다. 그 도중에 쿠시나가라 근처에 있는 조그만 마을에서 대장간을 하는 춘다가 올린 수까라 맛다바라는 버섯 음식(돼지고기라는 설도 있음)의 공양을 드시고 다시 병이 나셨습니다.

그래도 부처님께서는 병든 몸을 이끌고 계속 길을 나아가셨습니다. 쿠시나가라 교외에 있는 말라족 땅의 사라 숲에 이르렀을 때 부처님께서는 발길을 멈추시고 아난에게 조용히 말씀하셨습니다.

"아난아, 피곤하구나. 눕고 싶다. 저 사라쌍수 사이에 머리를 북쪽으로 하여 자리를 펴 다오."

그 말씀을 들은 아난 존자는 부처님의 입멸이 가까워졌음을 느끼고 물러나서 오열을 토해냈습니다.

'아, 나는 아직 배워야 할 것이 많이 남아 있는데 위대한 스승께서는 떠나시려는가 보다.' 이런 생각을 하고 있을 때 부처님께서는 아난의 마음을 읽으시고 그를 불렀습니다.

"아난아, 슬퍼하지 마라. 내가 항상 가르치지 않았더냐. 사랑하는 모든 것과 언젠가는 헤어지지 않으면 안 된다. 생겨난 것은 모두 멸하지 않을 수 없는 것이다. 아난아, 혹 너희들이 '스승의 말씀은 끝났다. 우리의 스승은 이제 안 계신다.' 이렇게 생각할지 모른다. 그러나 아난이여, 그렇게 생각해서는 안 된다. 내가 설하고 가르친 교법과 계율은 내가 죽은 뒤에도 너희들의 스승으로서 존재할 것이다."

그때 말라족 사람들은 위대한 스승이신 부처님께서 자기 마을 근처에서 열반에 드신다는 소식을 듣고 다투어 몰려와서 부처님을 뵙고자 했습니다. 그러나 아난은 부처님을 소란하게 해서는 안 된다고 하면서 그들을 막았습니다. 부처님께서는 이 사실을 알고 아난을 불러 당부하셨습니다.

"아난아, 그들을 막지 마라. 그들은 나를 괴롭히러 온 것이 아니라 진리를 듣기 위해 온 사람들이니라. 진리의 가르침을 듣기 위해 온 사람들을 멀리해서는 안 된다."

부처님께서는 말라족 사람들을 위해 자상한 가르침을 펼치셨습니다. 그때 나이가 많은 수밧드라는 이교도가 최후의 제자가 되었습니다.

그리고 부처님께서는 모든 제자들에게 마지막으로 의심되는 바가 있으면 '친구가 친구에게 말하듯이' 서슴지 말고 물으라고 자상하게 말씀하셨습니다. 그들로부터 아무런 질문이 없자 재차 확인한 후 부처님께서는 최후의 가르침을 설하십니다.

> 너희들은 자기의 섬에 머물고 자기에게 귀의하라. 다른 것에 귀의하지 말라. 법의 섬에 머물고 법에 귀의하라. 다른 것에 귀의하지 말라. 이 가르침 안에서, 비구는 몸에 대해 몸을 따라가며 보면서 머문다. 열렬함과 삼빠자나(知)와 사띠(念)를 지녀, 세간에 관련한 탐욕과 근심을 벗어나(머문다). 느낌(受)에 대해, 마음(意)에 대해, 법(法)에 대해 법을 따라가며 보면서 머문다.

앞의 것은 '자등명, 법등명'으로 널리 알려진 것입니다. 그리고 뒤의 것은 자귀의 법귀의 내용이 곧 사념처관임을 설하신 것입니다.

그리고 이어서 "비구들이여, 모든 현상은 소멸해 가는 것이다. 게으르지 말고 정진하라. 이것이 여래의 마지막 말이다"라고 유훈을 남기셨습니다.

이 말씀을 남기시고 부처님께서는 깊은 선정에 드셨습니다. 그리고 마침내 평안히 열반에 드셨습니다. 부처님께서는 "여래는 머지않아 열반에 들리라. 이제부터 3개월 후 열반에 들 것이니라"라고 열반을 예고하신 바 있습니다. 그리고 열반에 드시는 마지막 순간까지 진리의 말씀을 전하신 것입니다.

부처님의 명호 중에 '잘 가신 분(善逝)'이란 것이 있는데 말 그대로 진리 속에 오셨다가 진리 속에 가신 분이 부처님이십니다. 부처님의 이러한 자연스러운 죽음은 서양 성인들의 마지막 죽음과는 큰 차이가 있습니다. 서양의 경우는 인위적인 마감을 합니다. 소크라테스의 독배와 예수의 십자가 못 박혀 죽음이 그렇습니다. 부처님의 자연스러운 열반의 모습은 그것만으로도 불교의 모든 것을 보여 주고 있다 하겠습니다.

제3부

초기불교

1
초기불교란 무엇인가

불교는 부처님의 가르침입니다. 불교 2,600년사의 흐름은 역사적으로 실존하셨던 석가모니 부처님, 즉 고타마 싯다르타 그분으로부터 출발합니다. 후대의 모든 불교는 그분이 깨달으시고 45년간 설법하셨던 그 가르침을 뿌리로 해서 전개된 것입니다.

세계의 불교학자들은 불교 2,600년의 흐름을 초기불교-부파불교(아비담마)-반야중관-유식(유가행)-여래장-정토-밀교-선불교의 여덟 가지 큰 흐름으로 나눕니다. 초기불교는 이처럼 모든 불교의 뿌리입니다.

그렇다면 무엇이 초기불교일까요. 초기불교는 부처님과 그의 직계제자들의 가르침을 말합니다. 부처님께서 입멸하신 후 부처님의 가르침 가운데 율(律)은 우빨리 존자가 읊어서 율장으로 결집되었고, 법(法)은 아난다 존자가 외워서 경장으로 결집되었습니다. 논장은 부처님의 제자들이 법에 대해서 연구한 것입니다(아비담마). 이들 셋을 삼장이라고 하는데 삼장에서 전승되어 오는 모든 가르침이 초기불교입니다. 역사적으로는 남방 상좌부에 전승되어 오는 5부 니까야와 북방에서 한역되어 전승되어 오는 4아함이 초기불교의 전거가 됩니다.

초기불교에서는 이들 경전에 대한 주석에 머물렀지만 대승불교에서는 이를 소승이라고 비판하면서 아예 자기들의 입맛에 맞는 다양한 경전(반야, 유식, 정토 등)을 새로 만들어 냈습니다. 이것이 초기불교와 대승불교를 가르는 기준점이 되는 것입니다. 즉, **초기불교는 시기적으로 아쇼카 왕의 3차 결집에 의해 경, 율, 논의 삼장이 정립된 시기이며 대승경전이 만들어지기 전까지의 불교를 말합니다.**

초기불교는 불멸 후 100년 이후부터 경전을 이해하는 관점에 따라 여러 부파로 나누어지는데 이를 특별히 부파불교라고 이름 짓고 초기불교와 구별하는 견해도 있습니다. 그러나 이 시기의 불교 역시 부파의 분열에도 불구하고 원래의 불교와 다른 흐름으로 변했다고 말하기는 어렵습니다. 경전 해석에 대한 견해를 조금씩 달리했을 뿐이지 새로운 경전을 만들어 낸 것은 아니기 때문입니다. 따라서 여기서는 특별히 구분하지 않습니다.

기독교, 이슬람 등 다른 종교에서는 새로운 경전(성경)을 만든 예가 없습니다. 만약 새로운 경전을 만들었다면 이단을 넘어 과연 같은 종교라고 했을까 하는 의문이 듭니다.

그런데 이러한 초기불교를 원시불교로 부르거나 근본불교로 부르는 경우가 있었습니다. 그러나 원시불교라는 표현은 어딘지 제대로 체계를 갖추지 못하고 원시적인, 미개한 상태의 불교라는 비하적인 의미가 포함된 표현이고 근본불교라는 표현도 부파불교와의 구분을 전제로 원래의 불교야말로 불교의 기본이요 필수며 가장 중요한 것이라는 의미를 강조하는 것이지만 이러한 표현은 다른 종교의 근본주의에서 보듯이 교조적인 의미를 담고 있어 적합하지 않습니다.

그래서 그냥 초기불교라고 하는 것이 가장 적합하고, 또 이것이 세계적인 추세입니다.

또 다른 관점에서 남방의 상좌부불교를 부파불교에 속한다는 이유로 소승이라 칭하는 경우가 아직도 꽤 있습니다. 그러나 상좌부불교는 부파불교 중에서도 지금까지 가장 왕성하게 수행이론과 체계를 온존하게 보존하고 있는 부파입니다. 설일체유부, 법장부, 독자부 같은 부파들은 다 사라져 버렸지만 상좌부는 부처님 당시의 행법과 전통을 고스란히 보존해 오고 있습니다. 스리랑카와 미얀마, 타이, 캄보디아의 불교가 상좌부불교인데 이들을 소승이라고 폄하하는 것은 망발입니다.

초기불교의 특징은 매우 분석적입니다. 일체의 존재현상을 명료하게 보기 위해서 필요하기 때문입니다. 그런데 대승불교, 특히 선종에서는 이러한 분석과 사유는 없고 그런 분석적인 생각을 전부 번뇌나 망상으로 치부해 버리고 바로 직관만을 강조합니다. 그러다 보니 무슨 말인지 이해하기 어렵게 느껴집니다.

그러나 초기불교는 머리 싸매고 고민할 필요가 없을 정도로, 읽으면 무슨 얘긴지 금방 알 수 있게 직접적으로 표현되어 있습니다. 과학적인 요즘 사람들에게는 분석적인 방법이 훨씬 효과적입니다.

필자는 이 책 맨 마지막에 우리나라 불교의 현실이라는 제목으로 초기불교와 대승불교, 선불교를 비교하여 설명하면서 차이점과 문제점을 살펴보았습니다. 우리나라 불교는 이른바 통불교라는 이름으로 이 세 가지 불교를 상황에 따라 적당히 끌어다 가르치고 배웁니다.

　필자가 이렇게 세 가지 불교를 비교하는 것은 우리나라 불교가 처해 있는 실상을 이해하는 데 꼭 필요하고 그러한 과정을 통해 우리가 왜 초기불교를 선택해야 하는지를 살펴보고자 하기 때문입니다. 초기불교를 보다 깊이 이해하려면 이 부분을 먼저 읽는 것도 좋은 방법입니다.

2
초기불교의 핵심은 법이다

(1) 경전의 말씀들

부처님의 가르침을 불교라고 하고 부처님의 가르침을 법이라고
도 합니다. 이처럼 초기불교는 법을 중심으로 하는 체계입니다.

따라서 불교에는 법을 강조하는 표현이 많은데 대표적인 경전의
말씀을 살펴보면 다음과 같습니다.

ⓐ 정각자의 고독

부처님께서 깨달음을 성취하신 뒤 아직 아무에게도 자신의 깨달
음을 드러내지 않으신 다섯 번째 칠일에 다음과 같은 결론을 내리
십니다.

아무도 존중할 사람이 없고 의지할 사람이 없이 머문다는 것은 괴로
움이다. 참으로 나는 어떤 사문이나 바라문을 존경하고 존중하고 의

지하여 머물러야 하는가. 참으로 나는 내가 바르게 깨달은 바로 이 법을 존경하고 존중하고 의지하여 머무르리라.

ⓑ 초전법륜경

부처님의 최초 가르침을 담은 경을 초전법륜경이라 부르는데 부처님께서는 이 경에서 팔정도를 중심으로 중도를 천명하시고 불교의 진리인 사성제를 천명하십니다. 그러므로 부처님께서 깨닫고 존중하고 의지하여 머무시는 법은 사성제와 팔정도로 집약됩니다.

ⓒ 전법선언

부처님께서는 "법을 설하라"라며 다음과 같이 비구들에게 전법을 당부하십니다.

> 비구들이여, 나는 인간과 천상에 있는 모든 올가미에서 벗어났다. 그대들도 역시 인간과 천상에 있는 모든 올가미에서 벗어났다.
> 비구들이여, 많은 사람의 이익을 위하고 많은 사람의 행복을 위하고 세상을 연민하고 신과 인간의 이상과 이익과 행복을 위하여 유행을 떠나라. 둘이서 같은 길로 가지 마라.
> 비구들이여, 법을 설하라. 시작도 훌륭하고 중간도 훌륭하고 끝도 훌

룡한 법을 설하고 의미와 표현을 구족하여 법을 설하여 더할 나위 없이 완벽하고 지극히 청정한 범행을 드러내어라.

ⓓ 법귀의, 법등명

법을 존중하시는 부처님의 태도는 '법을 의지처로 삼고 법을 섬으로 삼아라'라는 가르침으로 이어지고 있습니다.

ⓔ 왁깔리경

『왁깔리경』에서는 임종에 다다른 왁깔리 비구에게 부처님께서 "왁깔리여, 그만하여라. 그대가 이 썩어 문드러질 이 몸을 봐서 무엇하겠는가. 왁깔리여, 법을 보는 자는 나를 보고 나를 보는 자는 법을 본다. 왁깔리여, 법을 볼 때 나를 보고 나를 볼 때 법을 보기 때문이다"라고 말씀하셨습니다. 그런 뒤에 오온의 무상, 고, 무아를 설하셨으며 염오, 이욕, 해탈, 구경해탈지를 설하셨습니다.

ⓕ 마지막 유훈

부처님께서 반열반하시기 직전에 남기신 마지막 유훈도 바로 '법과 율이 그대들의 스승이 될 것이다'입니다.

> 아난다여, 아마 그대들은 '스승의 가르침은 이제 끝나 버렸다. 이제
> 스승은 계시지 않는다'라는 생각이 들지도 모른다. 아난다여, 그러나
> 그렇게 봐서는 안 된다. 아난다여, 내가 가고 난 후에는 내가 그대들
> 에게 가르치고 천명한 법과 율이 그대들의 스승이 될 것이다.

이처럼 부처님께서는 깨달음을 성취하신 직후에도 스스로 깨달은 법을 의지해서 머물겠다고 하셨고, 45년간 제자들에게 설법하실 때에도 법을 강조하셨으며 마지막 반열반의 자리에서도 '법이 그대들의 스승이 될 것이다'라는 유훈을 남기셨습니다.

(2) 법이란 무엇인가

초기불교에서 법(담마)는 다양한 의미로 쓰이고 있는데 크게 둘로 나누어 볼 수 있습니다. 첫째는 부처님 가르침으로서의 법을 뜻하며 불법으로 쓰입니다. 둘째는 존재하는 모든 것을 뜻하며 일체법으로 쓰입니다.

그렇지만 부처님의 가르침과 일체법은 같은 내용을 담을 수밖에 없는 것입니다.

첫째 부처님 가르침으로서의 법은 교학과 수행으로 정리됩니다.

교학으로서의 법은 오온, 12처, 18계, 사성제, 12연기의 다섯 가지 주제로 집약됩니다. 그리고 수행으로서의 법은 4념처, 4정근, 4여의족, 5근, 5력, 7각지, 8정도의 일곱 가지 주제로 구성된 37조도품(보리분법이라고도 함)으로 정리되고 이것은 다시 계정혜 삼학과 사마타, 위빠사나 등으로 체계화됩니다.

둘째 일체법으로서의 법은 일체존재를 구성하는 기본단위로 자기만의 고유의 성질을 가진 것이라고 정의합니다. 예를 들면 땅의 요소(地大)는 견고성을, 탐욕(貪)은 대상을 끌어당기는 성질을, 성냄(瞋)은 대상을 밀쳐내는 성질을 각각 고유성질로 가진다는 것입니다. 초기불교에서 82법이니 75법이니 100법이니 하는 말은 이 세상의 존재 일반은 모두 82가지나 75가지 혹은 100가지의 고유성질을 가진 법들로 구성되어 있다는 말입니다. 이러한 의미를 가진 법은 불교의 핵심이 되는 중요한 것이므로 특별히 자세한 설명이 필요합니다.

(3) 고유성질을 가진 법

위에서 본 바와 같이 법이라는 것은 고유성질에 따라 존재를 분류하는 기준인데 불교에서 왜 이러한 기준이 필요한가요? 그것은 첫째로 불교의 교학체계(사성제)를 세우기 위해서이고, 둘째는 이렇게 확립된 교학을 중생들이 쉽게 이해할 수 있도록 하기 위함입니다.

이를 다시 설명하면 이렇습니다. 부처님이 깨달은 연기법은 부처님이 보리수 아래에서 스스로 내면적으로 깨달은 이른바 자내증(自內證)의 지혜법문입니다. 그렇기 때문에 그 연기법의 내용은 너무 심오하고 어려운 것일 수밖에 없고, 따라서 이를 다른 사람에게 이해시키기 위해서는 별도로 고안된 교설이 필요하게 되었습니다. 이러한 요청에 따라 체계적으로 정리된 것이 사성제입니다. 그런데 부처님께서 사성제를 체계적으로 정리하실 때 기준으로 삼은 것이 고유성질을 가진 법입니다.

다시 말하면 이렇게 분류한 법 중에서 어느 법이 괴로움(고성제)이고 어느 법이 괴로움의 원인인지(집성제), 어느 법이 괴로움의 소멸 즉 행복인지(멸성제), 그리고 어느 법이 괴로움의 소멸로 인도하는 도 닦음인지(도성제)에 관하여 정리하시고 이를 네 가지 성스러운 진리라고 선포하신 것입니다.

이와 같이 부처님께서 사성제를 법에 의하여 알기 쉽게 설명해 놓으셨기 때문에 수행자들은 법을 통해 사성제를 이해하는 바른 견해를 갖출 수 있게 되었고, 이러한 바른 견해를 팔정도 수행의 기준과 목표로 삼아 부지런히 정진하여 끝내 괴로움은 버리고 행복을 계발할 수 있게 되는 것입니다.

(4) 법과 개념, 실재와 관념

법은 고유성질을 가지고 실제로 있는 것, 즉 실재이며 오온, 12처, 18계입니다. 법은 부처님께서 존재를 지혜로 통찰한 결과, 존재를 구성하는 수많은 현상들 중에서 자신만의 고유성질을 가지는 최소한도의 현상(실상)만을 추려서 말하는 것으로 사실로서 존재하는 실재입니다.

그러나 개념(concept)은 이러한 실재, 실상을 말하는 것이 아니라 '나'라느니 '세상'이라느니 '신'이라느니 '영혼'이라느니 하는 것처럼 언어로 표현된 명칭이나 관념에 불과한 것입니다. 미추, 성속, 과거나 미래, 판단, 비교, 분석 등 일체의 분별하는 생각도 마찬가지입니다. 그러므로 법은 존재의 실상, 실재인데 반하여 개념은 사람들의 기존 관념이 개입되어 형성된 것이므로 실재가 아니고 관념이나 명칭입니다.

우리들은 실상을 통찰하는 지혜가 없으므로 실상을 의미하는 법을 기준으로 생각하고 말하는 것이 아니라 우리들에게 익숙한 개념을 기준으로 사용합니다. 개념은 일종의 사회적 약속 비슷한 것으로, 우리가 살아가는 이 세계는 개념으로 이뤄진 세계가 되었고 개념을 빌리지 않고는 생활할 수 없을 만큼 아예 개념이 삶 자체가 되어 버렸다고 할 수 있습니다.

그러다 보니 '나'라느니 '사람'이라느니 '세상'이라느니 '신'이니 '영혼'이니 하는 개념이 실체가 있는 것처럼 되어 집착하게 되고 그 결과는 우리가 만들어 놓은 허상에 집착하는 것이어서 괴로움일 뿐

입니다. 그렇기 때문에 실상을 알려면 개념의 껍데기를 벗겨 버려
야 합니다.

법과 개념의 차이를 분명하게 알 수 있도록 하는 경전이 있습니
다. 『와지라경 - S』이라는 것인데 이 경을 보면 마라가 와지라 비구
니 스님에게 "누가 중생을 창조하였는가. 중생을 창조한 자는 어디
에 있는가. 중생은 어디에서 생겼는가. 중생은 어디에서 소멸하는
가"라고 다그칩니다. 그러자 와지라 비구니는 다음과 같이 명쾌하
게 대답합니다.

"왜 그대는 '중생'이라고 상상하는가. 마라여, 그대는 견해에 빠졌
는가. 단지 형성된 것들(行)의 더미일 뿐, 여기서 중생이라고 할 만
한 것을 찾을 수 없도다. 마치 부품들을 조립한 것이 있을 때 '마
차'라는 명칭이 있는 것처럼, 무더기들(蘊)이 있을 때 '중생'이라는
인습적 표현이 있을 뿐이로다. 단지 괴로움이 생겨나고, 단지 괴로
움이 머물고 없어질 뿐이니, 괴로움 외에 어떤 것도 생겨나지 않고,
괴로움 외에 어떤 것도 소멸하지 않도다."

위의 경에서 '중생'은 개념적 존재(빤냐띠)이고, 형성된 것들(行)과
무더기들(蘊)은 법들, 실재입니다. '마차'는 개념적 존재의 보기이고
'부품들'은 법들의 보기입니다. 그리고 괴로움은 오온의 괴로움을
말하는 것입니다.

법을 화학에서의 원소에 비유하여 설명하기도 합니다.

(5) 법으로 해체해서 보기(위빠사나)

위에서 개념이 일상화되면서 실체화되는 결과는 괴로움일 뿐이라고 말했는데 그러면 괴로움을 없애려면 어떻게 해야 할까요? 개념을 법들로 해체해서 보아야 합니다.

불교 수행의 핵심은 관념(개념)의 틀을 깨고 실재(법)를 보라는 것입니다. 그것이 위빠사나입니다. 그 이유는 다음과 같습니다.

첫째, 존재하는 모든 것을 이처럼 법으로 해체해서 보면 자아니 인간이니 중생이니 영혼이니 우주니 하는 변하지 않는 어떤 불변의 실체가 있다는 착각이나 고정관념을 깰 수 있기 때문입니다.

둘째는 이렇게 법들로 해체하면 이러한 법들의 찰나성(無常)이 드러나고 찰나를 봄으로써 제법이 괴로움(苦)일 수밖에 없음에 사무치게 되고 제법은 모두가 독자적으로 생길 수 없는 연기적 흐름(無我)이라는 사실이 극명하게 드러나기 때문입니다.

그렇지 않고 자아니 인간이니 하는 개념적 존재를 뭉뚱그려 두고는 그것의 무상이나 고나 무아를 철견할 수 없습니다. 그래서 초기불교는 존재 일반을 철저히 법들로 해체해서 제시하는 것입니다.

'나'라는 개념적 존재는 오온으로 해체해서 보고, '일체존재'는 12처로, '세계'는 18계로, '생사문제'는 12연기로 해체해서 보면 모든 법의 무상, 고, 무아가 극명하게 드러나게 됩니다. 이러한 무상이나 고나 무아를 통찰함으로써 염오하고 탐욕이 빛바래고 그래서 해탈, 열반을 실현한다는 것이 초기불전의 450군데가 넘는 곳에서 정형구처럼 강조되고 있습니다. 논리와 이성 위주의 세계관을 중시하는 서양 사람들조차도 불교의 이러한 해체, 분석적 방법을 보고 매우 과학적이고 합리적인 종교라고 생각합니다.

오온의 해체에 관한 대표적인 경은 『삼켜버림경 - S』이고 일체존재를 12처(6내외처)로 해체하는 대표적인 경으로는 『안의 무상경 - S』과 『밖의 무상경 - S』이 있습니다. 12처의 가르침은 존재를 12가지로 한정짓고 이 열두 가지 각각이 무상, 고, 무아임을 천명하여 이들 각각에 대해서 염오, 이욕, 해탈, 구경해탈지를 성취하게 하려는 것입니다.

(6) 법을 어떻게 분류했는가

초기불교에서는 일체법을 오온, 12처, 18계로 분류합니다. 법을 이렇게 분류한 목적은 앞에서 설명한 것처럼 인간이 고통 속에서 헤매는 근본원인을 찾아보니 '나'라는 존재의 연기성을 체득하지 못하고 계속 자기에게만 집착하는데서 모든 괴로움이 출발하기 때문입니다.

그러니 '나'를 중심으로 한 세계가 절대적인 것이 아니라 연기적으로 존재한다는 것을 여실히 보여 주기 위해서 '나'와 세계를 이렇게 하나하나 분석한 것입니다.

앞에서 설명한 12처, 18계의 교설을 예로 들면 이는 5가지 감각기관을 통해서 들어온 5가지 감각정보가 어떻게 의(意)에 의해서

총섭되어 '의식'으로 전개되는지를 좀 더 구체적으로 세분화해서 정리한 것입니다. 감각기관과 감각정보는 물질적 현상이고 이것들을 인식하는 것은 정신적 현상입니다.

초기경전에서는 물질을 지, 수, 화, 풍의 4대로 분석하는 것에 그치지 않고 구체적인 것과 추상적인 것, 생성되는 원인에 따라 온도, 마음, 업 등 다양한 관점에서 물질의 특성과 역할을 규명하고 있습니다. 그리고 정신현상도 각각의 심리현상들이 어떤 환경에서 형성되었으며 어떤 심리적 요인들이 함께 결합했는지를 분석적으로 정리합니다.

초기불교(상좌부)에서는 물질, 마음, 마음의 작용, 열반이라는 법의 네 가지 범주를 설정하고 이를 다시 82법으로 세분하였습니다. 이 중에서 중요한 것은 마음과 결합되는 다양한 마음의 작용(마음부수, 심소라고도 함)입니다. 왜냐하면 마음은 마음의 작용과 결합되기 전에는 단지 대상을 아는 것에 불과하기 때문입니다. 사념처 수행에서 심념처는 바로 마음과 결합된 마음의 작용을 알아차리는 수행입니다.

이하에서는 마음의 작용인 마음부수(心所)에 관하여 설명하겠습니다.

ⓐ 마음의 작용

마음의 작용은 52가지로 정리되는데 이를 가장 크게 분류하면 ① 기본적인 마음의 작용 13개(선, 불선과 무관) ② 불선한 마음의 작용 14개(해로운 법) ③ 선한 마음의 작용 25개가 있습니다(유익한 법).

수행은 ①을 튼튼히 하고 ②를 제거하고 ③을 계발하는 것입니다.

ⓑ 기본적인 마음의 작용

기본적인 마음의 작용은 다시 다음과 같이 나눕니다.

■ **모든 마음과 연관되는 마음의 작용**

아는 마음(식)이 일어나면 반드시 항상 같이 일어나는 마음의 작용 7개가 있는데 여기에는 ① 접촉 ② 느낌 ③ 인식 ④ 의도 ⑤ 작의 ⑥ 집중 ⑦ 생명력이 있습니다.

■ **수행할 때만 나타나는 마음의 작용**

아는 마음이 일어날 때 항상 같이 일어나는 것은 아니고 수행할 때만 나타나는 마음의 작용 6개가 있는데(수행은 이런 마음이 일어나도록 하는 것이다) 여기에는 ① 겨냥 ② 고찰 ③ 결심 ④ 정진 ⑤ 희열 ⑥ 열의가 있습니다.

ⓒ 불선한 마음의 작용

불선한 마음의 작용은 다시 다음과 같이 나눕니다.

■ 항상 함께 일어나는 불선한 마음의 작용

언제나 항상 함께 일어나는 불선한 마음의 작용으로 네 가지, 즉
① 어리석음 ② 양심 없음 ③ 수치심 없음 ④ 들뜸이 있습니다.

■ 조건이 있을 때 나타나는 불선한 마음 작용

조건이 있을 때 소그룹(같은 성질의 것)으로 나타나는 불선한 마
음 작용으로 10가지가 있는데, 이는 ① 탐욕과 같은 성질의 것
으로 탐욕, 양심 없음, 수치심 없음, 들뜸이 있고 ② 성냄과 같
은 성질의 것으로 성냄, 질투, 인색, 후회가 있으며 ③ 게으름에
해당하는 것으로 해태와 혼침이 있고 ④ 같은 성질의 것이 없는
의심이 있습니다.

ⓓ 선한 마음의 작용

선한 마음의 작용 25가지는 37조도품의 내용이 거의 다 들어 있
는데 이는 다시 다음과 같이 나눕니다.

■ 선한 마음과 항상 함께 일어나는 마음의 작용

선한 마음이 일어날 때 항상 함께 일어나는 마음의 작용으로 19개가 있는데 그것은 ① 믿음 ② 알아차림 ③ 양심 ④ 수치심 ⑤ 탐욕 없음 ⑥ 성냄 없음 ⑦ 중립 ⑧ 평온2 ⑨ 경쾌2 ⑩ 부드러움2 ⑪ 적당2 ⑫ 능숙2 ⑬ 올바름2가 있습니다.

■ 항상 함께하는 것이 아닌 선한 마음의 작용

항상 함께하는 것이 아닌 선한 마음의 작용으로는 ① 절제(계율) 3가지, 즉 정어, 정업, 정명이 있고 ② 무량의 두 가지, 즉 연민(비)과 기뻐함(희)이 있고 ③ 어리석음 없음 한 가지가 있습니다.

다소 복잡하게 느껴지겠지만 마음의 작용을 이렇게 세세하게 분류한 것은 결국은 무아를 알게 하기 위함이고 또 사성제를 쉽게 이해하고 실천할 수 있도록 하기 위함입니다. 따라서 우리는 무엇이 선법이고 무엇이 불선법인지를 항상 숙지할 필요가 있습니다.

(7) 초기불교는 아공법유를 주장하는 것인가

위에서 본 것처럼 '나'라는 존재를 오온이라는 법으로 해체해서 보면 '나'라는 것은 단지 개념에 지나지 않음을 알 수 있습니다. 이러한 개념적 존재를 초기불교에서는 빤냣띠(施設)라고 합니다. 법으로 해체되지 않고 뭉쳐진 존재는 빤냣띠일 뿐 실체는 없는 것입니다.

사람이니 자아니 중생이니 영혼이니 강이니 신이니 하는 것 등 등 우리가 이름 지어 알고 있는 것들은 모두 개념적 존재일 뿐입니다. 이것을 그대로 두고는 무상, 고, 무아가 보이지 않고 무상, 고, 무아를 보지 못하면 염오, 이욕, 해탈, 구경해탈지가 일어날 수 없습니다. 그래서 부처님께서는 존재를 오온, 12처, 18계 등의 법들로 해체하신 것입니다. 해체하고 분석해 보면 무상, 고, 무아가 극명하게 드러나기 때문입니다.

그런데 반야, 중관사상을 추종하는 대승불교에서는(특히 우리나라 불교에서 심함) 이러한 초기불교의 입장에 대해 아공(我空)은 설하지만 법공은 말하지 못하고 법유(法有)를 주장하는 것이라고 비난하며 소승이라고 폄하합니다. 대표적인 것이 반야심경에서 사성제를 부정하는 것입니다. 그러나 초기불교는 결코 법유를 말하는 것이 아닙니다. 반야심경의 문제점은 다음에 자세히 설명할 것입니다.

거듭 말하지만 초기불교에서 존재, 특히 '나'라는 존재를 오온 등의 법으로 해체해서 보는 것은 법들의 무상과 고와 무아를 극명하게 밝히기 위해서입니다. 모든 유위법들은 무상, 고, 무아라는 보편적 성질(共相)로부터 벗어날 수 없습니다. 그러므로 초기불교도 법공을 논리적으로 극명하게 드러내고 있는 것입니다. 분석적이고 논리적으로 제법을 명쾌하게 설명한다고 해서 이런 입장을 실유(實有)라고 해 버리면 이런 입장은 공(空)의 의미를 제대로 이해하지 못하고 부처님을 소승배로 취급하는 망발이며 모독이 아닐 수 없습니다. 그리고 법의 고유성질을 드러내는 최소단위인 찰나도 일어남과 머묾과 무너짐의 세 부분으로 이루어진 것입니다.

초기불교에서는 법의 실재를 인정합니다. 다만 그것은 찰나생 찰나멸하는 것이므로 실체를 인정하는 것이 아닙니다. 찰나생이기 때문에 단멸론(허무주의)이 부정되고 찰나멸이기 때문에 상견, 영원주의가 부정되어 연기법에 부합되는 것입니다.

3
초기불교의 기본 가르침

초기불교의 기본 가르침은 크게 교학과 수행으로 나눌 수 있습니다. 교학은 이론에 관한 것이고 수행은 실천에 관한 것입니다. 교학은 인류가 가지는 네 가지 근본적인 의문에 대한 불교적인 대답입니다.

네 가지란 첫째, 진리란 무엇인가 하는 불교의 진리관에 관한 것이고, 두 번째는, 나는 무엇인가 하는 불교의 인간관에 관한 것이며, 세 번째는, 세상이란 무엇인가 하는 불교의 세계관에 관한 것이고, 네 번째는, 진리의 기준과 속성은 무엇인가 하는 삼법인에 관한 것입니다.

부처님께서는 첫 번째인 '진리란 무엇인가'에 대하여 연기법과 사성제라고 말씀하셨습니다. 즉, '나와 세상은 그냥 존재하지 않는다. 조물주니 신이니 하는 어떤 힘센 존재가 만들어 낸 것은 더더욱 아니다. 나와 세상은 조건 발생(緣起)이다. 여러 조건(緣)들이 얽히고설켜서 많은 괴로움을 일으키는(起) 것이다.'

부처님께서는 나와 세상에서 진행되는 이러한 괴로움의 발생구조와 소멸구조를 12연기로 정리하셨습니다. 그리고 나와 세상과 여기에 존재하는 이러한 괴로움(苦)과 괴로움의 발생구조(集)와 소멸구조(滅)와 소멸방법(道)에 대한 연기적 통찰을 진리(諦)라는 이름으로 체계화하셨는데 그것이 네 가지 성스러운 진리, 즉 사성제입니다.

부처님께서는 두 번째 '나는 무엇인가'라는 가장 중요한 질문에 대해서 오온이라고 대답하셨습니다. 즉, '나'라는 존재는 물질, 느낌, 인식, 심리작용들과 의식의 다섯 가지 무더기의 적집이라는 것입니다.

세 번째 '세상이란 무엇인가'에 대해서는 눈, 귀, 코, 혀, 몸, 마노와 형색, 소리, 냄새, 맛, 감촉, 법의 12처와 여기에다 여섯 가지 의식을 더한 18계라고 말씀하셨습니다.

네 번째 진리의 속성인 삼법인에 관해서는 제행무상, 일체개고, 제법무아라고 정리하고 계십니다.

그리고 초기불교에서 수행은 팔정도를 근간으로 하는 37가지 깨달음의 편에 있는 법들, 즉 37보리분법으로 정리하고 있습니다.

이상에서 설명한 불교의 기본 가르침을 요약하면 크게 교학과 수행의 둘로 나누어지는데 교학은 오온, 12처, 18계, 4성제, 12연기의 다섯으로 정리되고(반야심경도 이런 구조로 되어 있음) 수행은 4념처, 4정근, 4여의족, 5근, 5력, 7각지, 8정도의 37조도품으로 정리됩니다.

이상에서 교학과 수행에 관한 개요를 살펴보았는데 그 중에서 기존 종교와는 비교될 수 없는 근원적인 변혁을 가져온 것은 크게 두 가지로 볼 수 있을 것입니다.

첫째, 교학에 있어서는 당시의 상주론과 단멸론에 대하여 조건 발생이라는 연기론을 갈파하셨다는 것입니다. 또 연기법의 당연한 결과로 세계의 제일원인으로 숙명론, 우연론, 창조론을 부정하고 자기행위(업)책임론을 설파하셨습니다.

둘째, 수행에 있어서는 당시의 수행방법인 고행주의와 수정주의에 대하여 제3의 지혜의 길로써 위빠사나 수행을 창안하신 것입니다. 즉, 부처님은 궁극적 행복인 해탈, 열반이라는 것이 사마타에 의한 무념, 무상이 아니라 사념처 수행에 의하여 내 몸과 마음의 무상, 고, 무아를 통찰함으로써 염오, 이욕하여 해탈과 해탈지견을 얻는 것이라고 설파하셨다는 것입니다.

제4부

초기불교의 교학

1
연기법

(1) 존재의 법칙

'참으로 진지하게 사유하여 일체의 존재가 밝혀졌을 때 그의 의혹은 씻은 듯이 사라졌다. 그것은 연기의 진리를 알았기 때문이다 (우다나).'

연기란 붓다께서 발견하신 인과관계에 관한 법칙으로, 불교의 핵심을 이루는 원리입니다. 사성제, 삼법인 등 앞으로 전개되는 불교의 모든 교리들은 연기의 원리를 사상적, 이론적 근거로 삼고 있는 것입니다.

그렇기 때문에 붓다께서는 일찍이 "연기를 본다면 곧 진리를 보는 것이고, 진리를 본다면 곧 연기를 보는 것이다"라고 말씀하셨습니다. 연기라고 할 때의 연(緣)은 '조건, 인연'이라는 뜻이고, 기(起)는 '일어나다'라는 뜻입니다. 원래 빠알리어로 연기를 빠띳짜 사뭅빠다라고 하는데 빠딧짜는 '의지하여', '~을 조건으로'라는 뜻이고 사뭅빠다는 '일어난다'라는 뜻입니다. 이것을 중국에서 연기라 번역했고 영어로는 dependent origination이라고 합니다. 그래서 연기는 '조건 따라 일어난다'라는 의미입니다.

(2) 연기법의 성격

세상의 모든 현상은 오직 조건적으로만 일어난다고 하는 이 연기법이 갖는 성격에 관하여 경전은 다음과 같이 설명합니다.

> 비구들이여, '태어남을 조건으로 늙음과 죽음이 생겨난다'라고, 여래가 출현하거나 여래가 출현하지 않거나 그 세계는 정해져 있으며 원리로서 확립되어 있으며 원리로서 결정되어 있으며 구체적인 것을 조건으로 하는 것이다. 여래는 그것을 올바로 깨닫고 꿰뚫었으며 올바로 깨닫고 꿰뚫고 나서 설명하고 교시하고 시설하고 확립하고 개현하고 분석하고 명확하게 밝힌다. 그러므로 '그대들도 보라'라고 말하는 것이다.
>
> 비구들이여, 태어남을 조건으로 늙음과 죽음이 생겨나는 것과 같이 비구들이여, 여기서 여실한 것, 허망하지 않은 것, 다른 것이 아닌 것, 그것을 조건으로 하는 것, 비구들이여, 이것을 연기라고 한다. - 조건경(S)

이 경전에는 연기법의 성격이 잘 드러나 있는데 그 내용을 살펴보면, 우선 "여래가 출현하거나 여래가 출현하지 않거나 그 세계는 정해져 있으며 원리로서 확립되어 있으며 원리로서 결정되어 있으며"라고 한 것은 연기의 법칙은 객관적이고 보편타당한 원리로서 확립되어 있는 법칙이라는 의미입니다. 다음 "여래는 그것을 올바로 깨닫고 꿰뚫었으며"라고 한 것은 붓다께서 스스로 체험하여 확인한 것이라는 취지이고, "올바로 깨닫고 꿰뚫고 나서 설명하고 교시하고 시설하고 개현하고 분석하고 명확하게 밝힌다. 그러므로 '그대들도 보라'라고 말하는 것이다"라고 한 것은 누구든지 체험하여 확인할 수 있는 것임을 뜻합니다.

그리고 "여실한 것"이라고 한 것은 사실(實) 그대로(如)라는 뜻이니 진실한 법칙이라는 뜻이고, "허망하지 않은 것"은 예외가 없는 필연성이라는 것을 말하는 것이며, "다른 것이 아닌 것"은 달라지지 않고 항상한 불변의 법칙이라는 것을 의미하는 것입니다.

(3) 부처님 당시의 사상체계와 연기법

연기의 가르침이 왜 중요한지를 이해하려면 부처님 당시의 사상체계를 이해하는 것이 중요합니다.

부처님 당시에는 여러 종류 외도들의 가르침이 있었습니다. 이러한 외도의 가르침을 크게 두 가지로 나누면, 하나는 절대적인 브라만이 변화해 이 세상이 전개된다고 보는 관점입니다. 그래서 브라만과 각 개인에게 내재된 영원불멸하는 자아(아트만)를 동일시해 일체화(범아일여)를 지향합니다. 다른 하나는 지(地), 수(水), 화(火), 풍(風) 등의 여러 요소가 결합해 우주의 모든 것이 형성되었다고 보는 관점입니다.

첫 번째 사상은 존재가 죽어도 자아는 사라지지 않고 영원하다고 생각하는 상견(常見)이고, 두 번째 사상은 존재가 죽으면 이 모든 요소는 분해되고 끝이라고 생각하는 단견(短見)입니다. 이런 견해가 대세이던 당시 상황에서 부처님은 상견과 단견 둘 다 진리가 아님을 설파하셨습니다. 즉, 이 세상은 어떤 절대자에 의해서 이루어진 것도 아니고 영원한 자아가 있는 것도 아니며 죽으면 모든 것이 끝나는 것이 아니라 어떤 분명한 원리에 의해서 움직인다는 것입니다.

그 분명한 원리란 '모든 것은 조건이 형성되면 일어났다가 조건이 사라지면 소멸한다'라는 연기법입니다. 상견과 단견, 그리고 연기법이 어떻게 다른가를 우유의 비유를 들어 쉽게 설명하면 다음과 같습니다.

우유를 일정한 방향과 속도로 휘저으면 버터가 됩니다. 그러나 우유에 효모를 넣어 적당한 온도로 발효시키면 그 정도에 따라 치즈가 되기도 하고 요구르트가 되기도 합니다. 이때 우유와 그것으로부터 만든 버터, 치즈, 요구르트의 관계를 어떻게 보느냐의 차이가 상견과 단견, 그리고 연기의 차이와 같은 것입니다.

먼저 실체론적 입장인 상견은 우유가 어떠한 상태로 변하든 간에 우유의 본질은 유지되고 있다고 봅니다. 다시 말해서 우유로부터 버터, 치즈, 요구르트 등 다양한 '존재양상'이 생성되고 또 그 형태나 맛 등은 변했지만 각각에는 우유의 본질이 자기동일성을 유지하고 있다고 보는 것입니다. 본질이 영속적으로 이어진다고 주장하는 것입니다.

한편 단멸론의 관점(단견)은 우유의 다양한 변화를 각기 독립적인 '우연한 사건'으로 봅니다. 따라서 변화의 전후에는 아무런 인과관계가 없으며 그 배후에도 어떤 '본질' 같은 원리가 존재하지 않는다고 설명합니다.

그런데 부처님은 이러한 상견과 단견을 모두 부정했습니다. 부처님은 우유로부터 버터, 치즈, 요구르트 등이 생성되는 그 변화의 원리를 연기론으로 설명하셨습니다.

연기론적 관점에서 보면 우유는 생성의 원인, 즉 인(因)입니다. 그러나 그 인은 특정한 결과만을 필연적으로 산출하는 원인으로 기능하지 않습니다. 다양한 생성과 변화의 가능성일 뿐입니다. 우유라는 인(因)이 어떠한 조건, 즉 어떤 '연(緣)'과 결합하느냐에 따라 치즈, 요구르트, 버터가 된다는 것입니다. 생성과 변화를 바라보는 이러한 관점을 '인과 연이 화합하여 생기는 것'이라 하며 이를 줄여서 연기라고 한 것입니다. 이것이 바로 세계의 생성과 변화를 바라보는 불교의 관점입니다.

불교는 이 세계의 어떠한 사물과 현상도 아무런 원인 없이 스스로 발생한다고 보지 않습니다. 마찬가지로 '신의 의지'와 같은 보이지 않는 힘이 작동하여 발현하는 것도 아니라고 봅니다.

말하자면 사물과 현상을 일종의 인과관계의 연속으로 보는 것입니다, 그러나 그 연속적인 생성과 변화 가운데 영속되는 본질은 없습니다, 다양한 가능성을 내포하고 있는 하나의 '인'이 다양한 '연'과 결합하면서 다양한 생성과 변화가 일어난다는 것입니다.

　조건 따라 일어난다는 이러한 연기법은 당시의 사상체계로 보면 엄청난 전환입니다. 지금의 우리는 이것을 어렵지 않게 받아들이지만 '조건 따라 일어난다'라는 이 말 한마디가 당시로는 획기적인 가르침이었고 그것으로 말미암아 엄청난 반향이 일어납니다.

　즉, 조건 따라 일어난다는 말을 이해하면 우선 무상(無常)함을 이해하게 됩니다. 조건 따라 일어나는 것은 조건이 사라지면 소멸하기 마련인 것이므로 영원할 수 없어서 무상한 것입니다.

　또 무상하다는 것은 불완전함을 의미하기 때문에 괴로움(苦)의 특성이 있습니다. 무상하고 괴로움인 것은 '일어난 법이여, 사라지지 말라'라고 한다거나 '괴로움이여, 일어나지 말라'라고 해도 그렇게 될 수 없으므로 현상들을 내 마음대로 통제할 수 있는 자아(我)는 없습니다. 그래서 무상하고 괴로움인 것은 무아(無我)입니다. 이처럼 연기를 이해하면 무상함뿐만 아니라 괴로움과 무아에 대한 이해도 이루어집니다.

(4) 연기는 12연기입니다

　연기의 가르침은 대부분 12연기로 정형화되어 나타나는데, 초기경에서 12연기는 예외 없이 다음과 같이 정형화되어 나타납니다.

무명을 조건으로 의도적 행위들이, 의도적 행위들을 조건으로 의식이, 의식을 조건으로 정신과 물질이, 정신과 물질을 조건으로 여섯 감각장소가, 여섯 감각장소를 조건으로 감각접촉이, 감각접촉을 조건으로 느낌이, 느낌을 조건으로 갈애가, 갈애를 조건으로 취착이, 취착을 조건으로 존재가, 존재를 조건으로 태어남이, 태어남을 조건으로 늙음 및 죽음과 근심, 탄식, 육체적 고통, 정신적 고통, 절망이 발생한다. 이와 같이 전체 괴로움의 무더기가 발생한다.

그러나 무명이 남김없이 빛바래어 소멸하기 때문에 의도적 행위들이 소멸하고, 의도적 행위들이 소멸하기 때문에 의식이 소멸하고, 의식이 소멸하기 때문에 정신과 물질이 소멸하고, 정신과 물질이 소멸하기 때문에 여섯 감각장소가 소멸하고, 여섯 감각장소가 소멸하기 때문에 감각접촉이 소멸하고, 감각접촉이 소멸하기 때문에 느낌이 소멸하고, 느낌이 소멸하기 때문에 갈애가 소멸하고, 갈애가 소멸하기 때문에 취착이 소멸하고, 취착이 소멸하기 때문에 존재가 소멸하고, 존재가 소멸하기 때문에 태어남이 소멸하고, 태어남이 소멸하기 때문에 늙음, 죽음과 근심, 탄식, 육체적 고통, 정신적 고통, 절망이 소멸한다. 이와 같이 전체 괴로움의 무더기가 소멸한다. - 조건경(S), 깟짜나곳따경(S).

이처럼 연기는 무명부터 노사까지의 12연기로 대표되는 괴로움의 발생구조와 소멸구조를 설하는 것입니다. 그리고 이것은 괴로움과 괴로움의 일어남과 괴로움의 소멸과 괴로움의 소멸로 인도하는 도 닦음으로 정리되는 불교의 진리인 사성제와 그대로 일치하는 것입니다. 괴로움은 생사문제로 대표되는 괴로움을 뜻하는 것입니다.

12연기의 정형구는 유전문과 환멸문, 그리고 순관과 역관의 네 가지 형태로 나타나고 있는데 유전문은 괴로움의 발생구조를 뜻하고 환멸문은 괴로움의 소멸구조를 뜻하며 순관은 무명으로부터 생, 노, 사의 순으로 나타나는 것을 뜻하며, 역관은 반대로 노사로부터 무명까지의 역순으로 나타나는 것입니다.

이들을 적용시키면 ① 유전문이면서 순관 ② 환멸문이면서 순관 ③ 유전문이면서 역관 ④ 환멸문이면서 역관의 네 가지 형태가 됩니다. 경전『갈애멸진경 - M』에서는 12연기의 네 가지 형태를 통해 윤회의 시작(수태에서 성장까지)과 전개(12연기), 그리고 종식(사념처 수행, 열반)을 설명함으로써 갈애의 멸진을 가르치고 있습니다.

연기가 12연기이고 사성제와 일치하는 것이라고 하면 **법계연기는 무엇일까요?** 연기라고 하면 우리는 흔히 우주의 구성 원리를 찾거나 중중무진, 법계연기를 떠올리는데 이러한 법계연기는 초기불교에는 없습니다.

그렇다면 법계연기는 부처님이 깨달은 연기와는 아무런 관련이 없는 것인가 하는 의문이 들 것입니다. 그러나 그렇지 않습니다. 법계연기는 초기불교의 '이것이 있으면 저것이 있고 저것이 없으면 이것이 없다'는 상호의존의 관계성에서 이미 그 의미를 내포하고 있었습니다. 다만 부처님은 오로지 중생들이 겪는 현실의 삶에서의 괴로움과 괴로움의 소멸에만 관심이 있었기 때문에 괴로움의 해

결에 직접적이지 않다고 판단되는 우주적인 원리로까지는 이것을 확장시키지 않았을 뿐입니다.

그것은 불교의 인식대상인 일체를 우리가 경험할 수 있는 오온과 12처, 18계를 벗어나지 않는다는 말씀과 심사파 잎을 손에 들고 이것과 숲속에 있는 심사파 잎을 비교하면서 "내가 알고 있는 것은 많지만 나는 그것을 다 말하지 않고 그중에서 오로지 괴로움을 소멸시킬 수 있는 사성제만을 말한다"라고 말씀하신 데서도 알 수 있습니다. 그러던 것이 후대 대승불교에 와서 화려하고 장대한 화엄경을 바탕으로 법계연기사상이 철학적으로 체계화된 것입니다.

여기서는 연기의 범위가 우리가 경험할 수 있는 몸과 마음을 넘어 이 세상의 모든 존재, 우주만유로 확대됩니다. 법계연기의 상징이 되고 있는 것은 제석천에 있는 거대한 하늘 그물인 인드라망의 그물코에 매달린 무수한 구슬의 상호 무한 반사입니다.

이것이 상징하는 것은 이 세상에 존재하는 유형, 무형의 모든 것은 상즉상입(相卽相入)의 관계, 즉 모두는 모두를 안고 있고 모두는 모두에게 안겨 있는 관계라는 것입니다. 그러니까 세계의 모든 사물은 하나의 생명공동체라는 것입니다. 이 세상에 내 목숨이 아닌 것이 없고 내 목숨이 없는 곳이 없습니다. 쌀 한 톨도 결코 독립적인 존재일 수가 없습니다. 그 속에는 쌀 아닌 모든 것이 다 들어 있다(一微塵中含十方), 일중다 다중일(一中多 多中一)이요, 일즉다 다즉일(一卽多 多卽一)이라는 것입니다. 즉, 모든 것이 하나 속에 들어가고 하나에서 모든 것이 나오는, 걸림 없는 세계라는 것입니다.

일체의 사물은 우주 안에 있는 모든 것과의 관계 속에서만 존재가 가능한 것입니다. 서로 영향을 받고 영향을 주는 유기적 관계를 떠나서는 아무것도 있을 수 없다는 것입니다. 법계연기의 기본은 이렇듯 관계가 존재이며 존재가 관계라는 것입니다. 이렇게 관계는 소중한 것이기에 관계는 아끼고 보호해야 합니다. 관계를 해치는 것은 자살의 길이고 파멸의 길입니다.

20세기 이후 전 세계에 걸쳐 정치, 경제, 사회적으로 갈등이 심화되고 생태계 파괴와 환경오염으로 지구촌에 재앙이 현실화되는 상황에서 이처럼 유기적이며 통전적인 법계연기의 사유체계는 우선 독단과 독선을 줄여 좀 더 열린 사회를 지향하게 합니다. 또 나와 남의 존재론적 구별이 없어지기 때문에 남의 아픔이 나의 아픔이 되고 남이 아파할 때 나도 아파하는 참된 자비, 진정한 보살정신이 가능해집니다.

그리고 마지막으로 인류의 종말을 가져올 것처럼 무서운 속도로 우리를 덮치고 있는 환경 재앙을 막을 수 있는 거의 유일한 사상이 되고 있습니다. 그래서 토인비를 비롯한 서양의 많은 사상가들이 화엄의 유기적 공존적 세계관을 21세기 대안사상이라고 치켜세우는 이유입니다.

최근에는 연기법이 서양의 시스템이론, 생태이론 등 다양한 이론과 결합하면서 현대적 관점으로 재해석되고 있습니다. 그러나 우리가 명심해야 할 것은 초기불교의 12연기든 대승불교의 법계연기든 이러한 연기의 가르침은 역사적으로 전개되어 온 모든 불교를 불교답게 하는 핵심이라는 것을 잊어서는 안 된다는 것입니다.

의상스님의 법성게는 법계연기사상을 7언 30구, 210자의 사각도형(화엄일승법계도)으로 그린 것으로 유명합니다.

(5) 12연기는 삼세양중인과의 윤회연기입니다

12연기를 이해하는 방식에는 두 가지가 있습니다. 하나는 윤회를 거치면서 괴로움이 일어나는 생성적 구조로 이해하는 것이고, 다른 하나는 한 생애에서 괴로움이 일어나는 원인과 결과라는 논리적 구조로 이해할 뿐 윤회를 인정하지 않거나 윤회를 윤리 도덕적 실천을 위한 방편교설일 뿐이라고 하는 것입니다. 전자를 시간적 연기관이라 하고 후자를 논리적 연기관이라 합니다.

그런데 12연기는 전생, 금생, 내생의 삼세에 걸친 괴로움의 발생구조와 소멸구조를 설하는 가르침이라는 시간적 연기관이 정설로 통용되고 있습니다. 즉, 무명으로부터 현생의 식이 발생하기 전까지 업의 행을 쌓는 과정은 과거생을 보여 주고, 그렇게 발생한 업력의 식으로부터 명색이 생하고, 그로부터 육입처와 촉과 수가 발생하기까지는 과거 업에 의한 결과로서의 현재생의 단계를 보여 주며, 그 수에서 애와 취와 유로 나아가는 과정은 현생에서 다시 업을 쌓아 미래생을 준비하는 원인적 단계를 보여 주고, 결국 그 유에 따라 생하여 노사로 이어지는 과정은 전생의 업의 결과로서 나타나는 미래생의 모습을 보여 줍니다. 이처럼 12연기를 전생, 현생,

내생의 삼세에 걸친 이중적인 인과관계로 해석하는 것을 삼세양중인과설이라고 합니다.

12연기를 이렇게 삼세에 걸친 윤회를 설명하는 것으로 볼 수밖에 없는 이유는 12연기의 세 번째 지(支)인 식(識)과 열한 번째인 태어남(生) 때문입니다.

경전에 근거해서 이 열두 가지 구성요소를 설명하면 다음과 같습니다.

ⓐ 12연기의 첫 번째는 무명입니다

무명은 무엇일까요?

■ 무명은 한마디로 사성제에 대한 무지입니다

"비구들이여, 그러면 어떤 것이 무명인가? 괴로움에 대한 무지, 괴로움의 일어남에 대한 무지, 괴로움의 소멸에 대한 무지, 괴로움의 소멸로 인도하는 도 닦음에 대한 무지이다."

■ 연기를 알지 못하는 것도 무명입니다

왜냐하면 연기의 일어남을 알지 못하는 것은 집성제에 대한 무지이고 연기의 사라짐을 알지 못하는 것은 괴로움의 소멸의 성스러운 진리인 멸성제에 대한 무지이기 때문입니다.

■ 유익한 법들과 해로운 법들을 알지 못하는 것도 무명입니다

(바른 견해의 경 - M)

왜냐하면 해로운 법을 해로운 법이라고 알지 못하는 것은 괴로움의 일어남의 성스러운 진리인 집성제에 대한 무지이고 유익한 법을 유익한 법이라고 알지 못하는 것은 괴로움의 소멸로 인도하는 도 닦음의 성스러운 진리인 도성제에 대한 무지이기 때문입니다.

■ 다섯 무더기 법들의 세 가지 보편적 특성인 무상, 고, 무아를 알지 못하는 것도 무명입니다

왜냐하면 형성된 법들의 세 가지 특성을 알지 못하는 것은 고성제에 대한 무지이기 때문입니다. 고성제를 알지 못하는 무명 때문에 형성된 법들, 즉 다섯 무더기가 영원하고 행복이고 자아가 있다고 잘못 알고 다섯 무더기에 집착하는 갈애가 일어나는 것입니다.

"비구들이여, 무상에 대하여 영원하다는, 괴로움에 대하여 행복이라는, 무아에 대하여 자아라는, 부정한 것에 대해서 깨끗하다는 인식의 전도, 마음의 전도가 있다."

무명과 관련하여 한 가지 더 언급할 것은, 무명은 인과의 연쇄에 있어 궁극적 원인이고 무조건적인가 하는 점입니다. 그러나 그렇지 않습니다. 무명 역시 번뇌를 조건으로 하는 것이지 무조건적인 제일 원인이 아닙니다. 그러니까 무명과 번뇌는 상호 조건이 되는 원환적인 순환구조인 것입니다.

또 무명과 유신견은 구별되어야 한다는 점입니다. 유신견은 자아가 있다는 견해로 이것은 갈애에 조건 지어진 네 가지 취착(取) 가운데 하나일 뿐입니다. 그러나 무명은 자아에 취착하는 유신견보다 훨씬 더 근원적인 것입니다. 10가지 족쇄 측면에서 보더라도 예류과(수다원)를 증득하면 유신견은 소멸하지만 무명은 아라한이 되어야만 없어지는 것입니다.

ⓑ 12연기의 두 번째는 행(行)입니다

행은 형성(상카라)을 말하는 것으로 미래의 과보를 가져오는 갖가지 행위, 곧 업(業)을 짓는 것을 말합니다. 형성은 신체적 형성(身行), 언어적 형성(口行), 정신적 형성(意行)의 세 가지로 설명합니다. 앞의 두 가지는 마음속의 의도가 신체적, 언어적으로 표출된 행위를 말하고 마지막 정신적 형성은 마음의 의도 자체를 말하는 것입니다. 불교에서는 이와 같이 어느 것이든 의도적이지 않은 것은 업이 아니라고 봅니다.

그리고 이들 세 가지는 다시 공덕이 되는 행위(福行), 불공덕이 되는 행위(非福行), 움직임이 없는 행위의 세 가지로 분류됩니다. 공덕이 되는 행위란 인간과 천상이라는 선한 세계(善趣)로 인도하는 선업을 말하고, 불공덕이 되는 행위란 지옥, 축생, 아귀 등과 같은 나쁜 세상(惡趣)으로 인도하는 악업을 말하며, 움직임이 없는 행위란 색계와 무색계에 태어나는 과보를 가져오는 선정을 닦는 것을 말하는데 행위와 과보 사이에 변동이 있을 수 없기 때문에 붙여진 명칭입니다.

그러면 무명이 어떻게 형성에게 조건이 되는가를 살펴보면 다음과 같습니다. 반야심경에 보면 전도몽상(顚倒夢想)이라는 말이 나옵니다. 이 세상을 볼 때 연기와 사성제 등의 진리에 입각해서 바로 봐야 하는데 어리석은 무명으로 인해 세상을 왜곡해서 보는 것을 말합니다. 괴로운 것을 괴로운 것으로 보고 행복한 것을 행복한 것으로 봐야 하는데 행복하지 않은 것을 행복으로 잘못 아는 왜곡된 인식이 일어나는 것입니다. 그렇다 보니 괴로움의 원인이 되는 행위를 행복의 원인이라고 생각하면서 업을 짓고 또 괴로움의 소멸과 그에 이르는 길을 알지 못해 천상 따위의 태어날 곳이 괴로움의 소멸이라고 생각하고 괴로움의 소멸로 인도하는 길이 아닌 제사나 고행 등의 갖가지 업을 짓는 것입니다.

경전에서 무명을 조건으로 의도적 행위가 있다는 것은 쉬운 말로 하면 어리석기 때문에 업을 짓는다는 것입니다. 그러므로 만약 무명이 사라지고 명지가 나타나면 다시는 이와 같은 갖가지 업을 짓지 않게 되는 것입니다.

ⓒ 12연기의 세 번째는 식(識)인데
이것은 두 가지 의미로 이해됩니다

첫째는 재생연결식을 의미합니다. 위에서 본 바와 같이 전생에서의 원인인 무명을 조건으로 갖가지 업을 형성하고 나면 반드시 그 과보를 받게 되는데 그 과보의 처음으로 나타나는 것이 의식인데 이것이 재생으로 연결되는 의식, 즉 재생연결식을 말합니다. 재생 연결식은 전생에서 오온이 지은 업 중에서 아직 그 보(報)를 받지 못하여 남아 있는 힘, 즉 업력 덩어리입니다. 업의 힘은 보로서 자신을 발휘하기까지, 즉 업력이 소진되기까지 존속하는 것입니다. 그 업의 힘이 식입니다. 애착의 힘인 업력이 남아 있는 한 업력 덩 어리인 식은 보로서 자신을 발휘하기 위하여 반드시 이 세계로 되돌아오고자 합니다. 되돌아오는 길은 모태를 통할 수밖에 없으며 모태에 들어가는 길은 수정란에 부착되는 수밖에 없습니다.

경전 『대인연경 - M』에서 "아난다여, 의식이 모태에 들지 않았는데도 명색이 모태에서 발전하겠는가?"라고 말씀하신 것은 그것을 말하는 것입니다. 이 경전의 말씀이 12연기를 삼세양중인과의 윤회연기로 볼 수밖에 없는 첫 번째 이유입니다.

재생연결식을 대개 생유(生有)와 사유(死有)사이의 중유(中有)로 이해하는데 중유의 존속기간에 대해서는 정해진 기한이 없다는 설로부터 49일이라는 설(49재는 여기서 유래함) 등으로 견해가 나뉩니다. 반면 남방 상좌부에서는 중유를 인정하지 않고, 죽음의 순간 바로 다음에 결생식이 나타나고 또 이것은 바로 곧 새로운 삶의 전개 과정으로 나아간다고 합니다.

식의 두 번째 의미는 삶의 과정에서 과보의 마음(전오식)을 생기게 한다는 것입니다. 과보의 마음은 눈 의식, 귀 의식, 코 의식, 혀 의식, 몸 의식의 전오식을 말하는 것으로 이들은 과거에 지은 의도적 행위에 의한 결과라는 것입니다. 즉, 선행을 많이 한 사람은 주로 좋은 형색이 보이고 듣기 좋은 소리가 들리고 좋은 냄새를 맡고 맛있는 음식을 만나고 몸에 좋은 감촉이 일어나는데 이처럼 선행에 의한 좋은 과보로 원하는 다섯 의식(전오식)이 많이 일어나는 것입니다. 반면에 악행을 많이 한 사람은 보기 싫은 형색이 보이고 귀에 거슬리는 소리가 들리고 나쁜 냄새를 맡고 맛없는 음식을 만나고 몸에 고통스러운 감촉이 일어나는 것처럼 불선행에 의한 나쁜 과보로 원하지 않는 다섯 의식이 일어나는 것입니다.

ⓓ 12연기의 네 번째는 명색(名色)인데 이것은 중생의 오온을 가리키는 것입니다

세 번째 식인 재생연결식이 있게 되면 이것이 입태(入胎)함으로써 정신과 물질, 즉 명색이 있게 됩니다. 여기서 정신은 식을 뺀 수, 상, 행의 3온만을 말합니다. 불교에서 일반적으로 정신이라고 하면 식을 포함하는 것이지만 12연기에서는 식이 12연기의 세 번째 구성요소로 독립되어 나타나기 때문입니다.

물질은 땅의 요소(地), 물의 요소(水), 불의 요소(火), 바람의 요소(風)의 네 가지 근본물질과 파생물질로 구성되어 있습니다.

12연기는 쌍방향으로 전개되는 동시적 상호인과가 아니라 일방향으로 진행되는 이시적 상호인과입니다. 그런데 유독 식과 명색에 있어서만은 쌍방향의 인과관계가 성립하는 것으로 표현되어 있습니다. 즉, 식을 연하여 명색이 있고 명색을 연하여 식이 있다고 설해지는 것입니다. 이것은 일견 모순되는 것처럼 느껴지지만 식과 명색은 마치 서로 의지하여 기대고 서 있는 갈대 단처럼 서로 조건이 되고 증장하는 관계에 있다는 것을 의미하는 것입니다(잡아함경, 노경).

즉, 중음신(재생연결식)이 있어도 수정란이 없거나 수정란이 있어도 재생연결식이 없으면 생명이 생길 수 없음을 말하는 것입니다.

ⓔ 12연기의 다섯 번째는 육입(六入)입니다. 육입은 여섯 감각장소를 말합니다

명색이 있게 되면 여섯 가지 감각장소인 눈의 감각장소, 귀의 감각장소, 코의 감각장소, 혀의 감각장소, 몸의 감각장소, 마노의 감각장소가 갖추어집니다. 명색과 육입이 구별되는 것은 여섯 감각기능이 제대로 발휘되기 전까지를 명색으로 파악하기 때문입니다.

12연기의 세 번째인 식과 네 번째인 명색, 그리고 다섯 번째인 육입을 모아서 한마디로 한다면 입태 시의 미세한 물질에서 육처를 갖춘 인간의 모습이 되어 가는 과정을 말하는 것이라 하겠습니다.

ⓕ 12연기의 여섯 번째는 촉(觸)입니다

안의 여섯 감각장소(안, 이, 비, 설, 신, 의)와 대상인 밖의 여섯 감각장소(색, 성, 향, 미, 촉, 법)가 부딪힐 때 여섯 의식(안식, 이식, 비식, 설식, 신식, 의식)이 일어나는 것을 감촉이라고 합니다.

ⓖ 12연기의 일곱 번째는 느낌입니다

위의 접촉에 의해 생기는 것이 느낌입니다. 즉, 눈의 느낌, 코의 느낌, 혀의 느낌, 신체의 느낌, 마노의 느낌입니다. 느낌에는 행복한 느낌, 괴로운 느낌, 행복하지도 괴롭지도 않은 느낌의 세 가지가 있고 이 세 가지 느낌에는 탐, 진, 치 3독으로의 잠재성향이 잠재되어 있습니다. 느낌에 대해서는 '오온의 느낌'에서 자세히 설명할 것입니다.

ⓗ 12연기의 여덟 번째는 갈애입니다

갈애는 마치 목마른 사람이 물을 찾는 것처럼 대상에 집착하는 심리현상입니다. 갈애는 집착하는 대상이 무엇인지에 따라 여섯 가지, 즉 형색에 대한 갈애, 소리에 대한 갈애, 냄새에 대한 갈애, 맛에 대한 갈애, 감촉에 대한 갈애, 법에 대한 갈애가 있습니다. 갈애는 좋은 것을 갈망하는 것만을 말하는 것이 아니라 싫은 것을 멀리하려는 증오 역시 갈애의 일종입니다.

갈애는 사성제의 두 번째 진리인 괴로움의 일어남의 성스러운 진리(집성제)입니다. 갈애에 대해서는 '사성제' 부분에서 자세히 설명할 것입니다.

⑨ 12연기의 아홉 번째는 취착입니다

취착은 갈애가 더 강해진 것을 말합니다. 애욕이 커지면서 대상을 완전히 자기화하려는 것입니다.

취착에는 네 가지가 있는데, ① 감각적 대상에 강하게 집착하는 욕취 ② 자아와 같이 영원불멸하는 실체가 있다고 생각하는 상견이나 죽으면 모든 것이 끝이라고 주장하는 단견과 같은 사견(邪見)에 대한 취착 ③ 종교적 의례 의식을 행하거나 계율을 지킴으로써 해탈에 이를 수 있다고 집착하는 계금취견 ④ 다섯 무더기를 자아라고 집착하는 자아의 교리에 대한 취착, 즉 유신견입니다.

⑩ 12연기의 열 번째는 유(有)입니다

유(有)는 존재를 의미하는데, 존재에는 업의 존재(業有)와 재생의 존재(生有)의 두 가지 의미가 있지만 여기서는 업 존재의 의미이며 이는 업이 가진 업력을 말합니다.

취착을 조건으로 유익한 업을 짓기도 하고 해로운 업을 짓기도 합니다. 그래서 취착을 조건으로 욕계의 업 존재가 일어납니다. 우리가 짓는 업은 순간적으로 일어나고 사라지지만 업이 가진 가능성인 업력은 남아 있어서 조건이 성숙하면 존재를 태어나게 합니다.

업력 그 자체가 존재인 것은 아니지만 존재가 일어나는 원인이기 때문에 업력을 존재라고 하는 것입니다.

ⓚ 12연기의 열한 번째는 태어남(生, jati)입니다

여기서 태어남으로 옮긴 jati는 한 생에 최초로 태어나는 것 이외의 뜻으로는 쓰이지 않는 것입니다. 생멸한다는 의미의 생이 아닙니다. 생멸의 생은 일어남의 의미인 samudaya입니다. jati는 실제로 태어남의 의미 외에는 없습니다. 그러므로 연기의 가르침에서 존재(有)와 태어남(生) 사이에는 한 생이 개재될 수밖에 없는 것입니다. 이것이 12연기를 삼세양중인과의 윤회연기로 볼 수밖에 없는 두 번째 이유입니다.

그래서 실제로 경전『우현경 - S』에서 "어리석은 자는 몸이 무너져 죽은 뒤에는 (다른) 몸을 받게 된다. 그는 (다른) 몸을 받아서는 태어남, 늙음, 죽음으로부터 해탈하지 못하고 근심, 탄식, 육체적 고통, 정신적 고통, 절망으로부터 해탈하지 못하고 괴로움으로부터 해탈하지 못한다고 나는 말한다"라고 말씀하심으로써 12연기가 삼세에 걸친 윤회연기임을 명백히 하고 있습니다.

① 12연기의 마지막 열두 번째는
노사와 우비고뇌입니다

늙음은 '이런저런 중생들의 무리 가운데서 이런저런 중생들의 늙음, 노쇠함, 부서진 치아, 희어진 머리털, 주름진 피부, 수명의 감소, 감각기능의 쇠퇴'를 말하는 것이고 죽음이란 '이런저런 중생들의 무리로부터 이런저런 중생들의 종말, 제거됨, 부서짐, 사라짐, 사망, 죽음, 서거, 오온의 부서짐, 시체를 안치함, 생명기능의 끊어짐'을 말하는 것입니다.

그리고 사람들은 살면서 이런저런 일들로 온갖 슬픔, 비탄, 고통, 불만족과 고뇌를 수없이 경험합니다. 그리고 언젠가는 죽습니다. 이 모든 일들은 태어남이 있기 때문에 일어나는 것입니다. 그래서 생을 조건으로 늙음, 죽음과 슬픔 비탄, 고통, 불만족이 일어난다고 하는 것입니다.

이렇게 태어나서 늙음과 죽음을 맞이하더라도 업이 남아 있으면 다시 태어나고 또 수많은 업을 지으면서 늙고 병들고 죽습니다. 존재는 이렇듯 끝없이 생로병사를 되풀이하며 윤회하는 것입니다.

이것이 12연기입니다. 이상으로 시간적 연기관인 삼세양중의 윤회연기에 관해서 설명했습니다.

다음에는 논리적 연기관을 설명하고 그것의 문제점을 살펴보겠습니다. 한마디로 논리적 연기관은 '나'뿐만 아니라 이 '세상' 모든 것들이 진짜로 있는 것이 아니라 연기법적인 연결성으로 잠시 동안만 있는 것처럼 보이는 허망한 것이라고 합니다. 따라서 12연기의 각 지분 모두를 실재가 아닌 허망한 의식으로 봅니다.

우선 그들의 설명을 보겠습니다.

① 무명의 의미는 시간적 연기관과 다르지 않습니다. 완전히 같습니다.

② 행(行)은 의도적 행위(업)만을 말하는 것이 아니라 오온의 행(형성작용), 즉 유위로 조작하는 것, 없던 것을 만들어 낸다는 의미로까지 이해합니다. 12연기의 각 지를 모두 허망한 의식으로 보는 논리적 연기관은 여기에서 비롯되는 것입니다.

③ 식은 재생연결식과 과보의 마음을 의미하는 것이 아니라 대상을 자기 식대로 분별하는 분별심으로 봅니다.

④ 명색은 외부에 있는 대상 그 자체가 아니라 그 대상이 나에게로 와서 이름과 모양을 통해 내 식대로 인식되는 나의 의식상태로 봅니다.

⑤ 육입은 안, 이, 비, 설, 신, 의의 육근이 아니라 명색을 감지하는 존재를 '나'라고 착각하는 허망한 의식으로 봅니다.

⑥ 촉은 육근과 육경이 부딪치는 것을 말하는 것이 아니라 육입을 '나'라고 생각하면서 그 '나'에 의해 접촉되는 것들이 외부에 실제로 있다고 착각을 하는 허망한 의식으로 봅니다.

⑦ 수(受)는 육근과 육경이 실제로 접촉할 때 느껴지는 감정이 아

니라 대상이 실제로 있다고 여길 때 그 대상에 대하여 좋거나 싫은 감정을 일으키는 것으로 봅니다.

⑧ 생(生)은 다음 생에 다시 태어난다는 의미의 생이 아니라 전에 없던 의도, 마음인 유(有)가 생겨나면 내 안에 생겨난 이 의도인 유(有)로 인해 다양한 행위가 현실화되는 것으로 봅니다.

⑨ 노사도 꼭 실제로 늙고 죽는 것만을 말하는 것이 아니라 살아가면서 생겨나는 유형, 무형의 모든 괴로움을 말하는 것으로 봅니다.

이상으로 논리적 연기관을 살펴보았는데 그것에는 다음과 같은 문제점이 있습니다.

첫째, 논리적 연기관은 대승불교, 특히 유식의 인식론인 관념론에 바탕한 것으로 초기불교의 인식론인 경험론과는 맞지 않는 설명이라는 것입니다.

말룽캬뿟타의 사변적인 사항에 대한 열 가지 질문에 대하여 부처님께서 침묵하신 10사무기(無記)에서 알 수 있듯이 초기불교는 형이상학적인 관념론이 아니라 괴로움이라는 엄연한 실존을 인정하고 이를 해결하려고 하는 현실적인 경험을 중시하는 경험론이었습니다. 그러던 것이 대승불교 중기(A.D. 4세기)로 오면서 점차 관념론으로 바뀌게 되는데 논리적 연기관은 이러한 대승의 관념론(유식의 아뢰야식)에 바탕한 것으로 초기불교의 경험론과는 맞지 않는다는 것입니다.

앞서 오온의 식을 설명할 때 언급했듯이 초기불교에서 마음은 반드시 대상이 있어야 일어나고 대상이 없으면 일어나지 않습니다.

눈(眼)이 없어도, 빛이 없어도, 접촉이 없어도 마음이 일어나지 않는 것입니다. 이것이 오온이고 12처(6내외처)이고 삼사화합촉이라는 것입니다. 오온의 결합 이전에는 인식 그 자체는 물론, '나'라는 인식의 주체도 없습니다. 초기불교의 인식론은 이와 같이 외계의 실재를 인정하고 이를 인식하는 유물론적 경험론입니다.

오온무아라는 것은 '나'라고 하는 것이 오온에 불과할 뿐 이런 오온 외에 오온과는 별도로 오온을 주재하고 통일하는 '나'라는 불변의 실체가 있는 것이 아니라는 것입니다. 오온은 우리가 경험할 수 있는 실재입니다. 12처, 18계도 마찬가지입니다. 나의 실재는 오온, 12처, 18계의 심신복합체이며 이들의 상호작용입니다. 이것이 삶의 현상의 모두(일체)입니다.

그런데 대승불교 중기의 유식에 와서는 나와 세계를 실재가 아니라 단지 심식(아뢰야식)의 현현, 즉 마음의 그림자에 불과한 허망한 것으로 봅니다. 이러한 인식태도를 구체적 사물에 앞서 보편적 개념이 존재하는 것으로 보는 것이라 하여 선험적 관념론이라고 합니다.

논리적 연기관은 이러한 대승의 인식론에 바탕하여 오온, 12처, 18계의 실체성만을 부정하는 데 그치지 않고 그것의 실재, 즉 실제 사실로 존재하는 것까지를 부정하고 오직 식(識)만이 실재하는 것(유식무경)이라고 하는 것이어서 초기불교의 입장(경험론)에서는 타당치 않은 것입니다.

여기서 초기불교의 유물론적인 경험론이 어떻게 대승의 선험적 관념론으로 바뀌게 되었는가 하는 그 시대적 과정을 살펴볼 필요가 있습니다. 두 가지 요인을 살펴볼 수 있습니다.

첫째, 중관론자들이 공을 지나치게 강조하면서 연기와 무아 내지는 열반까지의 모든 것을 공이라는 말로 설명하게 되자 공(空)이라는 술어가 가지는 본래의 의미(무자성, 무실체, 비본질)를 넘어서 무엇인가 '텅 빈 것'을 연상시켜 부정적이고 허무주의적인 것으로 인식하게 되었기 때문에 이에 대한 비판적 시각이 대두되었고, 이것이 결정적인 계기로 보입니다.

그것은 용수가 공을 설파하고 체계화시키자 역설적으로 초기의 경험론이 사라지고 관념론적 사유의 집대성인 유식이 크게 성장하고 나중에는 여래장사상과 불성론까지 등장하여 불교가 완전히 관념론 일색으로 흘러가 버린 것에서 알 수 있습니다. 실로 공의 역설이라고 할 만합니다.

둘째, 마침 이러한 유식이 발달하게 된 시기는 A.D. 4세기경에 굽타왕조라는 바라문 정권이 강성해지면서 과거 인도의 전통이었던 바라문교로 되돌아가는 대전환기였습니다. 대 역경가인 구마라집과 유식사상을 완성한 무착, 세친은 바라문 귀족 출신이었습니다. 따라서 불교도 이러한 시대적 분위기에 맞추어 살아남기 위해 변하지 않을 수 없었는데 대표적인 것이 아트만과 유사한 유식의 아뢰야식입니다. 그 시기에는 힌두교의 많은 신들을 불교로 받아들이는가 하면 아트만, 제사, 기도, 주문, 주술의례 등 힌두교의 영향이 걷잡을 수 없이 물밀듯 몰려오던 시기였습니다.

대승불교 중기에 발달한 유식의 아뢰야식을 비롯한 이러한 일련의 변화는 석가모니 부처님이 그토록 심혈을 기울여 비판하였던 바라문사상으로 되돌아갔음을 의미하는 것이고, 그 과정이 바로 인도에서 불교가 힌두교로 흡수되는 과정이었다고 말할 수 있으며 끝내 인도에서 불교가 사라지는 결과를 가져오게 되었다고 말할 수 있습니다.

그런데 중국과 우리나라에서는 유식불교를 절대적인 진리인 양 잘못 알고 맹목적으로 믿는 사람들이 많습니다. 그래서 유식의 아뢰야식에 관해서는 이후 6장에서 별도로 자세히 설명할 것입니다

이렇게 관념화된 대승불교는 인도를 벗어나 중앙아시아를 거쳐 중국과 우리나라와 일본에서 꽃을 피우게 됩니다. 그런데 중국과 우리나라는 선종이 주류를 이루고 있는데, 선종의 인식론은 초기불교와 같은 경험론입니다. 능가경에서 부처님은 "대상은 없고 오직 자기 마음을 보는 것이라는 주장에 동의할 수 없다"라고 말씀하고 계시는데 이 말씀은 우리의 인식은 대상이 있으므로 발생하게 되는 것이므로 마음 밖의 대상 자체가 없다고 말할 수 없다는 것이어서 초기불교의 인식론과 같은 것입니다. 따라서 12연기를 유식의 관념론으로 해석하는 논리적 연기관에 대한 비판은 선종의 입장에서도 똑같이 할 수 있을 것입니다. 현전직관을 말하는 선종과 심식의 현현일 뿐이라는 유식은 어울리기 어려운 것입니다. 그런데도 우리나라에서는 이에 대한 비판적 의식이 별로 없는 듯합니다.

논리적 연기관의 두 번째 문제점은 12연기의 각 지(支)를 유위로 조작된 허망한 의식으로 봄으로써 불교의 이상인 해탈, 열반을 단

지 이러한 허망한 의식으로부터 벗어나는 심리적 자유로움의 경지로 이해하고 있다는 것입니다. 그러나 경전에 보면 '해탈하면 태어남은 다했다. 청정범행은 성취되었다. 할 일을 다해 마쳤다. 다시는 어떤 존재로 돌아오지 않을 것이다'라고 규정하고 있습니다. 여기서 취착의 업력에 매여 해탈하지 못하면 후세의 몸을 받고, 취착의 업력이 끊어져 해탈하면 후세의 몸을 받지 않는다고 함은 불교에 있어 업에 따른 윤회와 업이 다한 해탈은 단지 심리적인 자유와 심리적 부자유의 차원을 의미하는 것이 아니라 윤회와 윤회로부터의 해탈(다시 태어나지 않음)이라는 존재론적인 것을 말하는 것입니다. 즉, 이것은 12연기가 단지 심리적, 논리적 연기가 아니라 삼세에 걸쳐 이중의 인과로 윤회하는 시간적 연기관이 맞는 것임을 말해 주는 것입니다.

(6) 12연기의 교훈, 좋은 인연을 만들라

이상의 설명에서 12연기가 윤회의 원리와 구조를 체계적으로 설명한 가르침이라는 것을 알았습니다. 한마디로 12연기를 모르면 고통으로부터 벗어날 수 없고 해탈할 수 없습니다. 그래서 연기법을 이해하는 것이 불교 수행에 있어서 매우 중요한 것입니다.

아난다 존자가 부처님께 이런 말을 한 적이 있습니다. "경이롭습니다. 세존이시여, 놀랍습니다. 세존이시여, 이 연기는 참으로 심오

합니다. 그리고 참으로 심오하게 드러납니다. 그러나 이제 제게는 분명하고 또 분명한 것으로 드러납니다."

그러자 부처님은 "아난다여, 그와 같이 말하지 말라. 아난다여, 그렇게 말하지 말라. 이 연기는 참으로 심오하다. 그리고 참으로 심오하게 드러난다. 아난다여, 이 법을 깨닫지 못하고 꿰뚫지 못하기 때문에 이 사람들은 실에 꿰인 구슬처럼 얽히게 되고, 베 짜는 사람들의 실타래처럼 헝클어지고, 문자 풀처럼 엉키어서 처참한 곳, 불행한 곳, 파멸처, 윤회를 벗어나지 못한다"라고 말씀하셨습니다.

윤회의 기본 틀을 이해하면 우리가 앞으로 어떻게 살아야 하는가에 대한 답이 나옵니다. 당장 해탈을 하지는 못하더라도 어떻게 사는 것이 장기적으로 이익이 되는지를 아는 것은 매우 중요합니다. 그런 이치를 모르고 사는 것은 암흑 속에서 사는 것과 마찬가지입니다. 어떻게 살면 행복해지고 어떻게 살면 괴로워지는지를 모르면 좌충우돌의 삶을 살 수밖에 없습니다. 12연기는 윤회의 구조에 대해 명확한 이해와 통찰을 하게 해줌으로써 어떻게 사는 것이 정말로 우리 삶에 이익이 되는지를 알려 주는 소중한 가르침입니다.

특히 나이 먹어서 할 수 있는 가장 값진 일은 수행밖에 없습니다. 나이가 들어서 잘 잊어버린다고 걱정할 필요가 없습니다. 싹 다 잊어버려도 한번 인(因)을 맺어 놓으면 그게 언젠가는 빛을 발하게 되어 있습니다. 금생에 안 되면 다음 생에 발해도 발하기 때문입니다.

사람으로 태어난 것은 선업의 결과이지만, 사는 동안 탐욕, 성냄,

어리석음에 휘둘려 살다 죽으면 다시 사람으로 태어난다는 보장이 없습니다. 그러나 사는 동안 보시하고 계율을 지키며 수행으로 지혜를 키우면 노후뿐만 아니라 내생까지도 보장을 받습니다.

2
사성제

(1) 사성제의 의의

사성제(四聖諦)란 네 가지의 성스러운 진리라는 말입니다. 영어로는 Four Noble Truths라고 합니다.

사성제는 불교의 모든 교리 가운데서 가장 중요합니다. 부처님이 녹야원에서 다섯 명의 제자들에게 처음으로 법을 설했을 때로부터 시작해서 쿠시나가라에서 반열반(般涅槃)에 들 때까지 45년 동안 가장 많이 설한 가르침이 바로 이 사성제입니다. 따라서 부처님의 모든 가르침은 사성제로 총섭되는데 경전에서는 이를 코끼리 발자국에 비유해서 설명하고 있습니다.

사성제의 기초 원리는 연기법입니다. 그러나 연기법은 너무 오묘한 부처님의 자내증(自內證)이므로 중생들이 이해하기 쉽도록 하기 위하여 이를 괴로움과 괴로움의 소멸의 관점으로 체계적으로 정리한 실천방법이 사성제입니다.

이를 요약하면 다음과 같습니다.

고성제	인생은 필연적으로 괴롭기 마련이다(본질성, 보편성, 4고 8고).
집성제	무엇 때문에 괴로운가? 욕망(갈애)을 갖기 때문이다.
멸성제	괴로움에서 벗어나려면 욕망을 소멸시켜야 하는데 그것이 과연 가능한가? 가능하다. 실제로 그런 경지가 있다(열반).
도성제	그러면 어떻게 해야 하는가? 부처님께서 가르치신 방법으로 수행하여 이 세상의 모든 사물(나와 세상)이 조건 따라 형성된 연기된 존재이므로 마치 흐르는 물처럼 붙잡을 수 없는 것이라는 사실, 즉 무상, 고, 무아라는 지혜를 직접 보고 알아야 한다. 그러나 그것은 단지 생각이나 믿음만으로 되는 것이 아니라 오로지 부처님께서 가르치신 수행방법(팔정도, 특히 사념처)을 통하여 체험적으로 직접 보고 알아야만 한다. 그래야 염오하고 이욕하여 욕망을 영원히 일으키지 않게 되어 괴로움의 영원한 종식, 열반을 얻는다.

사성제에 관한 말씀은 평생 동안 하셨으니 수도 없이 많지만 그래도 경전 중에서 대표적인 것 몇 가지를 들면 다음과 같습니다.

ⓐ 초전법륜경

비구들이여, 이것이 괴로움의 성스러운 진리이다. 태어남도 괴로움이다. 늙음도 괴로움이다. 병도 괴로움이다. 죽음도 괴로움이다. 근심, 탄식, 육체적 고통, 정신적 고통, 절망도 괴로움이다. 싫어하는 대상들과 만나는 것도 괴로움이다. 좋아하는 대상들과 헤어지는 것도 괴로움이다. 원하는 것을 얻지 못하는 것도 괴로움이다. 요컨대 취착의 대상이 되는 다섯 가지 무더기 자체가 괴로움이다.

비구들이여, 이것이 괴로움의 일어남의 성스러운 진리이다. 그것은 바로 갈애이니 다시 태어남을 가져오고 즐김과 탐욕이 함께하며 여기저기서 즐기는 것이다. 즉, 감각적 욕망에 대한 갈애, 존재에 대한 갈애, 존재하지 않음에 대한 갈애가 그것이다.

비구들이여, 이것이 괴로움의 소멸의 성스러운 진리이다. 그것은 바로 그러한 갈애가 남김없이 빛바래어 소멸함, 버림, 놓아 버림, 벗어남, 집착 없음이다.

비구들이여, 이것이 괴로움의 소멸로 인도하는 도 닦음의 성스러운 진리이다. 그것은 바로 여덟 가지 구성요소를 가진 성스러운 도이니 바른 견해, 바른 사유, 바른말, 바른 행위, 바른 생계, 바른 정진, 바른 알아차림, 바른 삼매이다.

비구들이여, 이 네 가지 고귀한 진리에 대해 있는 그대로의 앎과 봄(지견)이 나에게 아주 분명하지 않았더라면 나는 천신, 마라, 범천, 사문과 바라문, 인간, 천인의 세계에서 위없는 완전한 깨달음을 깨달았다고 공언하지 않았을 것이다.

하지만 비구들이여, 이 네 가지 고귀한 진리에 대해서 있는 그대로의 앎과 봄이 나에게 아주 분명하게 되었기 때문에 나는 천신, 마라, 범천, 사문과 바라문, 인간, 천인의 세계에서 위없는 완전한 깨달음을 얻었다고 공언했다.

ⓑ 현성경(잡아함)

네 가지 성스럽고 참다운 진리가 있다. 무엇을 네 가지라고 하는가?
첫째는 모든 것이 괴롭다는 진리요, 둘째는 괴로움의 원인은 쌓임에
있다는 진리요, 셋째는 모든 괴로움이 소멸된 진리요, 넷째는 괴로움
을 소멸시키는 방법의 진리다.
만일 수행자로서 이미 모든 것이 괴롭다는 진리를 알고 이해하며 괴
로움의 원인이 쌓임에 있음을 알고 끊으며 괴로움이 소멸된 진리를
알고 증득하며 괴로움이 사라지는 방법의 진리를 알고 닦았다면 그
런 사람은 빗장과 자물통이 없고 구덩이를 편편하게 고르고 모든 험
하고 어렵고 얽매이는 것으로부터 벗어났다고 하리라. 그는 어질고
성스러운 사람이라 부를 것이며 거룩한 깃대를 세웠다고 하리라.

ⓒ 대반열반경

비구들이여, 수행승들이여, 네 가지 고귀한 진리를 알지 못하고 깨닫
지 못했기에 나와 그대들은 그렇게 오랫동안 이 윤회의 굴레에서 헤
매야만 했다.
네 가지란 무엇인가. 괴로움의 고귀한 진리를, 괴로움의 발생에 대한
고귀한 진리를, 괴로움의 소멸에 대한 고귀한 진리를, 괴로움의 소멸
에 이르는 길의 고귀한 진리이다.

ⓓ 숫따니빠따

나는 알아야 할 바(고성제)를 알았고 닦아야 할 바(도성제)를 닦았고
버려야 할 것(집성제)을 버렸다. 그래서 나는 붓다, 깨달은 사람이다.

ⓔ 아누다라경

아누라다여, 나는 이전에도 지금에도 괴로움과 괴로움의 소멸을 천
명할 뿐이다.

(2) 고성제

불교를 한마디로 정리한다면 '살아간다는 것은 고(苦)이고 이 고
에서 어떻게 벗어나는가를 설명해 놓은 것'이라고 말할 수 있습니
다. 이것을 부처님은 "나는 단지 고와 고의 소멸(열반)만을 가르칠
뿐이다"라고 표현하셨습니다.

이렇듯 불교의 모든 것이 '고와 고의 소멸'을 위한 것이라면 무엇
보다도 먼저 인생이 고라는 것을 분명하게 인식할 필요가 있습니
다. 그렇지 않으면 고에서 벗어나려는 생각을 낼 수 없을 것이기
때문입니다. 이것은 병자가 병을 치료하기 위해서는 가장 먼저 해

야 할 일이 그 자신이 병에 걸렸다는 것을 정확히 인식해야 하는 것과 마찬가지입니다.

그러면 고(苦)란 무엇일까요. 고라는 말인 둑카(duhkha)는 일반적으로 고통, 괴로움, 슬픔 등으로 번역되고 있지만 불교에서의 고는 그것보다 훨씬 더 넓고 깊은 의미를 가지고 있는 것입니다.

그것은 단순히 신체적 고통이나 일상적인 정신적 불안이나 고뇌만을 말하는 것이 아니라 삶 자체가 무상하기 때문에 피할 수 없는 본질적인 괴로움을 말하는 것입니다.

고를 구체적으로 설명할 때는 4고와 8고를 말합니다. 즉, 태어남(生), 늙음(老), 병듦(病), 죽음(死)의 4고와 지속되기를 바라는 갖가지 상황과 이별하게 되는 데서 생기는 괴로움(애별리고), 만나고 싶지 않은 갖가지 상황과 만나게 되는 데서 생기는 괴로움(원증회고), 구하는 것을 얻지 못하는 괴로움(구부득고), 오온의 집착에서 생기는 괴로움(오취온고)의 4고를 합쳐서 8고라고 합니다.

또한 고(苦)를 성질에 따라 고고와 괴고, 행고의 3종으로 나누기도 합니다. 고고(苦苦)는 괴로운 느낌에 대응된 것으로 괴로운 느낌은 그 자체가 고통이므로 '고고'라고 합니다. 두통, 복통, 병으로 인한 고통 등의 육체적인 괴로움과 슬픔, 절망, 우울, 스트레스, 분노 등의 정신적 괴로움이 고고입니다. 사람들이 일반적으로 괴로움이라고 말하는 것이므로 이해하기 쉬운 개념입니다.

괴고(壞苦)는 행복한 느낌에 대응된 것으로 행복한 느낌 그 자체로는 괴로움이 아니지만 그것이 사라지면 고통이 일어나므로 괴고라고 하는 것입니다.

행고(行苦)란 무상함을 조건으로 해서 느끼게 되는, 즉 유한한 존재인 인간이 끊임없이 변하는 현실(노, 병, 사) 앞에서 느끼게 되는 괴로움입니다.

이상에서 살펴보았듯이 불교에서 말하는 괴로움은 우리가 흔히 알고 있는 고통인 고고만을 의미하는 것이 아니고 괴고와 행고를 모두 포함해서 말하는 것입니다. 결론적으로 불교에서 괴로움이라는 말은 단순한 괴로움을 의미하는 것이 아니라 세상의 모든 현상들, 즉 오온이 무상하기 때문에 본질적으로 행복이 비었고 괴로움이라는 의미입니다(일체행고).

그런데 위에서 본 4고, 8고 중에 생, 노, 병, 사라는 괴로움과 애별리고, 원증회고, 구부득고라는 괴로움은 이해하는 데 특별한 어려움은 없습니다. 그러나 여덟 번째인 "간단하게 말해서 인간을 구성하고 있는 다섯 가지 무더기에 대한 집착이 괴로움이다"라고 하는 것은 쉽게 이해할 수 있는 것이 아닙니다.

이것을 이해하려면 오온이라는 것이 무엇인지를 알아야 합니다. 그런데 이 오온이라는 것은 불교에만 있는 독특한 것으로 불교 교리의 핵심적인 부분입니다. 반야심경에 제일 먼저 나오는 말이 '조견오온개공 도일체고액'인데 이 말은 오온이 모두 공한 것을 비추어 보고 괴로움에서 벗어났다는 것입니다.

오온이 무엇인가에 대하여는 뒤에 '불교의 인간관' 부분에서 자세히 설명할 것이므로 여기서는 그 개요만을 설명하자면 다음과 같습니다.

오온에서 가장 먼저 나오는 것이 색인데 이것은 우리 몸을 말합니다. 넓게 본다면 물질도 이 색에 속합니다. 그러니까 우리 몸을 이루고 있는 물질과 그 외부에 존재하는 물질 전체를 색이라고 합니다.

그다음에 나오는 수와 상과 행은 우리의 정신적인 현상들에 해당되고 식은 우리의 의식작용을 말합니다. 즉, 색을 제외한 나머지 것들은 모두 정신현상에 해당한다고 볼 수 있으며 물질과 정신, 몸과 마음을 통틀어 오온이라고 합니다. 이와 같이 우리의 몸과 마음을 있는 그대로 이해하는 것이 불교를 이해하는 가장 중요한 핵심이라고 할 수 있습니다.

이렇게 오온을 바르게 이해하면 인간(나)이 어떠한 것인가를 알 수 있고 그에 대한 집착을 덜어낼 수 있습니다. 그럴 때 끊임없이 변하는 모습(제행무상)과 만족스럽지 못한 괴로움의 모습(일체개고)을 발견하게 되고 그다음에 불변하는 실체로서의 영혼과 같은 '나'가 없다는 사실(제법무아)을 깨닫게 됩니다. 이처럼 오온의 관찰을 통한 무상, 고, 무아의 깨달음이 바로 불교에서 말하는 지혜입니다.

혹자는 불교가 괴로움을 강조해서 말하기 때문에 현실도피적이거나 염세적이라고 비판하기도 합니다. 그러나 만일 불교가 괴로움만을 말한다면 그런 비판을 받을 수 있지만 불교에서 괴로움을 강조하는 것은 괴로움을 해결해서 궁극적 행복인 열반을 실현하려는 것이기 때문에 현실도피나 염세와는 전혀 무관한 것입니다. 의사가 환자를 보고 병이 있다고 진단한 것을 두고 우리는 그 의사에게 왜 모든 것을 비관적으로 보느냐고 따질 수 없는 것과 같습니다.

인간의 조건 혹은 고통에 대한 자각은 죽음에 이르는 병이 아니라 새로운 삶으로의 출발점이 되는 것입니다. 불교는 세상 사람들이 중시하는 가치들을 그다지 중요하게 보지 않을 뿐만 아니라 어떤 가치들은 우리를 괴로움에 빠뜨리는 주범이라고 해서 단호히 배격해야 한다고까지 선언합니다. 부처님은 "오온을 즐기는 자는 괴로움을 즐기는 자"라고 말씀하셨습니다. 심지어 즐거운 느낌에 빠져 헤어나지 못하는 사람을 자신의 가려운 상처들을 불에다 대고 태우는 문둥병 환자에 비유하기도 하셨습니다. 그러니까 부처님이 말씀하시는 괴로움은 인간이 개별적으로 겪는 육체적, 정신적인 고통만을 말하는 것이 아니라 인간이라면 누구나 겪는 불완전, 불안정, 결핍, 불만족 같은 인간의 조건 자체를 두고 하는 말입니다.

부처님은 우리의 삶의 현실이 본질적으로 괴로움이라는 것을 두 가지 예화를 통하여 설명하고 있습니다.

하나는 키사고타미와 겨자씨 얘기입니다. 키사고타미라는 젊은 여인이 사랑하는 외아들을 잃었고 붓다를 찾아와 죽은 아들을 살려 달라고 매달렸습니다. 붓다는 만약 죽은 사람이 아무도 없었던 집에서 겨자씨 한 줌을 얻어 온다면 아기를 살려 주겠노라고 했습니다. 이 말을 들은 키사고타미는 겨자씨를 구하기 위해 온 마을을 돌아다녔습니다. 한 줌의 겨자씨를 얻는 것은 어려운 일이 아니었으나, 죽은 사람이 없는 집을 찾는 것은 불가능했습니다. 이 집 저 집을 찾아 헤매던 키사고타미는 마침내 사랑하는 사람의 죽음으로 고통받는 이가 자신만이 아니라는 사실을 알게 되었습니다.

또한 죽음이 모든 존재에게 다가오는 숙명이라는 사실을 인정하게 되었습니다. 붓다는 빈손으로 되돌아온 키사고타미에게 "여인이여, 그대는 그대 혼자만 고통을 겪는다고 생각했소. 그러나 죽음의 고통은 아무도 피해 갈 수 없는 생명의 본질이오"라고 말했습니다. 그제서야 키사고타미는 붓다가 자신에게 내린 처방의 의미를 이해하고 받아들였다는 것입니다.

다른 하나는 『불설비유경』이라는 경전에서 부처님이 코살라국의 파세나디 왕과의 대화를 통해 문학적으로 아름답게 비유하고 있는 것인데(아함에서는 안수정등의 비유라 함) 이 비유는 톨스토이가 그의 작품에 인용함으로써 더 유명해졌다고 하는 것으로, 그 내용은 다음과 같습니다.

(부처님) "대왕이여, 나는 지금 대왕을 위해 간단한 하나의 비유로써 생사의 맛과 그 근심스러움을 설명할 테니 대왕은 들으시고 잘 생각하십시오. 과거 한량없는 겁 전에 어떤 한 사람이 광야에서 사나운 코끼리에게 쫓겨 달아나다가 우물을 발견하였습니다. 그 옆에 있는 큰 나무로부터 뿌리가 우물 속으로 나 있어 그는 그 나무뿌리를 타고 내려가 우물 속에 몸을 숨겼습니다. 그런데 검은 쥐와 흰 쥐 두 마리가 번갈아 나무뿌리를 갉아대었고 우물 사방에는 네 마리의 독사가 있어 그를 물려고 하였으며 우물 밑에는 독룡이 있었습니다. 그는 독룡과 독사가 몹시 두려웠고 나무뿌리는 끊어질까 걱정이었는데 나무에는 벌통이 달려 있어서 벌꿀이 다섯 방울씩 입에 떨어졌습니다. 나무가 흔들리면 벌들이 내려와 그 사람을 쏘았고 한편 들에는 불이 일어나 그 나무를 태우고 있는데도

그는 그 맛에 취하여 자신의 위험을 잊었습니다."

(왕) "그 사람은 어떻게 한량없는 고통을 받으면서 그 조그만 맛을 탐할 수 있었습니까."

(부처님) "대왕이여, 그 광야란 끝없는 무명의 기나긴 밤을 비유한 것이요, 그 사람은 중생을 비유한 것입니다. 코끼리는 무상(無常)을 비유한 것이고 우물은 생사를 비유한 것이며 그 험한 언덕의 나무뿌리는 목숨을 비유한 것이고 검고 흰 쥐 두 마리는 낮과 밤을 비유한 것이며 나무뿌리를 갉는다는 것은 순간순간 목숨이 줄어드는 것을 비유한 것이고 네 마리의 독사는 사대(四大)를 비유한 것이며 벌꿀은 다섯 가지 감각적 욕망을 비유한 것이고 벌은 삿된 소견(邪見)을 비유한 것이며 불은 늙음과 병을 비유한 것이고 독룡은 죽음을 비유한 것입니다. 그러니 대왕이여, 생로병사는 참으로 두려워해야 할 것입니다. 항상 그것을 명심하고 다섯 가지 감각적 욕망에 사로잡히지 않아야 합니다."

괴로움은 이와 같이 본질적인 것인데 대승에 오면 본질적인 것이 아니라 우리가 잘못 인식하기 때문에 생기는 것이라고 하여 상반되는 입장을 보이고 있습니다. 이것은 반야심경에서 고집멸도 사성제를 부정하는 것과 관련되는 매우 중요한 것일 뿐만 아니라 삼법인에 일체개고 대신에 열반적정을 넣는 문제와도 관련된 것이므로 별도의 항목으로 상술해 놓았습니다.

(3) 집성제

집성제라 함은 괴로움의 원인을 말합니다. 사성제는 괴로움의 원인을 열두 단계로 이루어진 십이연기로 설명하고 있습니다. 즉, 십이연기의 맨 마지막 단계는 노사와 우비고뇌인데 이것은 앞에서 설명한 고성제의 내용입니다. 노사에 앞서는 단계는 괴로움을 생기게 하는 열한 가지 원인인데 그중에서 첫 번째 단계인 무명은 근본적인 원인이고 여덟 번째 단계인 갈애는 그로부터 파생된 직접적인 원인입니다. 그러니까 무명이 괴로움의 뿌리라면 갈애는 줄기와 같고 괴로움은 열매와 같은 것이라 하겠습니다. 십이연기를 한마디로 정리한다면 '무지하면 욕망하고, 욕망하면 괴롭다'라는 것(혹, 업, 고)입니다.

그런데 무명은 수행을 다 마쳐 깨달음을 얻을 때에야 비로소 소멸되는 근원적인 뿌리이기 때문에 사성제에서는 직접적인 원인인 갈애에 대해서만 설명하고 있습니다. 그렇다고 무명이 괴로움(번뇌)의 첫 번째 원인은 아닙니다.

경전에서 '번뇌가 생기므로 무명이 생기고 번뇌가 소멸하므로 무명이 소멸한다. 무명이 생기므로 번뇌가 생기고 무명이 소멸하므로 번뇌가 소멸한다'라고 말하고 있듯이 무명도 번뇌와 상호 조건적으로 관계를 맺고 있는 것입니다. 연기의 가르침인 불교에서 최초의 원인은 세우지 않습니다.

"무엇이 괴로움의 발생의 고귀한 진리인가. 그것은 바로 갈애이니 다시 태어남을 가져오고 환희와 탐욕이 함께하며 여기저기서 즐기는 것이다. 즉, 감각적 욕망에 대한 갈애(욕애), 존재에 대한 갈애(유애), 존재하지 않음에 대한 갈애(무유애)가 그것이다."

갈애는 목이 타는 듯한 갈망을 말합니다. 여기에는 3가지가 있다고 가르치십니다.

ⓐ 감각적 욕망에 대한 갈애

감각적 욕망에 대한 갈애란 우리의 눈과 귀와 코, 혀와 몸이라는 다섯 가지 감각기관이 각각의 대상에 대하여 즐거움을 얻고자 하는 욕망을 말합니다. 눈으로 좋은 것을 보려고 하고, 귀로는 아름다운 소리를 들으려고 하고, 코로는 좋은 냄새를 맡으려 하고, 혀로는 맛있는 것을 맛보려 하고, 몸으로는 부드럽고 편안한 것을 감촉하고자 하는 욕망입니다. 그야말로 감각적 쾌락을 좇는 욕망입니다.

우리는 기본적으로 욕망의 세계에 태어났기 때문에 감각적 욕망을 추구하게 되어 있어 이를 극복하기가 어렵습니다. 특히 감각적 욕망을 부추기는 온갖 광고의 홍수 속에 살고 있는 현대인들이 이를 극복하기는 정말 어렵습니다. 그렇지만 감각적 욕망은 일시적으로 즐거움을 주지만 그것이 사라질 때는 괴로움을 가져오는 것입니다(괴고).

갈애에 대해서 주목할 것은 갈애가 다시 태어남을 유발하는 근본원인이라는 것입니다. 이 갈애가 근본원인이 되어 중생들은 끝모를 생사윤회를 거듭하는 것입니다. 물론 갈애만이 괴로움의 원인은 아닙니다. 무명과 성냄이나 질투, 인색 등의 불선법들은 모두 괴로움의 원인이 되고 생사윤회의 원인이 되지만 부처님께서는 갈애를 가장 대표적인 원인으로 들고 계시는 것입니다. 이 갈애는 12연기에서 무명과 더불어 윤회연기의 원인의 고리가 되는 것입니다.

ⓑ 존재에 대한 갈애

좋은 상황을 경험할 때 그 상태가 계속 이어지기를 바라거나(예를 들어 권력을 잡았을 때 놓고 싶지 않은 욕망), 죽지 않고 영원히 살고 싶은 갈망입니다. 그런데 인간은 수행의 힘에 의하여 욕계에 살면서도 색계나 무색계의 선정을 맛볼 수 있는데, 존재에 대한 갈애는 특히 이러한 색계나 무색계에서 생존하려는 욕망으로 드러납니다. 이러한 욕망은 우리를 색계와 무색계에 붙들어 매는 오개의 번뇌(5상분결) 중 2가지 번뇌에 해당합니다.

ⓒ 비존재에 대한 갈애

비존재에 대한 갈애는 삶 자체를 부정하고 완전히 사라지기를 바라는 것입니다. 이것은 파괴의 욕망이므로 우리 사회에서 개인적으로는 자살로 이끌기도 하고 집단적으로는 전쟁이나 파괴라는 상황으로 몰고 가기도 합니다. 비존재에 대한 갈애는 죽으면 모든 것이 끝이라는 단견, 즉 허무주의와 연관된 것으로 존재에 대한 갈애인 상견과 더불어 대표적인 사견(邪見)입니다.

ⓓ 갈애는 마음이 일어나서 전개되는
모든 과정에서 발생합니다

부처님은 『대념처경 - D』에서 "갈애는 어디서 일어나서 어디서 자리 잡는가. 세상에서 즐겁고 기분 좋은 것이 있으면 거기서 갈애는 일어나고 거기서 자리 잡는다"라고 말씀하시면서 즐겁고 기분 좋은 것으로 6根, 6境, 6識, 6觸, 6受, 6想, 6思, 6愛, 6尋, 6伺(이를 육육법이라고 함)를 말씀하십니다.

『대념처경』에서는 관찰의 대상으로 신, 수, 심, 법의 네 가지를 들고 있고, 법념처 내용 중 사성제를 관찰하는 부분이 있는데 사성제 중 집성제를 관찰하는 구체적인 방법이 설명되어 있습니다. 이것은 마음이 일어나서 전개되는 모든 과정에서 갈애가 발생한다는 것입니다.

6가지 감각기관(6근)이 6가지 감각대상(6경)을 만나는 순간, 즉 눈으로 대상을 볼 때, 귀로 소리를 들을 때, 코로 냄새를 맡을 때, 혀로 맛을 볼 때, 몸으로 감촉을 느낄 때, 마음으로 그 대상을 생각할 때 그 대상이 매력적이라고 생각되거나 즐길 만한 대상이라고 생각되면 바로 그 순간에 갈애가 생겨나고 그곳에서 머문다는 것입니다. 이것을 설명한 것이 12처설입니다.

이렇게 6근과 6경이 만나면 6가지 의식(안식, 이식, 비식, 설식 신식, 의식)이 발생하는데 이 6식에서 갈애가 발생합니다. 이것을 설명한 것이 18계설입니다.

이와 같이 6근과 6경과 6식이 만나는 것을 촉이라고 하는데 이 6촉에서도 갈애가 발생합니다. 그리고 이처럼 6근과 6경이 만나 의식이 일어나면서 접촉으로 이어지고 접촉하면 곧바로 괴롭다거나 즐겁다거나 괴롭지도 즐겁지도 않다는 3가지 느낌이 일어나는데 이 3가지 느낌에서도 갈애가 일어납니다.

느낌이 일어나면 그다음에는 지각작용 혹은 관념화작용인 상(想)이 일어납니다. 상(想)이란 인식대상에 대하여 '이것이 바로 그것이구나'라고 다시 지각할 수 있는 원인이 되는 표상을 취하는 역할을 하고 인식대상을 그런 표상에 의해 파악하는 것을 말하는데 이런 표상작용이 일어날 때에도 바로 그곳에서 갈애가 일어납니다. 그리고 이러한 지각 혹은 표상작용이 일어나면 우리 마음속에 의지작용(思)이 일어납니다. 눈에 보이는 대상을 더 보려고 하거나 보지 않으려고 하는 등의 의지작용이 일어나는데 이러한 의지작용이 일어난 후에 갈애가 발생합니다.

또 이와 같이 갈애가 일어나면 그 갈애의 대상에 대해서 자꾸 마음을 일으키게 됩니다. '어떻게 하면 돈을 더 많이 벌 수 있을까', '어떻게 하면 더 맛있는 것을 먹을 수 있을까' 하면서 계속 마음을 일으키는데 이것을 거친 사색 또는 일으킨 생각(尋)이라고 합니다. 거친 사색 후에는 미세한 사색 또는 지속적인 고찰(伺)이 일어납니다. 거친 사색이 갈망의 대상을 향하여 끊임없이 마음을 일으키는 것, 마음이 끌리는 것이라면 미세한 사색은 그 대상에 마음이 계속 머물러 떠나지 않는 것입니다. 이처럼 대상을 향하는 생각인 거친 사색과 그 대상에 머무는 생각인 미세한 사색이 일어날 때 그곳에서 또 갈애가 일어납니다(하지만 이 일으킨 생각과 지속적 고찰은 선정 수행을 할 때, 특히 색계 초선에 들어갈 때는 반드시 필요한 심리적인 요소이기도 합니다).

이상 살펴본 바와 같이 괴로움의 원인인 갈애는 우리의 감각기관과 감각대상, 그리고 그 뒤에 끊임없이 전개되는 마음의 작용들과 분리되어 있는 것이 아닙니다. 갈애의 뿌리는 무명(어리석음)이지만 직접적인 원인은 무엇보다 느낌입니다. 느낌은 멸진정에 들지 않는 한 대상과 접촉하면 언제나 일어납니다.

느낌이 일어날 때 그 느낌을 있는 그대로 알아차리지 못하고 느낌에 빠져 버리면 갈애와 집착으로 넘어가 윤회의 고리가 회전하게 됩니다. 십이연기에서 느낌 다음에 갈애가 오는 것이 그것입니다. 느낌에서 갈애로 넘어가는 고리를 차단하면 윤회에서 벗어나게 됩니다. 그래서 느낌과 갈애 사이를 불사(不死)의 문이라고 합니다.

위 내용을 종합하면, 괴로움의 원인은 외부에 있는 것이 아니라 바로 우리의 몸과 마음에서 일어난다는 사실을 파악할 수 있습니다. 이것을 알 때 우리는 괴로움을 해결하는 방법도 그 원인이 있는 우리 몸과 마음에서 찾을 수 있다는 것을 알게 됩니다.

괴로움의 원인과 해결방법이 나에게 있다는 것은 참으로 다행스러운 일입니다. 만약에 그것이 외부에 있다고 하면 우리는 괴로움에서 벗어나기 어려울 것입니다. 괴로움의 원인과 결과를 찾도록 몸과 마음을 관찰(알아차림)하는 방법을 구체적으로 가르치시는 수행방법이 사념처, 위빠사나입니다.

(4) 멸성제

불교의 목적은 괴로움을 제거하는 것입니다. 괴로움을 제거하기 위해 우리 몸과 마음을 새롭게 만들어내는 힘, 형성하는 힘, 즉 업의 의지적인 작용을 다스려서 괴로움의 원인을 제거하면 된다고 가르칩니다.

우리는 보통 타고난 천성을 극복하기 어렵다고 말합니다. 그러나 불교에서는 기본적으로 인간은 변화할 수 있다고 가르칩니다. 우리가 현재 경험하는 조건들조차 만들어진 것이기 때문에 우리는 스스로의 힘으로 그 조건들을 얼마든지 변화시킬 수 있다는 측면에서 괴로움의 소멸을 말합니다. 괴로움의 소멸에 대한 고귀한 진리야말로 불교가 궁극적으로 지향하는 것입니다.

ⓐ 멸성제는 열반이고 열반은
탐, 진, 치의 소멸입니다

열반의 빠알리어 '닙바나'는 모든 번뇌의 불꽃이 꺼져 버린 마음의 상태를 뜻합니다. 불교에서 말하는 열반은 기독교의 '천국'처럼 우리가 죽어서 들어가는 특별한 '장소'를 의미하는 것이 아닙니다.

완전한 열반을 성취한 아라한에게는 욕망이나 성냄의 불꽃이 모두 꺼져 버렸음은 물론 그 뿌리가 되는 무명도 완전히 끊어진 것입니다. 다시는 그에게 욕망이나 성냄이 일어나지 않습니다. 그에게서 온갖 종류의 괴로움은 영원히 종식되었고 그러므로 그의 마음은 매우 평화롭고 지극히 평온합니다.

부처님은 『초전법륜경』에서 "비구들이여, 이것이 괴로움의 소멸의 성스러운 진리이다. 그것은 바로 그러한 갈애가 남김없이 빛바래어 소멸함, 버림, 놓아 버림, 벗어남, 집착 없음이다"라고 말씀하셨고, 상윳따니까야 『열반경』에서는 "도반이여, 탐욕의 소멸, 성냄의 소멸, 어리석음의 소멸, 이를 일러 열반이라고 합니다"라고 말씀하셨는가 하면 "실로 이것은 평온이며 모든 형성작용이나 모든 조건의 종식이며 모든 존재의 의지처의 파기이며 갈애의 소진이며 무탐이며 멸이며 열반이라고 한다"라고도 말씀하셨습니다.

이것은 열반이 유위의 세계로부터 무위의 세계로 돌아가는 것, 즉 나와 세상을 실체로 보던 것을 끊임없이 변화하는 현상의 흐름으로 보는 것을 의미합니다. 한마디로 열반은 무아로 체험되는 것입니다. 열반은 내가 얻는 것이 아닙니다.

'나'라는 존재가 있어서 그 존재가 열반을 체험하는 것이 아닙니다. '나'가 체험하는 것이 아니라 '나'라는 것이 다 사라질 때, 우리 몸과 마음의 끊임없이 생겨나고 사라지는 현상이 모두 소멸될 때 그것을 열반이라고 하는 것입니다.

이것이 바로 유명한 '제행무상 시생멸법 생멸멸이 적멸위락(諸行無常 是生滅法 生滅滅已 寂滅爲樂)'이라는 게송이 뜻하는 바입니다. 즉, 형성된 모든 것은 무상하며 이것은 전부 다 생겨났다 사라지는 속성을 가지고 있으며 바로 이 생겨났다 사라지는 것이 완전히 사라져 버리면 그것이 바로 열반, 고요함이고 즐거움이라는 뜻입니다.

열반은 시간을 기다리지 않습니다. 열반이란 생멸하는 현상들이 모두 끊어지는 체험을 하는 순간에 맛보는 것입니다. 이것은 '나'라는 존재가 있어서 맛보는 것이 아니라 열반이라는 현상이 제행의 소멸과 함께 체험되는 것입니다. 따라서 열반에는 '나'라고 할 만한 것이 붙어 있을 수 없는 것입니다.

다른 말로 하자면 생멸하는 모든 현상들이 사라질 때 그 자리에 열반이 드러난다고 할 수 있습니다. 열반은 다른 어딘가에 있다가 나타나는 것이 아닙니다. 무엇에 의해서 생긴다면 열반도 유위법이라는 모순이 생기는 것입니다. 열반은 조건에 의해 생겨난 행(行)이 아닙니다. 만들어진 법, 형성된 법, 조건에 의해 생겨난 법이 아닙니다. 그렇기에 열반은 무아(無我)로 체험되는 것입니다.

그러나 대승불교에서 보는 열반은 이와 다릅니다. 대승에서는 '생사 즉 열반', '번뇌 즉 보리'라고 합니다. 얼핏 보아서는 비슷한 것 같아도 그 의미는 다른 것입니다. 즉 대승에서는 눈앞에 있는 번뇌라도 깨달음의 눈으로 보면 그 자체가 열반이고 깨달음이라고 합니다(법화경, 제법종본래 상자적멸상). 그래서 대승에서는 삼법인에서 고(苦) 대신에 열반적정을 넣고 있습니다.

그러나 초기불교에서는 번뇌는 깨달음 유무와 관계없이 본질적으로 괴로움일 뿐이라고 하며 열반은 이러한 번뇌가 사라져야 그 자리에서 드러나는 것이라고 합니다. 열반은 삶에 대한 의미 부여를 버릴 때, 즉 무념, 무상을 넘어서 염오, 이욕할 때 드러나는 것입니다.

뒤에 언급되는 『우다나』라는 경에 보면 열반은 이 세상에 속하는 것이 아니며 생사가 없는 곳이라고 하고 있습니다. 그런데도 대승불교에서 이 세상에 속하는 생사를 열반이라고 하는 것은 옳지 못한 것입니다.

이상으로 열반의 상황에 대하여 살펴보았으나 열반에 대하여 이 이상의 언어로 더 이상 묘사하는 것은 불가능하다고 합니다. 왜냐하면 우리가 사용하는 언어는 우리가 경험하고 인식하는 일들을 나타내기 위해 만들어진 것인데 열반은 사람들에게 전혀 경험되지도 않고 인식되지도 않은 세계이기 때문에 이것은 오직 이것을 실현한 성자만이 스스로 내면적으로 깨닫는 것(自內證)이기 때문입니다.

그런데 부처님께서는 이례적으로 다른 경(우다나, 자설경)에서 열반의 감흥에 대해 다음과 같이 적극적으로 설명하신 것이 있습니다.

"비구들이여, 실로 땅도 물도 불도 바람도 없는 곳, 공무변처도 없고 식무변처도 없고 무소유처도 없고 비상비비상처도 없는 곳, 이 세상도 아니고 저 세상도 아닌 곳, 해도 달도 없는 곳이 있다.

그곳은 오는 것도 아니고 가는 곳도 아니며 머무는 곳도 아니고 태어나는 곳도 아니고 죽는 곳도 아니다. 발을 딛고 설 곳도 없고 나아갈 곳도 없으며 대상도 가지고 있지 않다. 이것이야말로 괴로움의 끝이라고 한다."

부처님은 이어서 또 말씀하십니다.

"비구들이여, 태어나지 않은 것, 생겨나지 않은 것, 만들어지지 않은 것, 형성되지 않은 것이 있다. 만일 태어나지 않은 것, 생겨나지 않은 것, 만들어지지 않은 것, 형성되지 않은 것이 없다면 태어난 것, 생겨난 것, 만들어진 것, 형성되어짐에서 벗어남은 알려지지 않을 것이다. 하지만 비구들이여, 태어나지 않은 것, 생겨나지 않은 것, 만들어지지 않은 것, 형성되지 않은 것이 있기 때문에 태어난 것, 생겨난 것, 만들어진 것, 형성된 것에서 벗어남이 알려지는 것이다."

부처님은 이와 같이 인간들이 생각할 수 있는 여러 가지 개념적인 조건들을 모두 다 부정한 후 마지막으로 대상도 없기 때문에 이것이야말로 괴로움의 끝이라고 말씀하십니다. 모든 대상이 끊어진 상태, 그래서 마음이 도달할 수도 없고 언어로도 접근할 수 없는 상태를 열반이라고 합니다.

ⓑ 유여의 열반과 무여의 열반

열반은 두 가지 측면에서 고찰할 수 있습니다. 하나는 번뇌가 완전히 소멸한 열반이고, 다른 하나는 다섯 가지 무더기(오온)까지 완전히 소멸한 열반입니다. 전자는 아라한이 깨달음을 얻었을 때를 말하며 일반적으로 살아 있을 때 체험됩니다. 경전에서는 이 상태를 유여의 열반이라고 하는데, 아직 다섯 가지 무더기가 남아 있는 열반이라는 뜻입니다. 오온이 남아 있으므로 육신의 고통은 느끼게 됩니다. 후자는 오온마저 완전히 소멸한 경지로, 아라한이 죽음의 순간에 얻는 열반입니다.

따라서 빠리닙빠나, 즉 완전한 열반은 번뇌의 소멸과 오온의 소멸이라는 2가지 차원에서 일어나는 것입니다. 부처님은 35살에 유여의 열반을 체험하신 후 45년 동안 전생의 힘에 의하여 아직 남아 있는 연료인 육신을 태우다가 마지막 80세를 일기로 오온이 완전히 소멸한 무여의 열반에 드신 것입니다.

불교의 수행은 유여의 열반을 얻었을 때, 즉 번뇌가 완전히 끊어졌을 때 완성되는 것입니다. 그 후의 일에 대해서는 과거의 업의 힘에 의해서 연료가 다 타기만을 기다릴 뿐이라고 합니다.

아라한들이 유여의 열반을 얻고 나서 고백하는 여러 이야기들이 전해지는데 그 가운데 하나가 "해야 할 일을 다했다. 내 생에 또 다른 생이 없다는 것을 안다"라는 말씀입니다. 이 말은 할 일을 다 마쳤으니까 한가롭게 그저 세월을 보낸다는 것이 아니라 아직 깨달음을 얻지 못한 사람들을 위해서 자신의 능력이 미치는 범위에서 그들을 제도하고 이끄는 삶을 산다는 것입니다. 그러나 이들은 이미 자아관념을 비롯한 온갖 번뇌의 오염에서 벗어나 있기 때문에 그것으로 만족할 뿐, 세간 사람들이 끊임없이 경험하는 이로

움과 해로움(利衰), 헐뜯음과 기림(毁譽), 칭찬과 비난(稱譏), 괴로움
과 즐거움(苦樂) 등에 초연합니다.

ⓒ 갈애는 어디에서 소멸하는가

"그러면 비구들이여, 이 갈애는 어디에서 버려지며 어디에서 소멸
해 버리는가. 이 세상에서 즐거운 대상 또는 매력적인 대상, 즐길 만
한 매력이 있는 곳에서 이 갈애는 버려지고 소멸한다. 이 세상에서
눈, 귀, 코, 혀, 몸, 마음, 즉 6가지 감각기관이 즐겁고 또는 매력 있고
즐길 만한 대상이라면 그곳에서 이 갈애는 버려지고 소멸한다."

앞에서 살펴보았듯이 갈애는 우리의 6가지 감각기관과 감각대
상, 그리고 6가지 의식과 접촉, 느낌, 지각, 의지, 6가지 갈망, 6가지
사유작용, 6가지 고찰에서 생겨난다고 했습니다. 이처럼 괴로움은
감각기관과 감각대상, 그리고 의식 등으로 이어지는 육육법(六六法)
에 대한 갈애 때문에 생겨나고 이 갈애의 소멸이 곧 괴로움의 소멸
이라는 뜻입니다. 이는 곧 괴로움이 발생된 자리인 그곳, 즉 마음
이 일어나서 전개되는 모든 곳에서 갈애는 소멸한다는 뜻입니다.
땅에서 넘어진 자는 땅을 짚고 일어난다는 가르침과 같은 맥락이
라고 이해할 수 있습니다.

내 마음의 괴로움이 일어난 바로 그곳에서 괴로움이 소멸될 수
있다는 것입니다. 구체적인 관찰방법은 『대념처경』에 자세하게 설
명됩니다.

ⓓ 열반은 단멸이 아닙니다

어리석은 범부들은 다시 태어나지 않음, 즉 열반에 관한 가르침을 들으면 자신이 사라진다고 생각하여 '참으로 나는 파멸해 버리겠구나, 나는 다시 존재하지 않게 되었구나'라며 근심하고 슬퍼하고 두려워합니다(뱀의 비유경 - M). 그래서 그들은 깨달음이 도대체 무슨 소용이 있느냐고 물으면서 모든 것이 사라진다고 주장하는 것은 단멸론이라고 말합니다.

그러나 그것은 단멸론이 아닙니다. 왜냐하면 존재했던 어떤 것이 사라지는 게 아니라 처음부터 아무것도 없었기 때문입니다. 어떤 것이 존재하다가 파괴되는 것이 아니고 처음부터 원인과 결과만 있었던 것입니다. 그리고 어느 순간 원인이 소멸되어서 더 이상 결과가 일어나지 않는 것입니다.

부처님은 우리의 몸과 마음은 연료를 조건으로 타오르는 불과 같다고 말했습니다(왓자곳따 불경 - M). 불은 처음부터 없었고 그 이후로도 아무것도 없는 것입니다. 연료가 공급되면 불이 있고 연료가 없으면 불은 꺼져 버리고 없습니다. 그러므로 파괴될 것이 없습니다. 일어나고 사라질 뿐입니다. 원인이 소멸되어 사라지면 결과는 더 이상 일어나지 않습니다. 그것뿐입니다. 유신견이 사라지는 것을 단멸로 잘못 알고 있는 것입니다. 그래서 어리석은 범부입니다.

깨달음을 얻으면 다시 태어나지 않는다는 것은, 존재하던 '나'가 사라지는 것이 아니라 원래 있지도 않은 '나'가 있다고 고집하는 존재에 관한 어리석음과 집착이 사라지는 것임을 아는 것입니다. 그래서 부처님은 출가자에게는 열반을 가르치셨지만 재가자에게는 열반을 가르치지 않고 열심히 보시하고 계를 철저히 지키면 고귀한 인간이나 천상에 태어난다고 가르치셨습니다.

(5) 도성제

도성제는 팔정도를 말하는데 이에 관해서는 뒤의 '불교 수행' 편에서 설명될 것이므로 여기서는 생략합니다.

3
반야심경에서 진리인 사성제를
부정하는 것은 잘못

반야심경에서 진리인 사성제를 부정하는 것은 잘못이므로 독송하지 말아야 합니다.

우리나라 예불의식에서 빠지지 않고 독송하는 것이 반야심경입니다. 반야심경은 불교를 대표하는 경전인 것처럼 알려져 있으며 또 그 내용은 어렵기로도 유명합니다. 그래서 조계종에서 얼마 전부터 표준 한글 반야심경을 보급하고 있는데 그 내용을 보면 다음과 같습니다.

반야바라밀다심경

관자재보살이 깊은 반야바라밀다를 행할 때, 오온이 공한 것을 비추어 보고 온갖 고통에서 건너느니라.

사리자여! 색이 공과 다르지 않고, 공이 색과 다르지 않으며, 색이 곧 공이요 공이 곧 색이니 수, 상, 행, 식도 그러하니라.

사리자여! 모든 법은 공하여 나지도 멸하지도 않으며, 더럽지도 깨끗하지도 않으며, 늘지도 줄지도 않느니라.

그러므로 공 가운데는 색이 없고 수, 상, 행, 식도 없으며 안, 이, 비,

설, 신, 의도 없고 색, 성, 향, 미, 촉, 법도 없으며 눈의 경계도 의식의 경계까지도 없고 무명도 무명이 다함까지도 없고 늙고 죽음도 늙고 죽음이 다함까지도 없고 고, 집, 멸, 도도 없으며 지혜도 얻음도 없느니라.

얻을 것이 없는 까닭에 보살은 반야바라밀다를 의지하므로 마음에 걸림이 없고 걸림이 없으므로 두려움이 없어서, 뒤바뀐 헛된 생각을 멀리 떠나 완전한 열반에 들어가며, 삼세의 모든 부처님도 반야바라밀다를 의지하므로 최상의 깨달음을 얻었느니라.

반야바라밀다는 가장 신비하고 밝은 주문이며 위없는 주문이며 무엇과도 견줄 수 없는 주문이니, 온갖 괴로움을 없애고 진실하여 허망하지 않음을 알지니라. 이제 반야바라밀다를 말하리라.

아제아제 바라아제 바라승아제 모지사바하(3번).

얼마 전까지는 반야심경을 한문으로 독송했는데 그때에는 마치 주문처럼 따라서 외울 뿐 솔직히 무슨 말인지 도무지 알 수 없었습니다. 다행히 조계종에서 얼마 전부터 위와 같이 한글로 통일된 반야심경을 번역해 놓았기 때문에 이제는 이해하는 데 적지 않은 도움을 받고 있습니다.

그렇더라도 한글 번역문에 공, 오온개공, 색즉시공 공즉시색, 반야, 없음, 무, 주문 등을 그대로 사용하고 있어서 반야심경의 메시지를 제대로 읽어내기가 어렵기는 마찬가지입니다. 그것은 왜 그런가요?

반야심경의 핵심사상은 공(空)인데 이것에 대한 정확한 설명이 불충분하기 때문이라고 봅니다. 그러면 공이란 무엇일까요.

공(空)의 의미는 두 가지로 볼 수 있습니다.

하나는 모든 사물은 독립된 실체성이 없는 무자성(無自性)이라는 것입니다. 타고난 본질이 없다는 것입니다.

빌 공(空) 자를 썼기 때문에 아무것도 없다는 것을 의미하는 것이 아닙니다. 오온과 12처, 18계는 실재하는 것입니다.

다만 실체가 없다는 것입니다. 실재(실제로 존재하는 것)와 실체(변하지 않는 본질)는 다르다는 것을 알아야 합니다. 영어로는 'Everything is empty of its own-being'이라고 표현합니다.

다른 하나는 사물이 궁극적으로 공하다고 하면 사물의 진정한 모습(실상)은 무엇인가 하는 점입니다. 그것은 우리가 가진 일체의 견해(분별망상, 희론)를 버려야 그 실상이 보인다는 것입니다. 궁극적인 것은 인간의 견해가 들어가지 않은 빔(空) 자체라는 것입니다. 영어로는 'The real is empty of our views'라고 합니다.

그러니까 사물의 본성은 우리의 일상적인 생각과 말로는 상상할 수도 표현할 수도 없는 초월적인 것이어서 그야말로 언어도단이므로 사물의 있는 그대로의 참모습(실상)을 보려면 우리가 가진 일체의 견해(분별망상, 희론)를 버려야 한다는 것입니다. 거기에는 우리의 일상적인 생각과 말 중에 적용되는 것은 아무것도 없기 때문에 그저 '빈 것', '공'이라고 밖에 표현할 수 없다는 것입니다. 그렇다고 공이 아무것도 없이 텅 빈 헛것이라는 뜻은 아닙니다.

이러한 공의 의미에 비추어 볼 때 반야심경에서 오온과 12처, 18계는 실체가 없는 것이므로(무자성) 부정하는 것은 이해가 됩니다. 그러나 반야심경에서 사성제를 부정하는 것은 옳지 못하다고 생각합니다.

왜냐하면 사성제(특히 괴로움, 고성제)는 앞서 설명했던 공의 첫 번째 의미에서 본 바와 같이 실체성을 가지는 존재가 아니며, 또 사성제는 공의 두 번째 의미에서 본 바와 같이 버려야 할 인간적 견해(Our views, 분별망상, 희론)가 아니라 부처님이 깨달으신 성스러운 진리(Noble Truths)이기 때문입니다.

그 이유를 하나씩 살펴보겠습니다.

(1) 첫 번째 이유

대승불교에서는 일체가 공이므로 괴로움은 본래 없는 것이라고 합니다. 괴로움이 없는 마당에 괴로움의 원인과 소멸, 그리고 소멸에 이르는 길도 있을 수 없다는 것입니다. 그래서 사성제를 부정하는 것입니다.

즉, 대승에서는 일체의 사물은 연기적 존재이므로 자립적 실체성이 없는 무자성(無自性)인데 초기불교에서 괴로움이라는 고유성질을 인정하는 것은 실체(자성)를 인정하는 것이므로(아공법유) 연기법의 공사상에 배치되는 잘못이라고 공격합니다. 그러나 이는 고유성질(자성으로 표현)을 유별나게 강조한 설일체유부에 대한 비판으로는 의미가 있을지 모르지만 초기불교 전체를 그런 것이라고 싸잡아 비판하는 것은 잘못된 것입니다.

초기불교에서 고유성질(자성)을 가진 것을 법이라 하고 이를 여러 가지로 분류한 것은 첫째로 분류한 법을 기초로 교법(사성제)을 체계화하기 위한 것이고 둘째로 중생들에게 이렇게 체계화된 교법, 즉 사성제를 이해시켜 괴로움에서 벗어나게 하기 위해서입니다. 즉, 고유성질의 특징(자상)에 따라서 법들을 분류하는 것은 이들 법들에서 법의 무상이나 고나 무아라는 공상(共相)을 확인시킴으로써 괴로움에서 벗어나게 하기 위함입니다.

고유성질을 인정한 것이 결코 실체(자성)를 주장한 것이 아닙니다. **실재와 실체는 구분되는 것입니다.** 초기불교에서 자성은 고유성질을 가진다는 것을 말하는 것일 뿐 일시적으로라도 실체를 갖는다고 말하는 것이 결코 아닙니다. 오히려 초기불교에서는 제법의 무상과 공성을 강조함으로써 그와 같은 실질이나 실체는 부정한다는 것을 명백히 하고 있습니다.

그러니까 초기불교에서 사용하는 자성과 대승에서 사용하는 자성은 용어는 같지만 그 의미는 다른 것입니다. 즉, 대승불교의 자성은 실체성을 의미하는 것이지만 초기불교에서의 자성은 실체성을 의미하는 것이 아니라 조건 따라 끊임없이 일어나고 사라지는 현상들의 연기적 흐름 속에 있는, 고유성질을 가지는 현상(법)을 말하는 것일 뿐입니다. 괴로움은 실체성이 있는 것이 아니라 고유성질을 가지고 조건 따라 찰나생멸하는 현상일 뿐이라는 것입니다.

같은 용어를 썼기 때문에 생긴 오해일 뿐인데, **당시 신생교단인 대승에서 자기들의 입지 강화를 위해서 단지 괴로움이라는 고유 성질을 인정한 것을 실체를 주장하는 것이라고 의도적으로 과장해서 왜곡하고 공격한 것**입니다.

우리는 초기불교에서는 무아(無我)를 강조하고, 대승에서는 공(空)을 강조하니까 무아와 공 사이에 무엇인가 다른 것이 있을 것이라고 생각합니다. 그러나 무아(無我)와 공(空)은 다른 것이 아닙니다.

공사상이 생긴 것은 아트만사상이 압도적이었던 당시 인도 사회에서 이를 부정하는 무아사상은 견딜 수 없을 정도의 엄청난 저항과 압박을 받았습니다. 그래서 용수(나가르주나)는 무아를 공이라고 재포장해서 제시한 것뿐입니다. 실질적인 내용이 달라진 것이 아닙니다.

아비달마에서 고유성질이라는 새로운 용어를 도입하여 제법을 분류하기 전에 부처님은 이미 법들의 성질의 차이에 따라 제법을 오온, 12처, 18계 등으로 해체해서 설하신 분이십니다. 그것이 뒤에 인용하는 상윳따니까야의 **『오온무아경』과 『안의 무상경』, 그리고 『밖의 무상경』입니다. 이들 세 개의 경에서 밑줄 친 부분은 괴로움이라는 고유성질을 인정하는 것이 실체를 인정하는 것이 아니라는 것(무아)을 분명하게 확인시켜 주는 근거가 되는 것입니다.**

더욱이 **부처님은 직접적으로** "이 법은 현상계의 변하지 않고 존속하는 이치(法住)이며 **실체가 아니라 텅 빈 개념(法空)이며** 사물의 있는 그대로의 모습(法如)이며 삼라만상이 본래 있는 모습 그대로의 모습(法爾)이다"라고 말씀하셨습니다. 초기불교에서 법공을 몰랐다고 하는 것은 석가모니 부처님을 모독하는 것입니다. 괴로움은 엄연한 실존이지 대승에서 주장하듯 본래 없는데 잘못 인식해서 만들어 낸 것이 아닙니다. 만일 괴로움이 본질적인 것이 아니라 잘못 인식해서 만들어 낸 것이라고 한다면 부처님은 분명히 그렇게 말씀하셨을 것입니다. 그런데 그런 말씀은 단 하나도 없고 오로지 오온으로 구성된 인간 존재 자체의 속성이 본질적으로 괴로운 것이라고 말씀하십니다. 오취온고가 그것입니다.

만약에 괴로움이 본질적인 것이 아니라 잘못된 인식에서 만들어진 것이라면 생로병사의 괴로움도 본래 없는 것인데 인간의 잘못된 인식이 만들어 낸 것이 되어야 합니다. 과연 그런가요? 늙고 병들어 요양원에 누워 있는 것이 잘못 인식해서 그런 것인가요? 할 수 없이 끌려가듯 들어간 것입니다.

오온이 괴로움 자체라고 하는 이러한 말씀도 사실은 붓다께서 출현하셔서 만들어 내신 것이 아니라 붓다께서 있는 그대로의 진리를 발견하시고 깨달으신 것뿐입니다. "비구들이여, '모든 형성된 것은 괴로움이다'라는 것은 여래들께서 출현하신 후거나 출현하시기 전에도 존재하는 요소이며 법으로 확립된 것이고 법으로 결정된 것이다." 이것은 부처님들의 직관적, 단언적 선언입니다.

부처님이 출가하신 것은 욕망 불충족이라는 잘못된 인식 때문이 아니라 생로병사라는 근원적인 괴로움 때문이었음을 알아야 합니다.

(2) 두 번째 이유

앞서 공의 두 번째 의미에서 보았듯이 사물의 본성은 우리의 일
상적인 생각과 말로는 상상할 수도 표현할 수도 없는 초월적인 것
이어서 그야말로 언어도단이므로 사물의 있는 그대로의 참모습(실
상)을 보려면 우리가 가진 일체의 견해(분별망상, 희론)를 버려야 한
다는 것입니다. 즉 나다 너다, 밉다 예쁘다, 크다 작다, 길다 짧다,
과거다 현재다 등 모든 판단, 비교 분석하는 일체의 분별하는 생각
은 인간이 만든 주관적, 상대적인 관념일 뿐 사물의 본성은 아니
기 때문에 버려야 한다는 것입니다.

그런데 **사성제는 이와 같은 버려야 할 인간의 견해(Our views, 분
별망상, 희론)이 아니라 부처님이 깨달으신 성스러운 진리(Noble
Truths)입니다.**

부처님의 견해와 세속의 견해는 많은 경우에 일치합니다. 그러나
괴로움과 행복에 관해서만은 견해가 완전히 다릅니다. 즉, 괴로운
느낌을 괴로움으로 보는 것은 세속이나 부처님이나 같습니다(고
고). 그러나 행복한 느낌을 세속에서는 행복으로 알지만 부처님은
이것도 괴로움이라고 하십니다(괴고). 부처님은 더 나아가서 형성
된 것은 변하기 마련이므로 불만족이어서 근본적으로, 본질적으
로 괴로운 것이라고 하십니다(행고).

부처님의 가르침은 괴로움과 행복에 관한 이와 같은 세속의 잘
못된 견해를 전환시켜 괴로움을 소멸하고 완전한 행복을 실현하도
록 한 것입니다. 이것이 괴로움을 성스러운 진리라고 선언하신 고

성제입니다.

그런데 반야심경을 보면 공의 차원(空中), 즉 깨달음의 차원에서 볼 때 고집멸도 곧 사성제는 없다고 부정합니다. 그렇다면 부처님이 괴로움을 성스러운 진리라고 말씀하신 것이 깨닫지 못한 상태에서 하신 말씀이라는 것인가요?

괴로움을 성스러운 진리라고 하신 것은 성자가 되어야, 다시 말하면 깨달음을 얻은 자만이 알 수 있다는 말씀입니다. 공을 전제로 한 것이라고 하지만 반야심경에서 진리인 사성제를 부정하는 것은 아주 잘못된 것입니다.

우리가 주의할 것은 공의 논리는 본래 세속의 언어적 개념의 고착성(희론, 말의 속박)을 논파하기 위한 도구에 불과한 것입니다. 그런데 공의 이러한 도구적 기능을 넘어 공 자체를 하나의 '입장'이나 '주의', '주장'과 같은 사상체계로 존재화(공의 物化)하여 사성제라는 진리마저 부정한다면 종교로서의 불교는 설 땅이 없게 됩니다.

사성제가 빠진 불교를 과연 불교라고 할 수 있을까요. 자칫 잘못하면 모든 진리를 부정하고 막행 막식하는 공병론자가 되기 쉽습니다.

우리가 공사상을 이해하는 데 조심하고 경계해야 할 것은 공이 '궁극실재'라고 해서 그것을 모든 사물과 따로 떨어져 존재하는 '어떤 것'이라고 생각해서는 절대로 안 된다는 것입니다. 공은 역시 공일 뿐이지 공이라는 어떤 자성이 있는 것이 아닙니다. 비유하자면 공은 마치 약과 같아서 병을 고쳤으면 몸에서 빠져나가야 하는 것인데 병을 고쳤는데도 약이 그대로 몸에 남아 있다면 그것이 도리어 병이 되는 것과 같은 것입니다.

공은 사물을 실체적인 존재로 보려는 우리의 언어에 의하여 유발된 고질적인 병을 고쳐서 사물의 진정 있는 그대로의 모습을 보게 하는 데 근본 목적이 있는 것이지 진리마저 부정하는 것은 결코 아닙니다. 그래서 '공에 대한 특정 견해에 달라붙는 사람은 고칠 길이 없다'라고 말하는 것입니다.

한마디로 대승의 부적절한 주장을 대변하는 반야심경을 각종 법회에서 독송하는 것은 문제가 있습니다.

(3) 세 번째 이유

어떤 스님은 "반야심경에서 사성제를 부정한 것은 부정을 위한 부정이 아니라 석가모니 부처님께서 언급하신 교설로의 진정한 회귀를 위한 방편상의 부정"이라고 합니다. 그러나 이것은 논리의 모순입니다. 사성제는 부처님이 깨달으신 진리이고 우리에게 가르치신 진리입니다. 이것은 부정하지 않고 그대로 그냥 존중해 주기만 하면 되는 것입니다. 그런데 역부로 사성제를 부정해 놓고 그 이유를 부처님의 진정한 교설로 돌아가기 위한 방편상의 부정이라니 이해할 수 없습니다.

석가모니 부처님은 사성제는 진리라고 말씀하셨지, 방편교설이라는 말씀은 초기경전 어디에서도 하신 적이 없습니다. 이러한 설명은 초기불교는 소승이라고 폄하하는 생각을 바닥에 깔고 있는 것으로, 정직한 태도가 아닙니다. 정직한 태도는 사성제를 부정하지 않고 그냥 놔두는 것입니다. 그것이 석가모니 부처님의 가르침입니다.

또 어떤 교수는 "반야심경에 등장하는 사리불은 부처님의 십 대 제자 중 지혜가 가장 뛰어난 아라한이었다. 하지만 그 지혜는 부처님의 가르침을 교조적으로 신봉하는 소승의 지혜였다. 그래서 반야심경의 부처님은 당신께서 '과거에 가르쳤던 그 모든 교법들이 궁극적으로는 실재하지 않는다'라고 말씀하시며, 사리불에게 교법의 뗏목에서 내려올 것을 권하시는 것이다. 진정으로 깨달을 경우, 우리는 일체 아무것도 실재하지 않음을 알게 된다. 즉, 모든 것이 공(空)함을 알게 된다"라고 설명합니다.

그러나 이것도 잘못된 이해입니다. 왜냐하면 초기불교를 노골적으로 소승이라고 폄하할 뿐만 아니라, 내 감각기관에 잡히는 거의 모든 대상은 없는 것이 아니라 실재하는 것들이기 때문입니다.

또 어떤 스님은 "반야심경에서 사성제를 부정하는 듯한 표현을 사용하였으나 이는 실제로 사성제를 부정하는 것이 아니라 중생들이 열반이라는 특별한 경지가 따로 있다고 여겨서 그것에 집착할까 봐 '무고집멸도'라고 말하여 열반조차 존재하지 않는다고 말해 주는 것", 즉 소위 法執을 버리라는 것이라고 설명하는데 이것도 올바른 설명이 되지 못합니다.

괴로움은 분명히 있고 괴로움이 소멸된 경지도 분명히 있습니다. 괴로움이 없다는 말만 되풀이하면 괴로움이 없어지는 것이 아니고, 괴로움의 원인인 무명과 갈애가 없다는 말만 하면 갈애와 무명이 해결되는 것이 아닙니다.

요컨대 사성제는 어떠한 이유로도 부정되어서는 안 되는 진리입니다. 사성제는 강을 건넌 뒤에 버려도 되는 뗏목과 같은 방편교설이 결코 아닙니다. 거듭 말하지만 사성제는 부처님이 깨달으신 성스러운 진리(Noble Truths)입니다. 마음을 비우기 위해 부정하고 걷어내야 할 인간의 잡다한 견해(Our views, 분별망상, 희론)가 아닙니다.

이상에서 살펴본 대로 대승의 부적절한 주장을 대변하는 반야심경을 각종 법회에서 독송하는 것은 문제가 있습니다. 선종에서는 사성제에 관하여 일언반구도 없어 문제의식 자체가 없는데, 이러고도 같은 불교라고 할 수 있는가 의문이 들 때가 많습니다.

(4) 결론

예불의식에서 반야심경을 독송하지 않는다는 것은 우리나라 불교 현실에서 굉장히 어려운 일일 것입니다.

그러나 앞에서 본 바와 같이 반야심경에서 사성제를 부정하는 것은 당시 신생교단인 대승에서 자기들의 입지 강화를 위해 단지 괴로움이라는 고유성질을 인정한 것을 두고 실체의 주장이라고 의도적으로 과장해서 왜곡한 것입니다. 이러한 점이 수많은 초기경들, 특히 『오온무아경』과 『안의 무상경』, 그리고 『밖의 무상경』 등에 의해서 밝혀졌는데도 불구하고 이를 소승의 가르침이라고 몰아붙이면서, 방법적 부정이라는 궁색한 변명을 하면서 사성제를 계속부정하는 것은 정직하지 못할 뿐만 아니라 석가모니 부처님을 모독하는 것이고 불교 자체를 부정하는 것입니다.

사성제는 부처님이 다섯 비구에게 처음 설하신 것을 시작으로 열반에 들 때까지 평생을 가르치신 진리입니다. 그래서 부처님은 스스로 "내가 평생 가르친 것은 괴로움과 괴로움의 소멸뿐이다"라고 말씀하셨고, "나는 알아야 할 바(고성제)를 알았고 닦아야 할 바(도성제)를 닦았고 버려야 할 것(집성제)를 버렸다. 그래서 나는 붓다, 깨달은 사람이다"라고 말씀하셨습니다.

한마디로 사성제는 연기법과 더불어 불교의 핵심진리입니다. 이를 부정하는 것은 불교가 아닙니다.

그러면 반야심경에서 사성제를 부정하는 부분만 빼고 독송하는 것은 괜찮지 않은가 하는 생각을 해 볼 수 있을 것입니다. 경전의 어느 부분에 중요한 문제점이 있다고 해서 그 부분만 빼고 독송한다는 것이 말이 되지 않는다는 것을 알지만, 반야심경은 대승불교의 대표적인 경전으로 천 년이 넘는 오랜 세월 동안 독송되어 온, 너무도 유명한 경전이기 때문에 그런 생각을 해보는 것입니다.

그것은 가능한 것입니다. 왜냐하면 사성제를 부정하는 부분을 뺀 반야심경의 내용은 초기불교에서 부처님이 설파하신 인간관 및 세계관과 부합되기 때문입니다(초기불교의 인간관과 세계관은 다음 장에서 자세히 설명될 것입니다).

그런데 문제는 반야심경의 내용이 너무 어렵다는 것입니다. 반야심경의 핵심 키워드는 두 가지입니다.

첫 번째는, "오온이 공한 것을 비추어 보고 온갖 고통에서 건너느니라. 사리자여! 색이 공과 다르지 않고, 공이 색과 다르지 않으며, 색이 곧 공이요 공이 곧 색이니 수, 상, 행, 식도 그러하니라. 사리자여! 모든 법은 공하여 나지도 멸하지도 않으며, 더럽지도 깨끗하지도 않으며, 늘지도 줄지도 않느니라. 그러므로 공 가운데는 색이 없고 수, 상, 행, 식도 없으며"입니다.

두 번째는, "공 가운데는 안, 이, 비, 설, 신, 의도 없고 색, 성, 향, 미, 촉, 법도 없으며 눈의 경계도 의식의 경계까지도 없고"입니다.

이 말이 무슨 말인지 쉽게 이해하는 사람이 몇 명이나 될까요? 불교에서 가장 어려운 말이 공과 색입니다. 어지간히 공부한 사람도 이해하기가 무척 어려운 것입니다.

그런데 부처님은 일찍이 이에 관해서 아주 이해하기 쉽게 설해 놓으신 경이 있습니다. 첫 번째에 관해서는 『오온무아상경』을, 두 번째에 관해서는 『안의 무상경』과 『밖의 무상경』을 설해 놓으신 것이 그것인데 이들 경을 독송하면 어려운 반야심경을 독송하지 더라도 반야심경이 전하고자 하는 메시지를 어렵지 않게 이해할 수 있습니다

즉, 첫 번째 『오온무아상경』을 보면 진리인 사성제를 부정하고 있지 않을 뿐만 아니라, 공이니 색이니 하는 어려운 말을 하나도 쓰지 않으면서 문답을 통해 오온 하나하나에 대해서 그 성품이 무상하고 고이며 무아인 것을 쉽게 풀어서 확인시켜 줍니다. 이들이 집

착할 대상이 아니라 오히려 이들을 싫어하고(염오) 멀리해야(이욕) 해탈, 열반을 실현할 수 있다는 것을 가르쳐 주고 있습니다.

두 번째 『안의 무상경』과 『밖의 무상경』을 보면, 우리가 사는 세상이란 우리의 감각기관이 외부세계를 만나 감각적으로 받아들이는 것을 의미하므로 세상이란 우리에게 주어지는 똑같은 객관적, 물리적 공간이 아니라 각자가 의미 짓는 세계, 즉 인식된 세계란 뜻입니다. 그러므로 각자가 보는 세계는 같은 것이 아닙니다. 즉, 세상을 안, 이, 비, 설, 신, 의와 색, 성, 향, 미, 촉, 법의 12가지로 하나하나 해체해서 보면 이들의 무상, 고, 무아가 극명하게 드러나게 되고 이렇게 되면 결국은 염오, 이욕해서 해탈과 열반을 성취하게 된다는 것입니다.

아래에 세 개의 경을 인용할 것인데, 세 개 경의 내용 중 특히 밑줄 친 부분을 주의 깊게 읽어 보면 반야심경을 독송하지 않고도 그 어려운 반야심경이 전하고자 하는 메시지를 고민할 필요 없이 금방 이해하게 된다는 것을 확인할 수 있을 것입니다.

물론 이 세 개의 경을 한 번에 모두 독송하는 것이 좋지만 예불의식에서 모두를 독송하기가 분량이 다소 많다고 생각이 되면 『무아상경』만 독송해도 충분할 것입니다. 이럴 경우 나머지 두 개의 경은 틈이 날 때 수시로 독송하면 좋을 것입니다.

필자는 위 세 개의 경이 제대로, 그리고 널리 알려지게 되면 그 유명한 반야심경 독송은 머지않아 우리나라에서 없어질 것이라 확신합니다.

ⓐ 오온무아상경(무아의 특징경 - S)

비구들이여, **몸(색)은 자아가 아니다.** 만약 몸이 자아라면 병에 걸릴 리가 없다, 또 그것에 대하여 나의 몸은 이렇게 되어라 저렇게 되어라 하고 말할 수 있을 것이다. 그러나 몸은 자아가 아니기 때문에 병에 걸리며 또 이렇게 되어라 저렇게 되어라 하고 말하지도 못한다.

느낌(受)에 대해서도 마찬가지이며 인식(想), 형성(行), 의식(識)도 마찬가지이다.

또 **색, 수, 상, 행, 식 등 오온의 어느 것도 무상하다. 그래서 무상한 것은 모두 괴로움이다. 무상하고 괴롭고 변하는 성품을 지닌 것을 두고서 "이것은 나의 것이다. 이것은 나다. 이것은 나의 자아다" 하고 볼 수 있겠는가.**

과거, 현재, 미래의 오온에 대하여 그 어떤 것이든 나의 것이 아니고 나가 아니고 나의 자아가 아니라고 진실한 지혜로 여실히 관찰하지 않으면 안 된다. **그렇게 관찰하면 오온을 싫어하여 그것에 집착하지 않고 해탈하는 것이 가능하다.**

그리하여 '나는 해탈했다' 하는 자각이 생겨서 '태어남은 다했다. 거룩한 행위를 닦았다. 할 일을 다했다. 다시는 이 상태로 돌아오지 않는다.'

ⓑ 안의 무상경(S)

비구들이여, **눈은 무상하다. 무상한 것은 괴로움이요, 괴로움인 것은 무아다.** 무아인 것은 내 것이 아니고 그것은 내가 아니고 그것은 나의 자아가 아니라고 있는 그대로 바른 통찰지로 봐야 한다.

귀는, 코는, 혀는, 몸은, 마노는 무상하다. 무상한 것은 괴로움이요, 괴로움인 것은 무아다. 무아인 것은 내 것이 아니고 그것은 내가 아니고 그것은 나의 자아가 아니라고 있는 그대로 **바른 통찰지로 봐야 한다.**

비구들이여, 이렇게 보는 **잘 배운 성스러운 제자는 눈에 대해서도 염오하고 귀에 대해서도 염오하고 코에 대해서도 염오하고 혀에 대해서도 염오하고 몸에 대해서도 염오하고 마노에 대해서도 염오한다. 염오하면서 탐욕이 빛바래고 탐욕이 빛바래므로 해탈한다.** 해탈하면 해탈했다는 지혜가 있다. '태어남은 다했다. 청정범행은 성취되었다. 할 일을 다 해 마쳤다. 다시는 어떤 존재로도 돌아오지 않을 것이다'라고 꿰뚫어 안다.

ⓒ 밖의 무상경(S)

비구들이여, **형색은 무상하다. 무상한 것은 괴로움이요, 괴로움인 것은 무아다.** 무아인 것은 내 것이 아니고 그것은 내가 아니고 그것은 나의 자아가 아니라고 있는 그대로 바른 통찰지로 봐야 한다.

소리는, 냄새는, 맛은, 감촉은, 법은 무상하다. 무상한 것은 괴로움이요, 괴로움인 것은 무아다. 무아인 것은 내 것이 아니고 그것은 내가 아니고 그것은 나의 자아가 아니라고 있는 그대로 **바른 통찰지로 봐야 한다.**

비구들이여, 이렇게 보는 잘 배운 성스러운 제자는 '다시는 어떤 존재로도 돌아오지 않을 것이다'라고 꿰뚫어 안다.

18계는 제법을 6가지 감각기관(6근)과 6가지 감각대상(6경)과 6가지 의식(육식)의 18가지로 분류한 것입니다. 이것은 마음(육식)은 6가지 감각기관과 6가지 감각대상이 만나서 이루어지는 조건 발생의 무상, 고, 무아임을 밝혀 마음이 실체가 있는 것으로 절대화하는 것을 경계하는 것입니다. 『요소경 - S』에 있습니다.

4
불교의 인간관, 오온

오온이라 함은 인간을 구성하고 있는 다섯 가지 무더기를 말합니다. 즉, '나'라는 것은 오온일 뿐이라는 것입니다. 이것이 부처님께서 말씀하신 불교의 인간관입니다. '무더기'로 옮긴 온(蘊)의 원어는 Khandha(모으다)인데, 영어로는 aggregate로 정착되었습니다.

오온은 불교 교리에서 핵심적인 부분입니다. 오온을 이해하고 더나아가 오온이 조건 따라 일어나고 조건 따라 사라진다는 것을 보게 되면 오온의 무상, 고, 무아도 이해하게 되어 염오하고 이욕하여 해탈의 지혜가 일어날 수 있는 것입니다. 따라서 괴로움의 진리인 고성제를 분명히 꿰뚫어 알기 위해서는 오온을 분명히 이해해야 합니다.

반야심경을 독송할 때 보면 제일 먼저 나오는 말이 '조견오온개공(照見五蘊皆空)'입니다. 오온이 모두 공함을 비추어 보고 이들이 모두 공한 것을 깨달아 모든 괴로움에서 벗어났다는 말씀입니다. 우리 인간을 구성하는 다섯 가지 무더기인 오온을 지혜로 이해할 때 우리는 거기에 '나'라고 할 만한 실체가 없다는 사실을 깨달으면서 괴로움에서 벗어나게 되는 것입니다.

오온은 색온(色蘊), 수온(受蘊), 상온(想蘊), 행온(行蘊), 식온(識蘊)을 말합니다. 색온은 여러 가지 물질의 무더기, 수온은 여러 가지 느낌의 무더기, 상온은 여러 가지 인식(지각)의 무더기, 행온은 여러 가지 심리작용의 무더기, 식온은 여러 가지 마음의 무더기를 말합니다.

색온은 물질(色)이고, 수온, 상온, 행온, 식온은 정신(名)이므로 오온은 명색(名色), 즉 정신과 물질이라고도 할 수 있습니다. 그리고 정신은 마음(心)과 마음의 작용들(心所: 마음부수, 심리작용, 심리현상들이라고도 함)로 나눌 수 있는데 식온이 마음에 해당되고 수온, 상온, 행온은 마음의 작용들에 해당합니다.

이상의 설명에서 오온이라는 것이 우리의 육체와 정신, 몸과 마음을 통틀어 일컫는 말이라는 것을 알았는데 이러한 오온을 분명하게 이해하면 그것들이 끊임없이 변하는 모습(諸行無常)과 만족스럽지 못한 괴로움의 모습(一切皆苦)을 발견하게 되고 그다음에 불변하는 실체로서의 영혼과 같은 '나'가 없다는 사실(諸法無我)을 깨닫게 됩니다. 이처럼 오온의 관찰을 통한 무상, 고, 무아의 깨달음이 바로 불교에서 말하는 지혜입니다.

오온에 대한 종합적인 설명을 하는 대표적인 경전은 『오온무아상경 - S』과 『삼켜버림경 - S』, 그리고 『보름밤의 긴경 - M』입니다. 색온에 대해서는 『코끼리 발자국 비유경 - M』이 대표적이고, 수온에 관해서는 『버림경 - S』과 『화살경 - S』이, 상온에 관해서는 『전도경 - A』과 『기리마난다경 - A』이, 행온에 관해서는 『법의 상속자경』이, 그리고 식온에 관해서는 『배우지 못한 자경 - S』이 대표적인 경전입니다. 이하에서 각 온에 대해 설명하겠습니다.

(1) 색온(물질의 무더기)

　불교에서 물질이라는 것은 형태나 모양을 갖춘 것으로 변형되는 특성을 가진 모든 것을 말합니다.

　부처님은 말씀하십니다.

　"비구들이여, 물질의 현상이란 무엇인가. 물질적 현상에 대한 무더기란 무엇인가. 그것은 네 가지 근원적인 요소와 그들로부터 파생된 24가지 파생된 물질적 현상들이다."

　여기서 네 가지 근원적인 요소는 지, 수, 화, 풍이라는 네 가지 근본물질을 말하는 것인데 이것은 단순히 땅, 물, 불, 바람을 말하는 것이 아니라 모든 물질을 이루는 근본성질을 의미하는 것입니다. 즉, 땅의 요소는 딱딱하고 부드러운 성질을 지니며 물의 요소는 흐르고 적시는 성질(유동성)과 무엇을 모으고 뭉치는 힘(응집력)을 지닙니다. 또 불의 요소는 뜨거움과 차가움을 특성으로 합니다. 바람의 요소란 움직이고 지탱하는 성질을 말합니다. 이 네 가지 성질은 비록 정도의 차이는 있지만 모든 물질 속에 공통적으로 존재한다는 것입니다.

　예를 들어 우리가 일반적으로 말하는 '땅'도 네 가지 요소를 모두 포함하고 있습니다. 먼저 '땅'을 손으로 만졌을 때 단단하거나 부드럽게 감지되는 것은 '땅의 요소'이고 뜨겁거나 차갑게 감지되는 것은 '불의 요소', 움직임으로 감지되는 것은 '바람의 요소', 땅의 형태가 유지되도록 응집시켜주는 힘을 '물의 요소'라고 설명할 수 있습니다.

이와 같이 일반적으로 말하는 '땅'에도 4대 요소가 모두 갖추어져 있습니다. 하지만 '땅'은 땅의 요소가 다른 요소들에 비해 현저하게 높은 경우를 말합니다. 마찬가지로 일반적으로 말하는 강물 등의 '물'도 4대 요소가 모두 갖추어져 있지만 물의 요소의 비율이 현저하게 높은 경우입니다. 이와 같이 모든 물질은 지, 수, 화, 풍의 네 가지 요소의 결합이라는 것입니다.

여기서 주의할 점은 근본물질도 조건에 따라 일어나고 사라진다는 것입니다. 근본물질을 실체로 이해해서는 안 됩니다.

부처님은 『대념처경 - D』에서 모든 물질을 4대 요소의 결합으로 바라보라고 말씀하셨습니다. 예를 들어 애인의 손을 잡았을 때 부드럽게 느껴지는 것은 땅의 요소, 따듯하게 느껴지는 것은 불의 요소, 움직임이 느껴지는 것은 바람의 요소라고 볼 수 있다면 집착이 생겨나기가 어려울 것입니다. 여인의 몸을 아름답고 사랑스럽게만 바라본다면 애착을 떨쳐낼 수 없겠지만 4대 요소의 결합으로 볼 수 있다면 애착을 버리기가 쉬워질 것입니다.

다음으로 파생된 물질이란 네 가지 근본물질의 결합에 의해서 형성된 물질을 말합니다. 찰흙을 가지고 여러 형태의 모양을 만들 수 있듯이 4대 요소의 결합에 의해서 다양한 물질이 만들어집니다. 예를 들어 눈, 귀, 코, 혀, 몸이나 형상, 소리, 냄새, 맛, 감촉 등이 파생된 물질인데 24가지로 분류하고 있습니다. 이러한 물질들은 마음이 일어날 때 6근, 즉 출입문의 역할을 하기도 하고, 6경, 즉 대상의 역할도 합니다.

4대 요소는 모두 함께 결합하여 끊임없이 일어나고 사라지면서 서로에게 영향을 주면서 작용합니다. 이러한 4대의 조화는 건강이며 부조화는 병을 만드는 요인입니다. 죽음이란 몸이 부드럽다가 단단해지고 피가 흐르다가 멈추고 따뜻하다가 차가워지고 움직이다가 움직이지 않는 것입니다. 죽음을 이와 같이 단지 4대의 변화라고 알면 죽음이란 하나의 물질적 현상과 정신적 현상이 정지된 것으로 보게 되어 두려움이 없어질 것입니다.

(2) 수온(느낌의 무더기)

느낌(受)은 대상을 느끼는 심리작용입니다. 느낌들의 모임을 수온(受蘊)이라고 합니다.

불교에서는 느낌을 크게 세 가지로 나눕니다. 즐거운 느낌, 괴로운 느낌, 즐겁지도 괴롭지도 않은 느낌이 그것입니다. 즐거운 느낌은 다시 육체적인 즐거움과 정신적인 즐거움으로, 괴로운 느낌은 육체적인 괴로움과 정신적인 괴로움으로 나누어 느낌을 모두 다섯 가지로 분류할 수도 있습니다. 우리가 멸진정에 들지 않는 한 느낌 자체를 없앨 수는 없습니다.

느낌이 중요한 것은 그것이 탐욕과 성냄, 어리석음이라는 근본번뇌와 밀접한 관계가 있기 때문입니다. 즉, 즐거운 느낌이 일어나면 그것을 계속 즐기고 싶기 때문에 보통 탐욕이 함께 일어납니다. 그리고 괴로운 느낌이 일어나면 보통 그 대상을 싫어하고 거부하기 때문에 성냄이 함께 일어납니다.

그런데 즐겁지도 괴롭지도 않은 느낌은 이와는 다릅니다. 즐겁지도 괴롭지도 않은 느낌은 무덤덤한 느낌이라고 할 수 있는데 우리는 이것을 편안하다고 생각합니다. 별다른 자극이 없기 때문입니다. 하지만 이 편안함이란 어떤 자극이 들어오면 바로 깨질 수 있는 것이기 때문에 불안한 것입니다. 이처럼 무덤덤한 느낌에 싸여 있을 때는 변하는 것도 잘 느끼지 못하기 때문에 어리석음(癡心)의 잠재적 성향으로 빠지게 됩니다.

이처럼 즐거운 느낌과 괴로운 느낌, 그리고 즐겁지도 괴롭지도 않은 세 가지 느낌은 탐, 진, 치라는 근본적인 번뇌와 연결되어 있기 때문에(잠재성향) 우리는 느낌을 바로 알아차려야 합니다. 특히 즐거운 느낌은 탐욕의 원인이 되고, 그 탐욕은 윤회의 조건이 됩니다.

십이연기에 보면 느낌에 빠져 갈애로 넘어가면 집착이 일어나 윤회가 회전합니다. 그러나 느낌을 알아차리면 느낌이 하나의 대상으로 객관화되어 갈애로 진행하지 않습니다. 그래서 느낌과 갈애 사이를 불사(不死)의 문이라고 합니다. 느낌을 알아차리는 것은 이렇게 중요한 것입니다. 느낌을 있는 그대로 알아차리는 구체적인 방법에 대해서는 『대념처경』의 '수념처'에서 자세히 설명하고 있습니다.

우리가 느낌을 알아차리면 어떻게 해서 느끼는가 하는 의문에서 벗어납니다. 느낌은 접촉에 의해서 일어나는 것이지 누가 가져다주는 것이 아닙니다. 그리고 이 느낌은 누구의 느낌인가 하는 의문에서도 벗어납니다. 느낌은 여섯 가지 감각기관이 느끼고 단지 마음이 이것을 아는 과정만 있지 이것을 주도하는 자아는 없습니다. 그래서 나의 느낌이 아니고 단지 감각기관이 느끼는 것이라고 압니다.

느낌은 주관적인 감정일 뿐임으로 사람에 따라 같은 대상을 보고도 좋게 느끼기도 하고 나쁘게 느끼기도 하며, 같은 사람일지라도 그 사람의 건강상태나 경제사정 등이 어떤 상황이냐에 따라 느끼는 것이 다릅니다. 뿐만 아니라 느낌은 시대와 나라, 문화적 배경에 따라서도 다릅니다. 이와 같이 느낌은 조건에 의해 일어나고 조건 따라 사라지는 것이며, 무상하고, 실체가 있는 것이 아닙니다.

(3) 상온(인식의 무더기)

인식(想)은 대상을 인식하는 것을 말합니다. 인식은 이미 알고 있던 것을 보고 '저것이 무엇이다'라고 아는 것이거나 모르는 것을 보고 '저것은 이런 것이다'라고 표시를 해서 다음에 그것을 볼 때 그것이라고 아는 것입니다. 마치 목수들이 먹줄을 띄워 목재에 표시를 하듯이 한번 본 대상을 다음에 '이것이 바로 그것이구나' 하고 알 수 있도록 표상이나 이미지를 만드는 역할을 합니다. 이러한 인식들의 모임을 상온이라고 합니다.

예를 들어 컵에는 길쭉한 컵, 넓은 컵, 큰 컵, 작은 컵 등 수없이 다양한 모양이 있습니다. 그런데 모두 액체를 담는 기능을 하고 있고 오목한 형체라는 특성을 가지고 있으므로 컵이라고 이름을 붙인 것입니다. 그러면 다음에 컵이라는 말만 들어도 컵은 '이런 모양이다'라는 일차적인 인식이 이루어지는데 이런 표상작용을 통해서 '컵'이라는 개념이 생기게 되는 것입니다.

다시 말하면 인식(상온)은 대상의 공통점과 특징 등을 추상해서 표상을 취하는 것, 즉 이름을 짓고 개념화하는 것입니다.

우리가 수많은 개념, 명칭을 만들어 사용하는 것은 일상생활에서 의사소통의 편리를 위해 서로 약속한 것입니다. 그래서 우리가 살아가는 세계는 개념(상)으로 이루어진 세계가 되다시피 했고 따라서 개념을 빌리지 않고는 생활할 수 없을 만큼 아예 개념이 삶 자체가 되어 버렸습니다.

그런데 불교에서 이러한 인식작용을 중요하게 다루는 데에는 이유가 있습니다. 그것은 대상을 추상화해서 표상을 취하는 과정에 왜곡이 일어나기 쉽기 때문입니다. 예를 들어 우리는 몸이 길고 땅을 기어다니는 동물을 뱀이라고 인식합니다. 그래서 깜깜한 밤에 길바닥에 짚을 꼬아 만든 새끼줄이 떨어진 것을 보고 뱀이라고 인식해서 놀라곤 합니다.

인식은 대상을 개념적으로 파악하는 것입니다. 즉, 대상을 두루뭉술하게 어림계산으로 같게 보는 것이기 때문에 식별을 빠르게 할 수 있다는 장점은 있지만 비슷한 표상을 같은 대상으로 착각하기가 쉽습니다. 그것이 인식의 왜곡입니다. 그렇기 때문에 불교에서 인식은 부정적이고 극복되어야 할 것으로 언급되고 있는데 그 대표적인 것이 자아가 없는데도 자아가 있다고 생각하는 아상(我想)입니다. 금강경에서 수없이 강조하고 있는 것입니다.

금강경의 주제는, 우리가 삶의 편의를 위해서 무수한 개념(상)을 만들었는데 그것이 실체인 양 집착하므로 괴로움에 빠지게 되니 개념(상, 산냐)을 척파하라는 것입니다.

우리는 태어나면서부터 이름을 가지고 있고, 어릴 때부터 거울을 쳐다보며 '저것이 나다' 하고 반복해서 생각합니다. 또 자신의 몸과 자신의 기억과 생각 등을 결합해서 '나'라거나 '내 것'이라고 인식합니다. 오랜 시간 이렇게 '나'라고 인식한 것을 반복하다 보면 결국 '나'라는 것을 실체로 받아들입니다. 사람들이 '나'라고 인식하는 것의 실상은 몸과 정신작용들의 모임인 오온의 결합에 지나지 않지만 우리는 여기에 어떤 절대적인 실체가 있다고 굳게 믿게 됩니다.

그러니까 '나', '자아'라는 것은 경험의 반복에 의해 구성되는(쌓여가는) 의식의 과정일 뿐입니다. 다시 말하면 자아라고 생각하고 자아라고 믿고 싶은 마음이 있을 뿐이지 자아라고 할 만한 어떤 구체적인 실체는 없는 것입니다. 이것이 불교에서 '나'라는 인식, 즉 아상이라는 것입니다. 아상은 한번 형성되면 강한 집착이 생겨 나중에 버리기가 굉장히 어렵습니다.

인식은 대상의 공통점과 특징을 추상해서 표상을 취하는 것이라고 했는데 그렇다고 인식에 반드시 대상이 있어야만 하는 것은 아닙니다. 대상이 없더라도 마음에서 무언가를 골똘히 상상하면 그것이 실제로 있는 것처럼 여겨지고, 그 상태가 더 심해지면 마음 밖에도 그것이 있는 것처럼 여겨집니다. 마음이 이렇듯 실제에는 없는 것을 만들어 내는 것은 마음이 무지와 욕망에 물들어 있기 때문입니다.

이렇게 해서 만들어진 것이 다른 종교들에서 떠받드는 절대자, 창조주라는 신(神)입니다. 그 반대되는 귀신과 마귀, 도깨비 등도 마찬가지입니다. 이들은 모두 인간의 마음이 만들어 낸, 실체가 없는 허구적 개념(산냐)일 뿐입니다. 도깨비를 그릴 때 모두 다르게 그리는 것은 그것이 각자 마음으로 상상해서 만든 것이기 때문입니다.

인식은 세상을 바라보는 고정된 생각의 틀과 같은 것입니다. 고정된 관념입니다. 모든 것을 그 틀에 의해서 보기 때문에 인식은 색안경과 같은 것입니다. 자기가 쓴 안경의 색깔에 따라 세상을 보는 것입니다. 이 색안경이 정치나 종교, 사상, 이념과 결합되면 타협과 공존을 모르고 극단으로 치달아 갈등이 끊이지 않습니다. 인종이나 피부색, 성별에 의한 차별만이 아니라 우리 사회에 심각한, 소위 '좌빨'과 같은 이념적 편견이나 확증편향 등도 그것입니다.

또 인식의 왜곡에는 무상한 것을 영원하다고 인식하고, 괴로움인 것을 행복이라고 인식하고, 무아인데 자아가 있다고 인식하는 것이 있는데 이것을 특별히 인식의 전도라 합니다. 반야심경에서도 이러한 전도를 여의고 궁극적 행복인 열반을 실현할 것을 강조하고 있습니다(원리전도몽상 구경열반: 遠離顚倒夢想 究竟涅槃).

이처럼 전도된 인식은 어리석음과 탐욕이 강할수록 더욱 확고해지고, 확고해지면 버리기가 무척 힘들어집니다. 버려야 되겠다는 생각만으로는 절대로 버려지지 않습니다. 버리기 위해서는 반드시 부처님이 가르쳐 주신 수행방법(위빠사나)에 따라 있는 그대로를 관찰하여 인식도 조건에 의해 일어나고 사라지는 실체가 없는 것임을 알고 보아야만(여실지견) 합니다.

초기경에서는 제거되어야 할 고정관념으로서의 인식만을 들고 있는 것이 아니라, 깨달음을 증득하고 해탈, 열반을 실현하기 위해서 계발하고 닦아야 하는 수행과 관련된 인식도 나타나고 있습니다(열의 모음 - A).

(4) 행온(심리작용들의 무더기)

행온은 오온에서 네 번째인 여러 가지 심리현상의 무더기입니다.

> 비구들이여, 그러면 왜 심리현상들(行)이라 부르는가. 형성된 것을 계속해서 형성한다고 해서 심리현상들이라 한다. 그러면 어떻게 형성된 것을 계속해서 형성하는가. 물질이 물질이게끔 형성된 것을 계속해서 형성한다. 느낌이 느낌이게끔, 인식이 인식이게끔, 심리작용이 심리작용이게끔, 아는 마음이 아는 마음이게끔 형성된 것을 계속해서 형성한다.

비구들이여, 그래서 형성된 것을 계속해서 형성한다고 해서 심리현
상들이라 한다.

즉, 심리현상들이란 사람을 구성하는 다섯 가지 무더기를 계속
해서 형성하는 것을 말합니다. 예를 들어 탐욕이 일어나면 그것은
다시 탐욕이 일어나게 하는 조건이 될 수 있고, 성냄이 일어나면
그것은 다시 성냄이 일어나는 조건이 될 수 있습니다. 더구나 탐욕
이나 성냄을 조건으로 해로운 법들을 많이 지으면 죽은 후에 지
옥, 축생, 아귀 등의 악처에 태어나면서 다섯 무더기가 형성됩니다.
이와 같이 탐욕과 성냄은 계속 탐욕과 성냄을 형성할 뿐만 아니라
다섯 무더기가 다시 형성되게 하는 조건이 되는 것을 말합니다.
그런데 일부에서는 오온의 행온을 의도적 행위 하나로만 이해하
는 경우가 있는데 이것은 행온의 한 부분인 의도(세따나)만을 부각
시킨 것입니다. 행온은 이 의도를 포함한 50가지 심리현상(느낌과
인식을 제외한 심소법)을 다 포함하는 것입니다.
즉, 심리현상에는 감각접촉, 의도, 주의, 집중, 의욕 등의 모든 마
음에 공통되는 심리현상 13가지와 알아차림, 삼매, 지혜, 자애, 연
민 등의 선한 심리현상 25가지, 그리고 어리석음, 탐욕, 성냄, 의심,
해태와 혼침, 들뜸과 후회 등의 불선한 심리현상 14가지를 모두 포
함하는 것입니다. 심리현상의 자세한 분류에 대해서는 앞서 제3부
의 「2. 초기불교의 핵심은 법이다」에서 초기불교의 핵심인 법을 설
명할 때 다룬 바 있습니다.
식온은 대상에 대한 총체적 인식일 뿐인 마음(오온의 다섯 번째인

아는 마음)에 어떤 심리현상이 결합되느냐에 따라 선한 마음이 되기도 하고 불선한 마음이 되기도 합니다. 즉, 불선한 의도가 일어나서 마음에 탐욕, 성냄 등의 불선한 심리현상들이 결합하면 불선한 마음이 되고 선한 의도가 일어나서 마음에 알아차림, 지혜 등의 선한 심리작용들이 결합하면 선한 마음이 됩니다. 이처럼 선한 마음이나 불선한 마음을 결정하는 심리작용들은 행온에 포함되기 때문에 행온에 대한 이해는 매우 중요합니다.

초기불교에서 심리현상들은 파초에 비유합니다. 그래서 경에서는 "그가 그 심리현상들을 쳐다보고 면밀히 살펴보고 근원적으로 조사해 보면 그것들은 텅 빈 것으로 드러나고 공허한 것으로 드러나고 실체가 없는 것으로 드러난다. 비구들이여, 심리현상들에 무슨 실체가 있겠는가"라고 결론짓고 있습니다.

불교에서 상카라(sankhara: 行)라는 말은 위 오온의 네 번째인 행온으로 나타나는 경우 외에도 다음과 같이 세 가지 의미로 사용됩니다.

가장 넓은 의미로 사용되는 것은 제행무상과 제행개고의 문맥에서 나타나는 행입니다. 이것은 열반을 제외한 물질적이고 정신적인 모든 유위법들을 행이라고 부릅니다. 다음으로는 12연기의 두 번째 구성요소인 행입니다. 이 경우의 행은 의도적 행위를 의미하며 업과 동의어입니다. 세 번째의 가장 좁은 의미로는 몸과 말과 마음으로 짓는 세 가지 행위인 신행, 구행, 의행으로 나타나는데 이것은 각각 신업, 구업, 의업이 되어 실제로는 두 번째와 의미가 같습니다.

(5) 식온(의식의 무더기)

ⓐ 식은 식별하는 작용입니다

마음은 아는 마음과 마음의 작용(심소)으로 구분됩니다. 아는 마음은 오온의 식이며, 마음의 작용(심소)은 오온의 수(受), 상(想), 행(行)입니다. 오온의 식은 수, 상, 행을 모두 아울러 분별하고 구체적으로 정신의 바탕이 되어 이끌어 가는 식별작용입니다. 식은 수, 상, 행이라는 정신작용의 기저에서 인간이 역동적인 인식활동을 할 수 있는 근거를 제공합니다. 이 식은 한 생명체가 최초로 생길 때부터 마지막으로 생명을 마감할 때까지 지속되므로 이를 바왕가, 즉 존재지속식이라고 합니다.

존재지속식은 찰나에 생성, 지속, 소멸을 반복하며 끊임없이 흐르고 있다가 외적 대상이나 내적 대상이 있으면 인식 모드로 전환되어 다양한 인식현상(수, 상, 행)이 일어나는 것입니다. 그러다가 마지막 죽음에 이를 때 이 존재지속식은 죽음의식으로 전환되고 업식에 의해서 다음 생이 지속되는데 재생하는 순간 존재지속식은 재생연결식으로 전환되어 새로운 삶이 시작되는 것입니다.

ⓑ 마음은 매 순간 변합니다

마음은 일어난 순간 사라지고 새로운 마음이 일어나면서 연속적으로 흐릅니다. 찰나생이고 찰나멸입니다.

마음은 한 순간에 하나밖에 없습니다. 매 순간의 마음은 영화의 한 컷과 같은 모두 다른 마음입니다. 개미 떼가 한 줄로 보이지만 개미 각각은 떨어져 있는 것이듯이 마음은 하나로 연결된 같은 마음이 아닙니다.

부처님께서는 "비구들이여, 이것과 다른 어떤 단 하나의 법도 이렇듯 빨리 변하는 것을 나는 보지 못하나니 그것은 바로 마음이다. 비구들이여, 마음이 얼마나 빨리 변하는지 그 비유를 드는 것조차 쉽지 않다"라고 강조하십니다.

이처럼 마음은 매 순간 먼저 있던 마음이 사라지고 새로운 마음이 일어납니다. 그러나 새로 일어난 마음도 즉시 사라지고 새로운 마음이 일어납니다.

마음은 있지만 매 순간 변하는 마음이라서 실체가 없습니다. 실체가 없다는 것은, 마음은 있지만 그것을 지배하는 절대적인 마음은 없고 매 순간 조건에 의해서 일어나고 사라지는 마음만 있다는 것입니다. 이것이 무상이고 무아입니다.

ⓒ 마음은 대상이 없으면 일어나지 않습니다

마음은 반드시 대상이 있어야 일어납니다. 한순간의 마음은 조건에 의해 일어나고 조건에 의해 사라지는데 이때의 조건이란 눈이 빛에 의해 형상이라는 대상과 접촉했을 때 아는 마음이 일어나는 것을 말합니다. 눈이 없어도, 빛이 없어도, 접촉이 없어도 아는 마음이 일어나지 않습니다. 이것이 십이처고 삼사화합촉이라는 것입니다.

마음은 어떤 대상을 만나느냐에 따라서 그 마음을 갖습니다. 유익한 대상을 만났을 때는 유익한 마음이 생기고 해로운 대상을 만났을 때에는 해로운 마음이 생기는 것입니다.

초기불교의 인식론은 이와 같이 객관적 실재를 먼저 인정하는 유물론적 경험론인데 대승불교 중기의 유식사상에 의하면 객관세계는 심식(아뢰아식)의 현현, 즉 마음의 그림자에 불과한 허망한 것이라는 선험적 관념론으로 바뀌어 갑니다. 이런 인식론의 변화 과정에 대해서는 앞에서 설명하였습니다.

ⓓ 마음은 무아입니다

불교에서 마음에 대한 분석을 치밀하게, 세세하게 하는 것은 오직 실체가 있는 나의 마음이 아니라는 무아를 알게 하기 위함입니다. 왜냐하면 무아를 알지 못하면 결코 집착을 끊을 수 없기 때문입니다. 무아는 이 세상 어느 종교나 어느 사상에서도 볼 수 없는 불교만의 독특한 것입니다.

불교의 지혜는 처음에 무상의 지혜로 시작해서 괴로움의 지혜로 성숙한 뒤에 마지막에 무아의 지혜로 완성되는 것입니다. 그러므로 무아의 지혜는 수행자가 반드시 이르러야 할 최고의 지혜입니다.

ⓔ 마음은 오온 가운데 하나일 뿐입니다

불교가 마음을 중시한다고 해서 마음을 절대화하여 창조주나 절대자처럼 만들어서는 절대 안 됩니다. 우리나라 불교에서는 마음 깨쳐 성불한다거나 마음이 곧 부처라거나, 마음 외엔 부처란 없다거나 일체유심조라고 하며 마음을 절대화하는 경향이 있습니다. 물론 이러한 가르침을 나의 외부, 저 밖에 창조주라거나 절대자라거나 하는 어떤 존재가 없다는 것을 강조하는 가르침으로 받아들이면 문제 될 것이 없습니다.

그러나 이러한 가르침을 마치 마음이 우주의 모든 것을 만들어내는 창조주나 절대자인 양 받들어 버린다면 큰 문제라 아니할 수 없습니다.

선가(禪家)에서는 흔히 '보고 듣고 맛보고 하는 놈은 누구인가', '이 몸뚱이 끌고 다니는 이놈이 이 뭣꼬' 하면서 마치 그놈이 '진아', '참나'인 양 하는데 이것은 자칫 유신견을 부추길 우려가 있습니다. 이것은 '진아'나 '참나'가 있어서 그런 것이 아니라 알아차림(사띠)이라는 마음의 작용(심소)에 의한 것입니다.

오온 가운데 하나일 뿐인 마음(식)을 절대화하면 부처님이 그토록 부정했던 외도의 자아이론(아트만)으로 떨어지고 만다는 점을 경계해야 합니다. 이에 관해서는 뒤의 선불교의 문제점 부분에서 자세히 설명할 것입니다.

(6) 오온의 종합적 이해, 오온은 무아다

'나'라는 것은 무엇인가 하는, 인간에 있어 가장 중요하고 본질적인 문제에 관하여 부처님은 "'나'는 오온"이라고 대답하셨습니다. 즉, '나'라는 존재는 물질, 느낌, 인식, 의식의 다섯 가지 무더기의 적집일 뿐, 거기에 '나' 혹은 자아라는 불변하는 어떤 실체가 있는 것이 아니라는 이야기입니다.

그런데 우리는 이런 오온 외에 오온과는 별도로 오온을 주재하고 통일하는 불변의 실체, 즉 영혼과 같은 영속적 실체가 있는 것으로 알고 집착하는데 이를 유신견이라 합니다.

그러면 우리는 왜 그렇게 생각하게 될까요? 그것은 우리가 어떤 행위를 할 때 자신의 행위에 대하여 그 행위의 주체가 별도로 있다고 생각하고 그 둘(행위와 행위의 주체)이 질적으로 서로 다른 것이라고 여기기 때문입니다.

몸의 경우를 예를 들어 보면, 만일 내가 밥을 먹는다면 밥을 먹는 행위와 그렇게 먹는 자로서의 나를 둘로 구분해서 그 각각이 따로 존재한다고 보는 것이며, 이는 곧 밥을 먹는 나인 내 몸과 그 나에 의해서 먹히는 음식인 밥을 따로 구분하기 때문입니다.

그러나 밥을 먹는 현재의 순간으로 보면 먹는 내 몸과 먹히는 음식이 구분되지만 오늘의 내 몸은 오늘까지 내가 먹은 음식의 결과입니다. 내가 먹은 음식은 나에게 먹힘으로써 나의 몸으로 변화하며 결국 그렇게 음식이 변화한 그 몸이 그다음 음식을 먹게 되는 것입니다.

마음이라고 하는 느낌이나 생각이나 의지 등도 이와 다르지 않습니다. 우리가 어떤 느낌이나 생각이나 의지를 가지게 될 때 우리는 내가 느끼고 내가 생각하고 내가 의지한다고 여기지만 그 '나'란 결국 그 이전까지의 느낌이나 생각이나 의지들이 '나'로 화한 것에 지나지 않으며, 따라서 어떤 느낌이나 생각을 일으키는 것은 바로 이전 순간까지의 느낌이나 생각들이나 의지들 이외의 다른 것이 아닙니다. 한 느낌이 그다음 느낌을 낳고, 그것이 다시 어떤 생각을 일으키며, 그 다른 생각이 또 다른 의지를 낳고, 그런 식으로 이어지는 것입니다.

경전에 '업과 보는 있지만 업을 짓는 작자는 없다'라는 말씀과 '이 몸은 그대의 것이 아니다. 이 몸은 이전의 행위로 만들어진 것이다'라는 말씀은 이러한 것을 가리키는 것입니다. 이와 같이 느낌이나 생각이나 의지 등은 그런 것을 일으키는 어떤 행위자(작자)가 있어서 그렇게 하는 것이 아니라 이전의 느낌이나 인식이나 생각 등이 불러일으키는 것입니다. 현재의 의식에 가려진 과거의 의식이 무명으로 인하여 자기의식으로 된 것입니다.

이처럼 느낌이나 생각 등의 현상을 자기동일적 주체를 상정함이 없이 인연에 따라 발생하는 것으로 설명하는 것이 연기법입니다.

그런데 실체론적 사유에 익숙한 우리들은 연기적 사유에 무지한 무명으로 인하여 유사한 경험들이 모이고 쌓인 다섯 가지 무더기(오온)를 '나'라는 불변의 실체(자아)가 있는 것으로 생각하고 집착하여 온갖 괴로움을 겪는 것입니다.

이러한 연기법을 우리의 삶에 적용하여 설명한 것이 십이연기입니다. 십이연기는 업의 작자를 상정하지 않고 연기의 시작을 설정하지 않은 채, 즉 누가 느끼고 누가 사랑하고 누가 집착하고 누가 있는가를 묻지 않은 채, 느낌이 사랑으로, 사랑이 집착으로, 집착이 존재로 이어지고 있음을 설명하는 것입니다. 이 이어짐 속에서 현상적으로 존재하는 것은 색, 수, 상, 행, 식이라는 오온일 뿐이며 이 오온은 자기동일적인 것으로 머물러 있는 것이 아니라 연기과정의 변화 속에서 단지 연기의 인과법칙에 따라 연속적으로 이어질 뿐입니다. 그래서 오온은 무아인 것입니다. 현생의 오온이 다하고 내생의 오온이 생하는 것이 윤회이며, 윤회에 있어서도 자기동일적 자아는 없고 단지 연기에 따른 오온의 이어짐만이 있을 뿐입니다.

부처님은 이러한 연기법은 참으로 심오하므로 알기가 어렵다고 말씀하셨습니다. 단지 머릿속의 생각만으로는 어림없다는 것입니다. 그래서 부처님은 '나'라는 존재를 오온으로 해체해서 볼 것을 그렇게 강조하신 것입니다. 그것이 사념처이고 위빠사나입니다.

5
불교의 세계관,
12처와 18계

오온이 '나'는 무엇인가 하는 물음에 대한 부처님의 해답이라면 12처의 가르침은 '세상'이란 무엇인가, '존재'란 무엇인가, '일체'란 무엇인가에 대한 부처님의 해답입니다. 그러므로 오온은 불교의 인간관이며 12처는 불교의 세계관입니다.

『일체경 – S』에서는 '안의 감각장소(육내처)와 밖의 감각장소(육외처)로 구성된 12처야말로 일체(一切)'라고 정의하고 있으며 이 12가지 이외에 다른 일체는 세울 수 없다고 강조합니다. 그리고 『세상경 – S』 등에서는 이 열두 가지야말로 세상 그 자체라고 설하고 있습니다. 그 외의 세상이니 일체니 하는 것은 다 개념적 존재일 뿐이라는 것입니다.

부처님은 "비구들이여, 그러면 무엇이 일체인가. 눈과 형색, 귀와 소리, 코와 냄새, 혀와 맛, 몸과 접촉, 마노와 법, 이를 일러 일체라 한다. 비구들이여, 어떤 사람이 말하기를 '나는 이런 일체를 버리고 다른 일체를 천명할 것이다'라고 한다면 그것은 단지 말로만 떠벌리는 것일 뿐이다. 만일 질문을 받으면 대답하지 못할 뿐만 아니라 나아가서 더 큰 곤경에 처하게 될 것이다. 그것은 무슨 이유 때문인가. 비구들이여, 그것은 그들의 영역을 벗어났기 때문이다"라고 말씀하셨습니다.

부처님께서는 12처의 가르침을 통해서 세상 혹은 존재하는 모든 것은 안과 밖이 만나는 것, 즉 눈과 형색이, 귀와 소리가, 혀와 맛이, 몸과 감촉이, 마노와 법이 만나는 것을 떠나서는 존재할 수 없다는 것을 강조하고 계시는 것인데 이것은 세상이니 존재니 일체니 하는 것도 결국 '나'의 문제를 떠나서는, '나'라는 조건을 떠나서는 아무 의미가 없다는 말씀이기도 한 것입니다.

우리가 사는 세상이란 우리의 감각기관이 외부세계를 만나 감각적으로 받아들이는 것을 의미하므로 세상이란 우리에게 주어지는 똑같은 객관적, 물리적 공간이 아니라 각자가 의미 짓는 세계, 즉 인식된 세계란 뜻입니다. 객관은 주관에 의해 해석된 객관이지 순수 객관은 없다는 것입니다. 그러므로 각자가 보는 세계는 같은 것이 아닙니다. 다 다를 수밖에 없습니다.

위에서 본 것처럼 부처님께서는 12처의 가르침을 통해 일체존재와 세상을 안과 밖의 감각장소로 해체해서 간단명료하게 제시하시는데 그러면 왜 부처님께서는 세상을 이렇게 12처로 해체해서 설하셨을까요? 그것은 '나'라는 존재를 오온으로 해체해서 보는 것과 마찬가지로 세상이라는 것도 무상, 고, 무아라는 것을 극명하게 드러내기 위해서입니다. 즉, 그냥 세상이라든지 일체라고 하면 고정불변하고 영원한 세상이나 일체가 존재하는 것처럼 착각을 해서 세상이나 일체에 집착하게 됩니다. 그러나 세상을 안, 이, 비, 설, 신, 의와 색, 성, 향, 미, 촉, 법의 12가지로 해체해서 보면 세상의 무상, 고, 무아가 극명하게 드러나게 됩니다. 눈도 무상한 것이요, 눈의 대상인 형색도 무상한 것으로 분명하게 알 수 있기 때문입니다. 무상, 고, 무아를 보게 되면 결국은 염오, 이욕, 해탈, 구경해탈지가 성취되어서 해탈, 열반을 성취하게 됩니다. 12처에 관하여는 앞에서 반야심경을 설명할 때 두 개의 경을 인용했으므로 그것을 다시 읽어보기 바랍니다.

18계는 6내처에서 다시 6식(안식, 이식, 비식, 설식, 신식, 의식)을 독립시킨 것으로 이것은 우리의 인식은 무한정한 게 아니라 한계가 있다는 것을 말해 주는 것입니다. 즉, 우리가 무엇을 보고 듣는 등의 인식을 할 때 무한정하게 보고 듣는 것이 아니라 거리, 크기, 빛 등이 일정한 범위 안에 있을 때에만 가능하다는 것을 말해 주는 것입니다. 즉, 감각기관인 눈, 귀, 코 등 여섯 가지가 감각대상인 물체, 소리, 냄새 등 여섯 가지를 만나 안식, 이식, 비식 등 육식이 생기는데 이때 인식이 성립될 수 있는 장(場: field)이 형성되어야 한다는 것이 18계입니다.

12처 중에서 의처에 관해서는 특별히 살펴볼 것이 두 가지가 있습니다.

하나는 일반적으로 생물학에서는 감각기관으로 눈, 코, 혀, 피부 등 오관만을 말하는데 불교에서는 육근이라 하여 의(意)를 여섯 번째의 감각기관으로 본다는 점입니다. 즉, 눈은 보는 것만을 인식하고, 귀는 듣는 것만을 대상으로 삼으며, 코는 냄새를 맡는 것만을 인식하기 때문에 본 것과 들은 것 등 전 오식을 연결하고 통괄하는 제6의식이 필요한 것입니다.

다른 하나는 최근 신경과학이나 뇌과학이 발달함에 따라서 마음은 오직 뇌의 작용(뉴런과 시냅스)일 뿐이라고 이야기하는 사람이 많아졌다는 것입니다. 이것은 뇌라는 것도 일종의 물질이기 때문에 마음은 곧 물질적 작용일 뿐이라는 것입니다. 이것은 물질적인 세계만을 인정하는 서양의 과학자들이 주로 그런 얘기를 합니다.

그러나 불교에서는 물질세계와 동등한 입장에서 정신세계를 인정합니다. 즉, 오온에서 물질은 색온에 해당하지만 마음은 수온, 상온, 행온, 식온으로 구분되는 정신에 해당하는 것으로 물질세계와 정신세계는 항상 연기적으로 존재하는 것이지 어떤 것이 어떤 것을 지배하고 이끌어 가는 차원이 아닙니다. 다시 말하면 기억에 저장된 전기적 신호나 화학적 반응 등의 물질적 기록은 심리현상인 기억이 일어나는 강력한 '조건'이 될 수는 있지만 뇌 자체를 정신현상 중 하나인 기억과 동일시하지 않습니다.

최근의 연구 결과에 의하면 심장이 정지했다가 되살아난 사람이 뇌파가 정지한 상태에서의 일을 정확히 기억한 사례가 있습니다. 만약 마음과 뇌가 같은 것이라면 그것은 불가능한 일일 것입니다.

물론 물질과 정신이 다르다는 것이 서로 무관하다는 것은 아닙니다. 몸이 없으면 마음이 일어날 수 없고, 마음이 없으면 몸이 유지될 수 없는 밀접 불가분의 관계에 있는 것입니다. 그래서 '몸'은 눈이 성치 않은 장님과 같고, '마음'은 다리가 성치 않아 걷지 못하는 앉은뱅이와 같다고 비유합니다. 볼 수 없는 사람이 걷지 못하는 사람을 업고 다니는 것과 같이 몸과 마음은 서로가 항상 의지해서 일어나는 불가분의 관계입니다.

우리는 최근에 마음 수행(명상)을 통하여 뇌의 신경세포를 재구성할 수 있고 뇌가 움직이는 방식을 바꿀 수 있다는 실험이 성공적이라는 사례들을 많이 확인할 수 있습니다(대표적인 것이 달라이라마와 인지심리학자들의 실험).

6
유식의 아뢰아식은 석가모니 부처님의 가르침이 아닙니다

유식의 아뢰아식은 석가모니 부처님의 가르침이 아닙니다. 그것은 아트만사상입니다.

오온인 색수상행식(色受想行識)에서의 식(識)과 6근인 안이비설신의(眼耳鼻舌身意)에서의 의(意)는 같은 것일까요, 다른 것일까요. 다른 것이라면 어떻게 다른 것일까요.

석가모니 부처님은 심(心: citta, 마음), 의(意: manas, 의식), 식(識: vijnana, 식별작용)의 세 개를 같은 것으로 보아서 그 차이를 구분해 보인 적이 없습니다. 그런데 부처님이 돌아가시고 약 900년 뒤인 A.D. 4세기에 나타난 유식학파에서는 마음에는 6식 이외에 제7식인 말라식과 제8식인 아뢰아식이 있다고 보았습니다.

제8식인 아뢰아식은 무몰식(無沒識), 장식(藏識) 등으로 한역되는 것으로, 이는 존재의 인자(因子)를 그 안에 저장하여 없어지는 것이 없이(無沒) 저장(藏)하고 있는 식이라는 뜻입니다. 그러니까 아뢰아식은 온갖 것들의 종자, 즉 물질과 정신의 인자를 그 안에 저장하고 있다는 것이며, 인연이 갖추어지면 저장된 종자가 밖으로 모습을 드러낸다고 보는 것입니다.

그리고 제7식인 말라식은 사량식(思量識), 집착식이라고 한역되는 것으로, 이것은 아뢰아식을 '나'라고 잘못 인식하여 '나'라고 여기는 자아의식입니다. 말하자면 말라식은 아뢰아식에 대해 '나'라는 인식을 만들어 내어 거기에 집착하는 의식입니다. 이 '나'에 대한 집착이 윤회를 계속하게 만든다는 것입니다.

이러한 유식의 8식론은 마음을 중층적으로 파악하는 것이 마치 현대 심층심리학과 비슷해 아주 그럴듯해 보이지만 사실은 바라문교의 아트만 사상과 실질적으로 다른 것이 아닙니다. 그것을 알려면 유식사상을 주도하고 완성한 세친의 행적을 살펴보는 것이 매우 중요합니다.

세친은 A.D. 4세기 인도의 승려이자 천재적인 불교학자입니다. 세친은 그가 처음 초기불교의 최대교파인 설일체유부의 논사로 있을 때 저술한 『아비달마구사론』에서 "대승불교는 부처님의 가르침이 아니다"라고 했습니다. 그러다가 형인 무착의 권유로 대승불교로 전향한 뒤에 저술한 『유식론』에서는 "심, 의, 식 이 셋은 이름만 다를 뿐 그 실체는 하나"라고 말했습니다.

그런 그가 유식의 8식론을 확립한 뒤에 저술한 『불성론』에서는 자신의 말을 완전히 바꾸어서 심(心)은 제6식에 해당하고, 의(意)는 제7식인 말라식에 해당하며, 식(識)은 제8식인 아뢰아식에 해당한다고 말했습니다. 초기불교에 대하여 『아비달마구사론』을 비롯해 500여 권의 엄청난 논서를 저술했던 세친이 이렇게 갑자기 말을 바꾼 것은 무엇 때문일까요? 진리관이 바뀌어서 그런 것일까요? 그런 것이 아니라고 봅니다. 그것은 당시(A.D. 4세기) 바라문 정권인 굽타왕조시대에 바라문교의 급속한 세력 확장으로 인하여 불교가 수난기에 접어들 때 살아남기 위하여 바라문교의 아트만 개념을 수용하여 만들어 낸 것이 유식사상이기 때문입니다.

제왕 개인의 믿음 여부에 의해 어느 종교의 융성이나 재난이 전적으로 좌우되었다는 것은 동양의 종교든 서양의 종교든 다 마찬가지입니다. 그 당시에는 힌두교의 많은 신들이 불교 안으로 들어왔을 뿐만 아니라 아트만, 제사, 기도, 주문, 주술의례 등을 중시하는 힌두교의 교리와 문화가 걷잡을 수 없이 몰려오던 시기였습니다. 믿기지 않을 테지만 우리에게 가장 친숙한 천수 천안 관세음보살은 힌두교의 천안(天眼)을 가진 인드라신과 천수(天手)를 가진 시바신, 비슈누신을 합해서 불교에서 만들어 낸 것입니다. 그리고 신묘장구대다라니에 나오는 '닐라칸타'도 시바신의 다른 이름입니다. 오죽하면 힌두교 쪽에서는 부처님을 비슈누의 한 화신(아바타)이라고 하는가 하면 심지어 불교를 힌두교의 한 종파로 여기는 경우도 있을 정도였습니다.

이런 정도였으니까 세친의 진리관이 바뀌어서 변한 것이 아니라 당시 바라문 왕실과 지배층의 입맛에 맞춤으로써 자신(세친은 바라문 귀족 출신임)의 입지 강화를 하기 위해 다분히 정치적인 변신을 한 것이라고 봐야 할 것입니다. 그것은 형의 권유로 대승불교로 쉽게 전향한 것만 봐도 그렇고, 그 뒤의 세친의 행적을 보아도 아유타국으로 이주해서 왕실의 적극적인 비호로 수많은 절을 세우는 등 교세를 확장하고 명성을 크게 날렸다는 데서도 알 수 있습니다.

그러니까 아뢰야식 등 팔식론을 전개하는 유식불교는 '관찰'이라는 과학적 방법을 통해 자신이 직접 본 것을 바탕으로 전개한 이론(경험론)이 아니라, 당시의 시대 상황에 맞추기 위해 상상으로 만들어 낸 관념론 내지 가설에 지나지 않는 것입니다. 유식불교가 괴로움에서 벗어나게 하는 데 실제로 아무런 도움을 주지 못할 뿐만 아니라 전문학자들조차 어려워하는 공리공론의 학문불교가 된 것은 그러한 이유 때문입니다.

유식불교의 내용을 잠시 들여다보면, 유식불교에 등장하는 용어 자체가 우선 생경하고 어렵습니다. 진여니 진망화합식이니 하는 것부터, 삼성이라는 변계소집성, 의타기성, 원성실성도 그렇고, 중생심을 지혜로 전환한다는 전식득지를 보면 전5식은 성소작지로, 제6식은 묘관찰지로, 제7식 말라식은 평등성지로, 제8식 아뢰야식은 대원경지로 변한다며 지극히 작위적이고 도식적인 설명을 하고 있는 것 등이 그렇습니다.

그리고 깨달음으로 향하는 수행의 단계를 다섯 단계로 설명하고 이것을 줄여 세 단계로 설명하기도 합니다. 첫째는 신행의 기초를 닦는 믿음과 앎의 단계인 자량위, 가행위이고 둘째는 깨달음의 단계인 통달위이고 셋째는 완성단계인 수습위, 구경위라고 합니다.

그런데 깨달음의 단계인 통달위는 선불교로 치면 견성에 해당하는 것인데 유식에서는 이것을 수행의 시작으로 볼 뿐이며 이렇게 되기까지 1아승지겁의 시간이 걸린다고 합니다. 그리고 본격적인 수행은 수습위라는 것인데, 훈습에 의해 습기를 제거해서 아뢰야식을 청정히 하여 수행의 완성, 즉 부처의 경지에 이르는 데 2아승지겁이 더 걸린다고 합니다. 그러니까 발심에서부터 깨달음의 완성(대원경지)에 이르는데 총 3아승지겁이라는, 상상할 수도 없이 어마어마한 시간이 걸린다고 하는 것입니다.

석가모니 부처님은 당신의 가르침의 기본적 성격을 "현실에서 사실로 경험되는 것이며, 어느 시대에나 적용될 수 있는 것이며, 누구라도 와서 보라고 말할 수 있는 것이며, 열반으로 잘 인도하는 것이며, 지혜에 의해 스스로 경험될 수 있는 것이다"라고 말씀하셨습니다. 유식이론은 이런 석가모니 부처님의 말씀과는 전혀 맞지 않는 것입니다.

희론(분별망상)인 줄도 모르고 그야말로 희론에 빠져 있는 유식사상의 위와 같은 허구적인 관념론은 석가모니 부처님의 가르침인 초기불교의 교학 및 수행과 전혀 맞지 않는 딴판이라는 것은 설명할 필요조차 없습니다.

뿐만 아니라 유식은 선불교하고도 많이 다릅니다. 즉, 선종에서는 견성을 깨달음으로 보는데 유식에서는 이것을 수행의 시작에 불과하다고 보고, 또 선종에서는 돈오돈수라고 하는데 유식에서는 3아승지겁이나 필요하다고 하는 것 등이 그렇습니다. 그런데도 선불교에서는 이런 데 대한 비판은 없이 아뢰야식 타령만 하고 있습니다.

어떻든 유식불교에서는 아뢰야식을 일체유심조, 삼계유심, 유식 등으로 표현하고 있는데 이는 한마디로 '우주 삼라만상은 한 마음(아뢰야식, 일심)이 만들어 낸 환상이다. 마음을 벗어나서 독립적으로 존재하는 것은 아무것도 없다. 마음은 삼라만상의 본체이고 유일한 실재이다'라고 하는 것입니다. 그러니까 우리가 인식하는 것은 사물 자체가 아니라 마음의 그림자를 보는 것이라는 이야기입니다.

이와 같이 유식학에서는 오직 한 마음(아뢰아식, 일심)만을 인정할 뿐 그 외의 어떤 존재도 인정하지 않습니다. 왜냐하면 유식학에서는 우주 법계에 존재하는 것들은 다 마음(아뢰아식)이 만들어 낸 환상이고 그것들은 다 실제로는 존재하지 않는 것으로 보기 때문입니다.

그러나 이러한 유식의 견해는 과학적으로는 물론 상식적으로도 맞지 않는 것입니다. 왜냐하면 우주 삼라만상이 존재하므로 마음도 존재하는 것이기 때문입니다.

석가모니 부처님은 마음은 대상에 의지해서 존재하는 것이기 때문에 만약 대상이 없으면 마음도 존재할 수가 없다고 말씀하셨습니다. 대상을 지각하고 인식하고 대상에 반응하는 정신작용이 마음이기 때문입니다.

필자는 이러한 유식사상이 기독교의 천지창조보다 한술 더 뜨는 것이라고 생각합니다. 기독교에서는 하느님이 천지를 창조했다고 하는데, 창조된 천지는 실제로 그대로 존재하고 있습니다. 그런데 유식학에서는 우주 법계에 존재하는 것들은 다 아뢰아식이 만들어 낸 환상이고, 실제로는 그것들이 존재하지 않는 것이라고 보기 때문입니다.

유식에서는 한 마음을 아뢰아식이라 하고, 『대승기신론』에서는 진여(眞如)라고 합니다. 그리고 진여를 아는 것이 깨달음을 성취하는 것이라고 합니다.

　중국과 우리나라에는 이러한 유식불교를 절대적인 진리인 양 맹목적으로 믿는 사람이 많습니다. 지금도 교학의 최고봉이라는 화엄학에서는, 깨닫기 위해서는 제8식인 아뢰아식을 모르면 안 되는 것처럼 말하고 있습니다.

　그러나 앞에서 살펴본 것처럼 아뢰아식은 아트만, 여래장, 불성, 진여, 참나 등과 사실상 같은 개념으로서 힌두교적인 개념입니다. 석가모니 부처님의 무아사상에 의하면 아뢰아식뿐만 아니라 여래장, 불성, 진여자성, 참나 따위는 존재하지 않는 것입니다.

　물론 유식 측에서는 아뢰아식은 훈습에 의한 변화 가능성이 있으므로 불변하는 아트만과 같은 것은 아니라고 주장합니다. 그러나 아뢰아식을 정화하는 데(습기 제거) 2아승지겁이 걸린다는 것은 100년을 살까 말까 하는 초로인생에게는 불변한다는 것과 같은 것입니다.

　또 유식에서는 아뢰아식을 윤회의 주체라고 주장하고 있는데, 이것은 아뢰아식이 아트만과 다르지 않은 것이라는 것을 스스로 인정하는 것입니다. 왜냐하면 초기불교에서는 연기의 법칙상(유업보무작자) 윤회에는 주체가 없는 무아윤회이기 때문입니다.

　아트만 윤회와 무아윤회에 관해서는 뒤의 업과 윤회 부분에서 다시 설명할 것입니다.

이상으로 논의한 것을 한마디로 결론짓는다면 심(心), 의(意), 식(識)은 같은 것입니다. 대상을 식별하고, 알고, 지각하고, 기억하고, 저장하는 정신작용이 마음(心)이고 意이고 識이고 의식인 것입니다.

무아설로 아트만의 존재를 부정했던 석가모니 부처님은 "마음은 오온 가운데 하나로 인연 따라 찰나생 찰나멸하는 허망한 것, 텅 비어 공(空)한 것일 뿐"이라고 말씀하셨을 뿐, 단 한 번도 마음을 노래하신 적이 없습니다. 물론 깨달아야 할 마음도 없었습니다. 부처님은 마음이 얼마나 빨리 변하는지 그 비유를 드는 것조차 쉽지 않다고 말씀하시기도 했습니다. 그러니 불자들은 유식사상에 크게 관심을 기울일 필요가 없습니다.

여기서 필자가 꼭 덧붙이고 싶은 얘기가 하나 있습니다. 그것은 제가 오랫동안 불교를 공부하면서 느끼고 알게 된 것인데, 팔만대장경 속의 경론이라고 해서 그것이 다 진리인 것은 아니라는 점입니다. 대승불교나 중국의 조사교(선불교)의 경론들 중에는 석가모니 부처님의 법을 왜곡하거나 심지어는 파괴하면서 불교라는 이름으로 포장하여 설해 놓은 것이 적지 않다는 것을 알게 되었다는 점입니다.

나이가 여든 살이나 된 필자가 『이것이 석가모니 부처님의 불교다』라는 제목으로 이 책을 쓰게 된 이유도 거기에 있습니다.

7
삼법인

부처님은 존재현상(법)을 오온, 십이처, 십팔계로 분류하셨습니다. 이어서 그 특성으로 무상, 고, 무아라는 세 가지를 말씀하셨습니다.

이것을 삼법인이라 합니다. 법인이란 진리의 징표라는 뜻으로, 불교가 다른 종교나 다른 사상과는 뚜렷이 구별되게 하는 것입니다.

삼법인은 불교 교학에서 빠질 수 없고 구체적인 수행방법입니다. 특히 지혜 계발에서 가장 중요한 불교 교리입니다. 우리가 수행을 할 때나 교리 공부를 할 때 수시로 듣게 되는 지침이 '무상, 고, 무아를 투철히 알아차려라' 하는 말입니다.

이처럼 삼법인을 기반으로 존재현상을 꿰뚫어 보는 것이 불교 수행의 핵심이 됩니다.

(1) 제행무상

삼법인의 첫 번째 명제는 제행무상입니다. 제행에서 행(行)은 상카라(sankhara)의 번역어인데, 조건에 의해 형성된 모든 것을 의미합니다. 모든 것들은 조건에 따라 모두 변한다는 뜻입니다.

물질도 변하고, 느낌도 변하고, 인식작용도 변하고, 형성작용 또는 의지도 변하고, 우리의 의식도 변합니다. 색, 수, 상, 행, 식이라는 우리의 몸과 마음, 정신과 육체는 본래 조건에 의해서 생겨난 것이며 조건이 유지되는 한도 내에서만 존재할 뿐이기 때문에 변하는 성질을 가지고 있습니다. 이는 법으로 결정된 것이지 누군가 그렇게 만든 것이 아닙니다. 연기한 것이기 때문입니다.

부처님은 법구경(늙음의 장)에서 인생무상에 관하여 다음과 같이 말씀하셨습니다.

> 이 세상은 항상 불타고 있는데 어찌하여 웃을 수 있고 어찌하여 즐거울 수 있는가. 이 세상이 어둠에 휩싸여 있는데 너희는 어찌하여 빛을 찾지 않는가.
> 옷에 가려진 이 육신을 보라. 상처로 덮여 있고 상처로 얽혀 있어 병투성이요, 강함이란 어디에도 없으니 잡아둘 수도 없다. 이 육신은 쇠약해지고 병으로 가득하여 부수어지기 쉽다. 이 부패의 덩어리는 조각으로 깨지고 인생은 결국 죽음으로 막을 내린다.
> 가을날 들판에 뒹구는 조롱박처럼 퇴색한 뼈들을 보라. 거기에 무슨 즐거움이 있단 말이냐.

몸뚱이란 뼈들로 쌓인 하나의 성채를 살과 피가 덮고 있는 것과 같은 것, 거기에 교만과 책략이 도사리고 늙음과 죽음이 머물고 있다.

화려하던 임금의 수레도 망가지듯이 우리네 몸뚱이도 늙고 병들어 가지만 법을 닦고 덕을 쌓은 힘만은 파멸되지 않나니 덕을 쌓고 법을 닦으라고 현자들은 말한다.

젊어서 수행도 않고 재산도 모으지 않은 자들, 늙고 병들어 누워 있는 모습을 볼지니 옛날만 생각하며 슬픔 속에 탄식하는 그 모습은 마치 늙은 따오기가 쓸쓸히 빈 연못을 지키는 것과 같구나.

(2) 일체개고

삼법인의 두 번째 명제는 일체개고입니다. 일체개고는 모든 형성된 것들은 괴로움이라는 뜻입니다.

여기서 형성된 것들이란 유위법을 말합니다. 따라서 형성되지 않은 것들, 즉 무위법인 열반을 제외한 모든 것들은 괴로움이라는 것입니다. 여기서 괴로움이라는 것은 둑카(dukkha)를 번역한 것인데 이는 단순히 육체적이나 심리적인 고뇌만을 뜻하는 것이 아니라 변하기 때문에 안정되어 있지 않고 불만족스럽고 불편하다는 의미입니다. 물질, 느낌, 지각 관념, 의지, 의식은 모두 괴로운 것입니다. 이 또한 법으로 결정된 것이지 누가 그렇게 만든 것이 아닙니다. 따라서 괴로움은 자연스러운 삶의 일부로 받아들여야 합니다.

일체개고에 대해서는 사성제의 고성제 부분에서 자세히 설명했습니다.

(3) 제법무아

삼법인의 세 번째 명제는 제법무아입니다. 제법무아는 존재하는 현상은 모두 불변하는 실체가 없다는 것입니다.

앞서 말한 무상과 괴로움은 유위법, 즉 조건에서 형성된 모든 법을 포함하지만 제법무아의 법은 유위법뿐만 아니라 열반이라는 무위법도 포함하는 것입니다. 그래서 무아라는 말 앞에만 제법을 쓰며, 무상과 고 앞에는 법을 쓰지 않고 제행을 쓰는 것에 주의할 필요가 있습니다.

무아의 대표경인 『무아상경』에 의하면 오온이 무아인 이유로 두 가지를 들고 있습니다. 첫째는 오온에게 이렇게 되라거나 이렇게 되지 말라고 통제할 수 없기 때문이고, 둘째는 무상하고 괴로움이고 변하기 마련인 것을 두고는 '이것은 나의 것이다. 이것은 나이다. 이것은 나의 자아이다'라고 볼 수 없기 때문입니다.

무아에 관해서는 앞서 제1부 「불교는 다른 종교와 무엇이 다른가」에서 자세히 설명한 바 있습니다.

(4) 일체개고인가 열반적정인가

　초기경전을 보면 부처님은 정말 기회 있을 때마다 오온의 무상함, 괴로움, 무실체성을 강조하셨습니다. 그런데 간혹 삼법인 중 일체개고를 빼고 열반적정을 넣는 경우가 있습니다.

　그 이유에 대해 다음과 같이 말합니다. 무상과 무아를 깨닫지 못한 중생들에게는 이 세상이 모두 괴로움이지만 무상과 무아를 바로 깨달은 사람에게는 열반적정이기 때문이라는 것입니다. 결국 일체개고와 열반적정은 서로 다른 특성이 아니라, 무상과 무아에 대한 바른 깨달음의 유무와 관련되는 것이라는 얘기입니다.

　이것은 '무상, 무아는 제법에 대한 객관적 사실 그대로의 단안(斷案)이지만, 일체개고는 이와 같은 무상, 무아에 배치되는 상주(常住), 유아(有我)에 대한 욕망에서 내려지는 주관적 단안'이라는 것입니다. 그렇기 때문에 이 주관적인 욕망을 고려하지 않고 다만 객관적 존재를 존재 사실 그대로 두고 본다면 일체개고는 필요가 없는 것이므로 이것은 빠져도 무방하다는 논리를 전제로 하는 것입니다.

　이러한 논리대로라면 부처님이 괴로움을 성스러운 진리라고 말씀하신 고성제라는 것이 부처님이 깨닫지 못한 상태에서 하신 말씀이라는 것이 되어야 하는데 이것은 전혀 말이 되지 않는 것입니다. 이러한 논리는 괴로움의 본질성과 보편성을 무시한 것으로 옳지 못합니다.

　부처님은 "비구들이여, '모든 형성된 것은 괴로움이다'라는 것은 여래들께서 출현하신 후거나 출현하시기 이전에도 존재하는 요소이며 법으로 확립된 것이고 법으로 결정된 것이다"라고 말씀하셨습니다.

따라서 위와 같은 해석은 대승불교의 시각(법화경의 諸法從本來常自寂滅相)을 반영한 것일 뿐, 결코 초기불교의 시각이 아닙니다. 일체개고를 빼고 열반적정을 넣은 것은 후대에 대승불교에서 변형된 것입니다.

그러면 대승불교에서는 왜 일체개고 대신에 열반적정을 넣은 것일까요? 그것은 있는 그대로 본다는 여실지견의 내용, 즉 여실지견의 대상과 관찰방법이 다르기 때문입니다.

초기불교나 대승불교, 선불교 모두 깨달음은 여실지견할 때 얻어진다고 하는데 그 내용은 서로 다릅니다. 초기불교에서는 그 대상이 자기의 몸과 마음이며 관찰방법은 신, 수, 심, 법으로 해체해서 그 성품을 꿰뚫어 보는 통찰을 하는 것(위빠사나)입니다. 그러나 대승에서는 그 대상이 목전에 있는 사물, 즉 자연으로서의 존재입니다. 그것은 그냥 거기에 그렇게 존재하는 가치중립적인 단지 '그것'일 뿐입니다. 그리고 관찰방법도 거울이 반사하듯 드러난 모습 그대로를 무심하게 보는 것입니다. 그렇기 때문에 초기불교에서는 괴로움이라는 일체개고가 들어가지만 대승에서는 갈등이 일어나려야 일어날 수가 없습니다. 그래서 열반적정이라는 것입니다. 그래서 대승에서는 염오, 이욕이 없습니다.

그러나 부처님은 열반은 버려서 실현되는 것, 싫어하고 멀리해야 실현되는 것이라고 말씀하셨습니다. 한편 선종에서는 화두를 참구하는 것을 여실지견이라고 말합니다.

정리하자면, 일체개고와 열반적정은 깨달음의 유무에 따라 달라지는 것이 아닙니다. 여실지견의 대상과 관찰방법이 다르기 때문입니다.

(5) 게시종교에 대응하는 새로운 삼법인

삼법인에 대한 설명은 이상에서 모두 마쳤습니다. 그런데 지금은 당초 삼법인이 논의되던 그 시대와 종교 환경을 비롯해 너무 많은 것이 다르므로 삼법인도 시대에 맞게 조정되어야 한다고 생각합니다.

즉, 기독교 등 게시종교의 위세가 등등하여 세상을 혼란케 하고 나아가서 심지어는 불교를 미신이나 우상숭배인 것처럼 비방까지 서슴지 않는 상황이 되었는데, 이러한 상황에서는 삼법인이라는 것도 저들 공격적인 거대종교들과 대비되는 의미로 부처님의 가르침의 핵심을 가려 뽑는 것이 보다 현실적이고 설득력이 있는 것이라 생각합니다. 또한 이제는 삼법인이라는 깃발을 보는 사람도 옛날과 많이 달라졌습니다. 즉, 그들의 지적 수준이나 관심 방향, 그리고 요구 내용 등이 옛날과 많이 다른데 기존의 불교 깃발은 너무 작고 너무 오래돼서 관심을 끌지 못하고 감동을 주지 못하고 있다고 생각합니다. 그래서 시대에 맞게 깃발을 다시 세워 보자는 것입니다.

즉, 기존의 삼법인 중에서 너무 오래돼서 크게 감흥을 주지 못하는 것은 빼고, 대신 이 시대에 현실적으로 필요하다고 느껴지는 것은 새롭게 넣는 작업이 필요하다고 보는 것입니다. 그래서 필자는 새로운 삼법인을 생각해 보았습니다.

필자가 생각하는 삼법인의 내용은 본 장(章)에 싣기에는 분량이 다소 많은 편이라 이 책의 맨 뒤에 수록했습니다. 삼법인을 이렇게 새롭게 정립하고 보면 불교와 기독교 등 계시종교와의 본질적인 차이를 확연하게 알 수 있게 되어 이 시대에 필요한 종교가 왜 불교여야 하는가를 분명하게 알 수 있을 것이라 확신합니다.

제5부

초기불교의 수행

1
초기불교 수행 개관

불교의 목적은 괴로움을 여의고 행복을 실현하는 것입니다. 그런데 괴로움은 그냥 없어지지 않고 수행을 해야만 없어집니다. 수행은 초기불교에서 37조도품(보리분법이라고도 함)으로 정리되어 나타납니다.

이것을 정리하면 다음과 같습니다.

① 사념처: 네 가지 알아차림의 확립

② 사정근: 네 가지 바른 노력

③ 사여의족: 네 가지 성취수단

④ 오근: 다섯 가지 기능

⑤ 오력: 다섯 가지 힘

⑥ 칠각지: 일곱 가지 깨달음의 구성요소

⑦ 팔정도: 여덟 가지 구성요소를 가진 성스러운 도

이처럼 37조도품은 일곱 가지 주제로 되어 있으며 이러한 주제에 포함된 법수들을 다 합하면 37가지가 되기 때문에 전통적으로 이를 37조도품이라고 불러 왔습니다. 그러나 37조도품은 중생들의 근기에 따라 제시된 수행법이기 때문에 중복되는 항목이 많습니다. 따라서 모두 행할 필요는 없습니다.

그러니까 37조도품은 일관된 수행체계라기보다는 수행법에 관한 교리체계에 가까운 것입니다. 이들 각각의 내용은 뒤에 해당되는 부분에서 자세히 설명할 기회가 있으므로 여기서는 설명을 생략합니다.

2
수행의 두 바퀴

　부처님 재세 시의 수행방법에는 고행에 의해 해탈을 추구하는 고행(苦行)주의와 선정에 의한 해탈을 추구하는 수정(修定)주의의 두 가지가 있었습니다.

　수정주의는 당시 인도 사회에서 널리 행해지고 있던 수행법으로서 최고 단계의 선정을 닦으면 모든 괴로움에서 벗어날 수 있을 것이라고 하여 추구되던 방법입니다. 부처님께서 이와 같은 선정의 수행을 최고 수준까지 성취하신 것은 널리 알려져 있습니다. 그렇지만 선정은 그것에 들어 있는 동안에는 번뇌와 괴로움이 전혀 일어나지 않지만 이는 다만 잠복하고 있는 것일 뿐이므로 선정에서 나왔을 때 다시 되살아나는 것을 막을 수 없습니다.

　한편 고행주의는 당시의 자이나교에서 전생의 업에 의해 금생 이후에 받을 괴로움이 결정되어 있으므로 그렇게 받아야 할 괴로움을 고행에 의해 금생에서 미리 다 받아 버리고 새로운 업을 짓지 않으면 생사의 윤회에서 해탈할 수 있다고 하는 논리를 근거로 해서 추구하던 것입니다.

　부처님은 인간이 할 수 있는 고행을 극단까지 실행하여 죽음 직전에 이르렀음에도 해탈은 기대할 수 없었습니다. 그래서 부처님께서는 제3의 길을 찾아 나섰고 마침내 그것을 찾아내셨으니 그것은 바로 지혜에 의해 괴로움의 근원, 즉 무명을 끊는 것이었습니다. 이것이 위빠사나인데 이것은 부처님의 위대한 발견이며 다른 어떤 종교에도 없는 불교만의 큰 특징입니다.

이후에 불교 수행은 사마타와 위빠사나로 정착되었습니다. 전자는 분별을 멈춰서 마음이 집중된 상태 곧 선정을 얻는 것을 목적으로 하고, 후자는 현상을 관찰함으로써 현상의 실제 모습(실상)을 아는 지혜를 얻는 것을 목적으로 합니다.

그러므로 불교 수행의 요체는 사마타와 위빠사나를 닦아서 선정과 지혜를 얻는 것이라고 요약할 수 있습니다. 흔히 이야기하는 지관겸수(止觀兼修)나 정혜쌍수(定慧雙修)라는 말은 이것을 가리키는 것입니다.

3
삼학과 팔정도

　이제 이와 같은 이해 아래 실제 수행을 어떻게 하는지 알아보아야 하는데, 불교는 선정과 지혜에 앞서 한 가지 전제를 더 가지고 있습니다. 그것은 수행의 기초가 되는 마음과 몸(心身)을 청정하게 하는 것입니다. 말하자면 청정한 마음으로 절제된 생활을 하여야 한다는 것인데 이것을 계(戒: sila)라고 해서 계를 지켜야 한다(持戒)고 말합니다.

　이것이 필요한 이유는 심신의 청정이 뒷받침되지 않으면 마음의 오염과 혼란 때문에 마음의 집중(선정)을 이룰 수 없고, 나아가 지혜의 성취도 기대할 수 없기 때문입니다. 그래서 불교에서는 선정과 지혜 두 가지 외에도 계에 기초한 생활을 수행의 필수적 요소로 들고 있습니다.

　이 계행, 선정, 지혜 세 가지를 묶어서 계, 정, 혜 삼학(三學)이라고 부릅니다. 이것이 곧 불교 수행의 요체가 되는데 부처님께서는 이 삼학을 여덟 가지로 풀어서 실천하는 도(道)로 만드셨습니다. 그것이 곧 팔정도, 즉 여덟 가지 요소로 구성된 성스러운 도입니다. 그것은 ① 바른 견해(정견) ② 바른 사유(正思惟) ③ 바른말(正

語) ④ 바른 행위(正業) ⑤ 바른 생계(正命) ⑥ 바른 정진(正精進) ⑦ 바른 알아차림(正念) ⑧ 바른 삼매(正定)입니다.

그러니까 팔정도는 실제 수행에 유용하도록 삼학을 펼친 것입니다. 즉, 바른 견해와 바른 사유의 두 가지는 '혜(慧)'를 펼친 것이고 바른말, 바른 행위, 바른 생계의 세 가지는 '계(戒)'를 펼친 것이며 바른 정진, 바른 알아차림, 바른 삼매의 세 가지는 '정(定)'을 펼친 것입니다. 그렇지만 바른 정진과 바른 알아차림은 실제로 지혜를 닦는 데 필수적이므로 이 두 가지는 정과 혜에 공통되는 요소라고 말하기도 합니다.

팔정도는 부처님께서 다섯 비구에게 한 최초의 설법(초전법륜)에서 말씀하셨을 뿐만 아니라 열반이 임박한 최후에 수밧다라는 유행승에게도 말씀하신 중요한 중도 수행의 실천법입니다.

4
바른 견해(正見)

바른 견해는 첫째로 사성제에 대한 지혜입니다.

> 도반들이여, 무엇이 바른 견해입니까? 도반들이여, 괴로움에 대한
> 지혜, 괴로움의 일어남에 대한 지혜, 괴로움의 소멸에 대한 지혜, 괴
> 로움의 소멸로 인도하는 도 닦음에 대한 지혜, 이를 일러 바른 견해
> 라 합니다.
>
> - 진리분석경(M)

둘째로 바른 견해는 해로운 법과 유익한 법을 구분하는 지혜라
고도 합니다. 그것은 유익한 법과 해로운 법을 구분하는 지혜는
사성제 중 집성제와 도성제를 꿰뚫어 아는 지혜를 의미하기 때문
입니다. 경전에서도 다음과 같이 말하고 있습니다.

> 도반들이여, 성스러운 제자가 해로움을 꿰뚫어 알고 해로움의 뿌리
> 를 꿰뚫어 알고 유익함을 꿰뚫어 알고 유익함의 뿌리를 꿰뚫어 알 때
> 성스러운 제자가 바른 견해를 가지고 견해가 올곧으며 법에 대해 흔

들리지 않는 깨끗한 믿음을 지니고 정법에 도달했다고 합니다.

- 자기견해의 경(M)

셋째로 바른 견해는 연기법에 대한 이해라고도 할 수 있습니다. 사성제 가운데 집성제는 연기의 유전문과 연결되고 멸성제는 연기의 환멸문과 연결되기 때문입니다. 그러므로 사성제와 연기의 가르침은 같은 내용을 담고 있는 것입니다.

바른 견해가 확립되면 우리가 살아갈 때 삶의 판단 기준이 아주 단순해집니다. 즉, 내가 어떤 행위를 하고 싶은가 하기 싫은가, 그것을 하면 이득인가 손해인가, 사람들이 어떻게 볼 것인가 이것저것 따질 필요가 없이 단지 바른 견해를 기반으로 해로운 법은 두려워하고 멀리하고 버리려 노력하고, 유익한 법은 가까이하고 계발하기 위해 노력하면 되기 때문입니다.

이렇게 해로운 법은 버리고 유익한 법을 계발하기 위해 정진하고 실천하는 일이 불교의 바른 수행이고 바른 정진입니다. 따라서 바른 견해는 불교 수행의 처음이고 중간이고 끝이라 할 수 있습니다.

비구들이여, 거기서 바른 견해가 먼저다. 비구들이여, 그러면 어떻게 바른 견해가 먼저 오는가? 바른 견해를 가진 자에게 바른 사유가 생긴다. 바른 사유를 가진 자에게 바른말이 생긴다. 바른말을 가진 자에게 바른 행위가 생긴다. 바른 행위를 하는 자에게 바른 생계가 생긴다. 바른 생계를 가진 자에게 바른 정진이 생긴다. 바른 정진을 가진 자에게 바른 알아차림이 생긴다. 바른 알아차림을 가진 자에게 바른 삼매가 생긴다. 바른 삼매를 가진 자에게 바른 지혜가 생긴다. 바른 지혜를 가진 자에게 바른 해탈이 생긴다. 비구들이여, 이같이 유학(有學)들의 도(道) 닦음은 여덟 가지 구성요소를 갖추고, 아라한 은 열 가지 구성요소를 갖춘다.

이 경문에서 주의해서 보아야 할 것은, 첫째로 팔정도 중 지혜에 해당하는 바른 견해가 제일 먼저 나왔다는 점입니다. 수행의 일반 적인 원리에 의하면 삼학은 계, 정, 혜의 순서인데 계가 제일 먼저 나와 이것과 맞지 않는다는 것입니다.

두 번째로 팔정도의 마지막은 바른 삼매인데 바른 지혜와 바른 해탈이 추가로 나온다는 점입니다.

첫 번째 것은 출세간의 목표인 사성제를 실천, 확인(관통)한다는 것은 너무도 멀고 힘든 여정이므로 수행을 격려하기 위해서 수행 의 시작 전부터 선인락과, 악인고과라는 인과법칙에 대한 확신(업 자성정견)을 주어 수행의 방향과 목표를 바르게 설정하도록 한 것입 니다(세간의 정견).

두 번째 것은 이렇게 처음에 수행의 방향과 목표로 삼았던 바른 견해가 수행을 통해 실천, 확인(관통)되면 팔정도 수행은 완성되는 것인데, 수행 결과 목표로 세웠던 이 바른 견해가 실천을 통해 확 인되기에 이르면 이것은 명칭을 바꾸어서 '바른 지혜'라고 이름하 고, 이 바른 지혜로써 실현되는 최종적인 해탈을 '바른 해탈'이라고 이름하는 것입니다. 팔정도에 이 바른 지혜와 바른 해탈 두 가지

를 더한 것을 무학(아라한)의 십지분(십정도)라고 합니다. 바른 지혜
와 바른 해탈을 위한 수행과 그 결과가 위빠사나입니다.

5
바른 사유(正思惟)

바른 사유란 감각적 욕망이 없는 사유, 나쁜 의도가 없는 사유, 남을 해치려는 의도가 없는 사유를 말합니다(대념처경 - D). 여기서 감각적 욕망이 없는 사유란 탐심을 제거하는 마음가짐이라고 할 수 있고, 나쁜 의도가 없는 사유와 남을 해치려는 의도가 없는 마음, 이 두 가지는 성냄(화)을 다스리는 마음가짐에 해당합니다.

세 가지 근본번뇌인 탐, 진, 치 가운데 탐욕과 성냄은 바른 사유로 다스릴 수 있다는 뜻입니다. 그리고 삼독심 가운데 어리석음(치)은 앞에서 살펴본 바른 견해로 다스릴 수 있는 것입니다. 이처럼 탐, 진, 치의 삼독은 바른 견해와 바른 사유로 극복하게 됩니다.

바른 사유 가운데 나쁜 의도가 없는 마음은 자심(慈心), 즉 자애로운 마음을 의미합니다. 그리고 남을 해치려는 의도가 없는 마음은 비심(悲心), 즉 연민의 마음을 의미합니다. 따라서 나쁜 의도가 없는 마음과 남을 해치려는 의도가 없는 마음은 자비심을 갖춘 마음입니다.

그러니까 바른 견해가 지혜를 닦는 것이라면 바른 사유는 자비를 닦는 것이 됩니다. 이것이 바로 초기불교에 나타나는 자리이타의 실천입니다.

바른 사유를 적극적으로 표현하면 초기경들에서 부처님이 강조하시는 자애, 연민, 더불어 기뻐함, 평온의 네 가지 한량없는 마음가짐(사무량심)을 가지는 것이라고 할 수 있습니다.

첫 번째 자(慈)는 자애와 사랑의 마음입니다.

두 번째 비(悲)는 연민과 보살핌의 마음입니다.

세 번째 희(喜)는 중생의 기쁨을 더불어 기뻐하는 마음입니다.

네 번째 사(捨)는 수용과 평정의 마음입니다. 제4선정에서 사념청정(捨念淸淨)이라고 할 때의 그 사(捨), 우뻬까를 말하는 것입니다.

자비심은 다른 사람도 나와 같이 고통을 싫어하고 행복을 원하고, 그럴 권리가 있다고 깨닫는 것을 바탕으로 합니다. 부처님이 하신 설법의 큰 두 축이 지혜와 자비인데 이 중에서 자비와 관련된 구체적인 말씀이 이 네 가지 한량없는 마음에 다 들어 있습니다.

초기경전의 여러 곳에서 부처님은 자애와 연민의 마음을 드러내 보이시면서 수행방법으로 제시하고 있지만 일반적으로 가장 잘 알려진 경전은 숫따니빠따에 나오는 『자애경』입니다.

선한 일에 능숙하여 적정의 경지를 이룬 이는 유능하고 정직하고 고결하며 온순하고 부드럽고 겸손해야 합니다.
만족할 줄 알고 공양하기 쉬우며 분주하지 않고 생활이 간소하며 고요하고 현명하며 거만하거나 탐착하지 말아야 합니다.
지혜로운 이가 나무랄 일은 그 어떤 것도 하지 않으며 모든 존재들이 안락하고 평화롭고 행복하기를 바라야 합니다.

살아있는 생명이면 그 어떤 것이든 움직이거나 움직이지 않거나 길거나 크거나 중간이거나 짧거나 작거나 비대하거나 보이거나 보이지 않거나 가까이 있거나 멀리 있거나 이미 있거나 앞으로 태어날 모든 중생들이 행복하기를 바라야 합니다.

서로 속이지 말고 어디서나 누구라도 업신여기지 않으며 분노 때문이든 미움 때문이든 남의 고통을 바라지 말아야 합니다.

마치 어머니가 하나밖에 없는 아들을 목숨을 다해 보호하듯이 모든 존재를 향해 가없는 자애를 닦아야 합니다.

모든 세상을 향해, 위, 아래 그리고 옆으로 장애 없이, 원한 없이, 적의 없이 무량한 자애를 닦아야 합니다.

서서나 걸을 때나 앉아서나 누워서나 깨어 있는 한 자애의 마음을 잊지 않는 것, 이것이 거룩한 삶입니다.

그릇된 견해에 빠지지 않고 계행과 정견을 갖추어 감각적 욕망을 버리면 다시는 윤회의 모태에 들지 않을 것입니다.

초기경전의 주석서(청정도론)에는 자, 비, 희, 사 각각의 덕목으로 어떻게 구체적인 수행을 진행할 것인가에 대한 자세한 방법이 제시되어 있습니다. 그에 의하면 우선 자비명상에서 자비의 에너지를 보내야 할 대상에는 순서가 있습니다. 첫째가 자기 자신이고, 둘째는 존경하는 스승이나 좋아하는 친구, 셋째는 무관한 사람, 넷째는 원한 맺힌 사람, 이런 식으로 단계를 넓혀 가면서 합니다. 그러나 자기가 특히 좋아하는 이성이나 죽은 사람을 대상으로 하면 안 됩니다.

자비명상의 실제를 보면, 먼저 환하게 웃는 나의 얼굴을 떠올리며 내가 평화롭고 행복하기를, 건강하고 고통이 없기를 기원하면서 나 자신을 자애로 가득 채웁니다. 그런 다음 가족이나 스승, 친구 등 잘 아는 사람의 얼굴을 떠올리며 그 사람에게도 위와 같은 한량없는 자애의 마음을 방사합니다. 그다음으로 내가 모르지만 고통받고 차별받는 모든 사람에게도 위와 같은 자애의 마음을 방사합니다. 마지막으로 원한 맺힌 사람에게까지 해 보도록 합니다. 이런 자애관 수행을 일상생활에서 반복하면 자연스럽게 그런 마음으로 마음을 먹고 그런 방향으로 행위를 하게 됩니다.

자애경(사무량심)과 비슷하면서 구분되는 것이 사섭법 (보시, 애어, 이행, 동사)입니다. 자애경은 자신을 단련하는 가르침에 중점을 두는 것이고, 사섭법은 다른 사람을 어떻게 대해야 하는가에 대한 가르침에 중점을 두는 것으로 일견 구별되지만 자비심을 기르고 실천한다는 점에서 실질적인 내용이 다른 것은 아닙니다.

여기 바른 사유와 관련하여 한 가지 지적하고 싶은 것은 우리나라 불교 현실에서 생각은 무조건 나쁜 것이고 믿지 못할 것이므로 버려야 한다고 가르치는 경우가 많다는 점입니다. 아무 생각 없이 수행 주제에만 집중하는 것을 이상적인 상태라고 여기고 생각을 버리는 훈련만 시키는 것입니다.

불교를 공부하는 자세로 우리는 듣고 생각하고 실천하는 문(聞), 사(思), 수(修) 세 가지 지혜를 들고 있습니다. 첫째 문혜는 많이 듣고 읽어서 이해하는 것입니다. 둘째 사혜는 듣고 읽어서 이해하는 것을 깊이 생각하여 내면화되고 성숙되도록 하는 것입니다. 셋째 수혜는 그에 따라 열심히 실천하는 것입니다.

우리는 오랫동안 선불교의 흐름 속에 있었기 때문에 무엇보다 실제 수행을 중시해 왔습니다. 이것이 매우 소망스러운 현상임은 두말 할 여지가 없습니다.

그런데 이것이 지나쳐 극단적으로, 가르침에 대한 이해는 깨달음에 방해가 된다는 오해까지 있는 상황을 볼 수 있습니다. '문자를 세우지 않는다(不入文字)'라거나 '이 문안에 들어오려면 알음알이(知解)를 두지 말라(入此門來 莫存知解)'는 선종의 경구를 바로 그렇게 잘못 이해하는 것입니다.

하지만 무조건 생각 없이 집중만 하면 마음이 둔해져서 법에 관한 여러 측면을 탐구하고 조사하는 바른 사유조차 귀찮아지고 멀리하게 됩니다. 불교는 쉬운 것이 아닙니다. 석가모니 부처님은 깨달음을 얻고 나서 "내가 지금 얻은 이 위없는 법은 매우 깊고 오묘하여 이해하기도 어렵고 보기도 어렵다. 맑고 깨끗하여 지혜로운 사람이 알 수 있는 것이지 어리석은 범부로서는 미칠 수 없는 것"이라고 말씀하셨고, 또 "이 법은 미묘하여 세상과 서로 반대되는 것이다. 중생들은 욕심에 물들고 어리석음에 덮여 있어 믿고 이해할 수 없을 것"이라고 말씀하셨습니다.

따라서 불교는 제대로 배워야 합니다. 불교는 기독교 등 계시종교처럼 무조건 믿으면 되는 신앙의 종교가 아니라 이해를 바탕으로 하는 믿음, 신해의 종교입니다. 그런데 깨달음은 세수하다가 코만지기보다 쉽다고 하는 스님을 종종 보게 되는데 황당하기 짝이 없습니다. 불교는 어깨너머로 대강 알아서는 부처님의 가르침을 바르게 이해할 수 없습니다. 그러면 바른 견해가 서지 않고 어리석은 사람이 될 수 있으므로 차라리 수행하지 않을 때보다 훨씬 나쁜 결과를 초래할 수 있습니다.

그래서 부처님은 "경전은 읽어야 하고, 외워야 하고, 배워야 하고, 지녀야 하고, 생각해야 하고, 뜻을 바르게 해야 하고, 서로 가르쳐야 한다(불반니원경)"라고 하셨지 무조건 생각을 버려야 한다고 말씀하신 적은 없습니다. 그러면서 가르침을 잘못 알면 뱀의 허리를 잘못 잡아 물리는 격이 된다고도 말씀하셨습니다. 요컨대 바른 사유를 통해서 바른 견해, 즉 사성제에 대한 지혜가 계발될 수 있고 그로 인해 괴로움을 소멸할 수 있음을 잊지 말아야 합니다.

불교는 다른 종교처럼 얽어매고 재촉하지 않기 때문에 신앙생활이 너무 느슨해지기 쉽습니다. 그렇기 때문에 이론적으로 제대로 배워서 불교 교리로 튼튼하게 무장해야 흔들림을 막을 수 있고 배운 대로 실천할 수 있습니다.

6
바른말(正語)

부처님은 "사람들은 세상에 태어날 때 날카로운 도끼가 입안에 있어 그것으로 제 몸을 찍는다"라고 말씀하시면서 바른말의 중요성을 강조하셨습니다. 바른말은 거짓말을 하지 않는 것(不妄語), 이간하는 말을 하지 않는 것(不兩舌), 거친 말을 하지 않는 것(不惡口), 쓸데없는 말을 하지 않는 것(不綺語)의 네 가지로 설명됩니다.

거짓말하지 않는 것은 거짓말을 해서는 안 된다는 소극적 측면과 진실을 말해야 한다는 적극적 측면을 함께 가지고 있습니다. 경전의 말씀을 보면 "질문을 받았을 때 알지 못하면 '나는 알지 못합니다'라고 말하고, 알면 '나는 압니다'라고 말하며, 보지 못했으면 '나는 보지 못했습니다'라고 말하고, 보았으면 '나는 보았습니다'라고 말한다. 이와 같이 자신의 목적을 위해서나 남의 목적을 위해서나 세속적인 어떤 목적을 위해서도 고의로 거짓말을 하지 않는다"라고 나와 있습니다.

'고의로 거짓말을 하지 않는다'라는 표현에서 알 수 있듯이, 거짓인지 여부를 결정하는 기준은 말하는 사람의 의도입니다. 따라서 거짓인 것을 진실인 것으로 알고 말한 경우에는 이에 위반되는 것이 아니라고 알아야 합니다.

  네 가지 구업 중에서도 이 거짓말하지 않는 것이 가장 중요한 요소입니다. 그렇기 때문에 일찍이 부처님께서는 외아들인 라훌라에게 발 씻은 물이 조금 담긴 물 대야를 앞에 놓고 "알고서도 거짓말을 하면서 부끄러운 줄을 모르면 짓지 못하는 악이 없으니 라훌라야, 이와 같이 배워서 농담으로라도 거짓말을 해서는 안 된다"라고 하셨던 것입니다(라훌라 교계경 - S).

  다음 이간하는 말은 사람들 사이를 분열시키기 위해 하는 말입니다. 경전(A)을 보면 다음과 같습니다. "그는 중상모략을 버리고 멀리 떠난다. 여기서 듣고서 이들을 이간시키려고 저기서 말하지 않는다. 거기서 듣고서 저들을 이간시키려고 여기서 말하지 않는다. 오히려 그는 이와 같이 분열된 사람들을 합치고 우정을 장려하며 화합을 좋아하고 화합을 기뻐하고 화합을 즐기며 화합하게 하는 말을 한다."

  다음 거친 말은 듣는 사람에게 고통을 주기 위한 말입니다. 경전에는 "그는 욕설을 멀리 떠난다. 그는 유순하고 귀에 즐겁고 사랑스럽고 가슴에 와닿고 점잖고 많은 사람들이 좋아하고 많은 사람들의 마음에 드는 그런 말을 한다."

  끝으로 쓸데없는 말은 아무런 의미 없는 말을 늘어놓는 것입니다. 이것은 자신이나 남에게 번뇌만 일으킬 뿐 아무런 가치가 없는 것이므로 절제해야 한다고 불교에서 특별히 강조하는 것입니다. 경전에서는 다음과 같이 말합니다. "그는 잡담을 버리고 잡담을 멀리 떠난다. 그는 적절한 시기에 말하고 사실을 말하고 유익한 말을 하고 법을 말하고 율을 말하며 가슴에 담아둘 만한 말을 한다. 그는 이치에 맞고 절제가 있으며 유익한 말을 적절한 시기에 한다." 그러니까 진실하더라도 유익하지 않은 말은 하지 말아야 하며, 진실하고 유익하더라도 적절한 때가 아니면 말하지 말아야 합니다.

인터넷 시대인 오늘날의 언어 환경은 부처님 당시와는 하늘과 땅 차이라고 할 만큼 너무도 다릅니다. 페이스북, 트위터, 유튜브, 카카오톡 등 다양한 통신매체에서 쏟아지는, 정신을 혼란케 하는 온갖 흥미 위주 기사와 댓글, 익명성에 숨어 남을 음해하는 가짜 뉴스, 말초신경을 자극하는 영상물, 폭력을 조장하는 영화나 게임, 저속한 내용의 잡지 등 마음을 황폐하게 하고 들뜨게 만드는 향락 문화가 우리들의 삶을 잠식해 가고 있습니다.

따라서 이러한 건전치 못한 오늘날의 언론 환경 아래에서 우리는 부처님의 위와 같은 바른말(정어)의 가르침을 어느 때보다 깊이 새기고 실천하는 일에 조금도 소홀함이 없어야 하겠습니다.

7
바른 행위(正業)

바른 행위는 살생하지 않는 것(不殺生), 주지 않는 것을 취하지 않는 것(不偸盜), 삿된 음행을 하지 않는 것(不邪淫)의 세 가지로 설명됩니다.

먼저 살생을 하지 않는다는 것은 다른 사람을 죽이지 않는 것에 한정되지 않고 모든 생명체의 생명을 해쳐서는 안 된다는 것을 의미합니다. 그 배경은 모든 생명체는 본능적, 원초적으로 생존의 욕구를 갖고 있다는 사고에 있습니다. 부처님은 『법구경』에서 "어느 누구나 폭력을 무서워한다. 모든 존재들에게 죽음은 두렵기 때문이다. 그들 속에서 너 자신을 인식하라. 괴롭히지도 말고 죽이지도 말라"라고 하셨습니다.

경전에서는 여기에서 더 나아가 자비심으로 모든 생명체를 유익하게 하는 행위까지 요구하고 있음에 유의할 필요가 있습니다. 경전을 보면 "여기 어떤 사람은 생명을 죽이는 것을 버리고 생명을 죽이는 것을 멀리 떠난다. 몽둥이를 내려놓고 칼을 내려놓는다. 양심적이며 동정심이 있으며 모든 생명의 이익을 위하고 연민하면서 머문다"라고 했습니다.

다음, 주지 않는 것을 취하지 않는 것은 좁은 의미에서는 도둑질을 해서는 안 된다는 것이지만 여기에 한정되지 않고 강도나 사기 등처럼 남의 의사에 반해 재물을 취하는 일체의 행위를 해서는 안 되는 것이라고 이해해야 합니다. 경전을 보면 "그는 주지 않는 것을 취하는 것을 버리고 멀리 떠난다. 그는 마을에서나 숲속에서 남의 재산과 재물을 도적질로써 취하지 않는다"라고 했습니다.

마지막으로 삿된 음행을 하지 않는 것은 다른 남자와 결혼하였거나 사실상 결혼관계에 있거나 약혼한 여자, 부모나 친척 및 기타 보호자의 보호를 받고 있는 여자, 근친이나 비구니 등 사회적 전통이나 관습 및 국법에 의해 상대자로 삼지 못하도록 금지된 여자가 이에 해당하는 것입니다. 그리고 폭력이나 강압에 의해 이루어지는 음행도 허용되지 않는 것은 물론입니다.

8
바른 생계(正命)

이것은 잘못된 방법이 아닌 올바른 방법으로 생계를 유지해야 한다는 것입니다. 삿된 생계는 바른말과 바른 행위를 장애할 뿐만 아니라 더 나아가 바른 견해와 바른 사유마저 장애하기까지 함으로써 수행의 기반을 무너뜨리는 결과를 초래합니다.

어떤 것이 바른 방법인가는 출가자냐 재가자냐에 따라 그 내용이 다릅니다. 출가자의 경우 걸식과 무소유의 정신이 원칙이 되어야 한다고 말할 수 있습니다. 사기, 점술, 요술, 대금업 등이 특히 피해야 할 행위로 열거되기도 합니다.

한편 재가자의 경우에는 몇 가지 원칙이 있는데, 첫째 합법적인 방법으로 재산을 취득해야 하고 불법적인 방법에 의존해서는 안 되며, 둘째 평화적인 방법으로 취득해야 하고 폭력적인 방법에 의존해서는 안 되며, 셋째 정직한 방법으로 취득해야 하고 속이는 방법에 의존해서는 안 되며, 넷째 어떤 경우에도 남에게 피해를 주거나 고통을 주는 방법에 의해서는 안 된다는 것 등인데 무기, 사람, 동물, 술, 독약의 다섯 가지 매매를 특히 피해야 할 수단으로 들고 있습니다.

9.
바른 정진(四正勤),
선법과 불선법

"무거운 바위를 뚫는 것은 큰 소낙비가 아니라 끊임없이 떨어지는 물방울이다"라는 격언처럼 수행에 있어서 바른 정진은 무엇보다 중요한 것입니다.

비구들이여, 네 가지 바른 노력이 있다. 무엇이 넷인가? 비구는

① 아직 일어나지 않은 사악하고 해로운 법(不善法)들을 일어나지 못하게 하기 위해서 열의를 생기게 하고 정진하고 힘을 내고 마음을 다잡고 애를 쓴다.

② 이미 일어난 사악하고 해로운 법들을 제거하기 위해서 열의를 생기게 하고 정진하고 힘을 내고 마음을 다잡고 애를 쓴다.

③ 아직 일어나지 않은 유익한 법(善法)들을 일어나도록 하기 위해서 열의를 생기게 하고 정진하고 힘을 내고 마음을 다잡고 애를 쓴다.

④ 이미 일어난 유익한 법들을 지속시키고 사라지지 않게 하고 증장시키고 충만하게 하고 닦아서 성취하기 위해서 열의를 생기게 하고 정진하고 힘을 내고 마음을 다잡고 애를 쓴다.

이 정형구에서 보듯이 바른 정진은 불선법에 대한 두 가지와 선법에 대한 두 가지로 구성되어 있습니다. 바른 정진은 무슨 일이든 힘써 노력하는 것이 아니라 위에 열거한 네 가지 일에 힘써 노력해야 한다는 것입니다. 그러므로 위와 같이 노력해야 할 일이 아닌 것에 노력하는 것은 바른 정진이 아닙니다.

이 네 가지의 바른 노력은 팔정도의 여섯 번째인 바른 정진의 내용이면서 오근과 오력의 두 번째 내용이고 칠각지의 세 번째인 정진의 깨달음의 요소의 내용이고 네 가지 성취수단의 두 번째 내용이기도 합니다

바른 노력에서 가장 중요한 것은 유익한 법, 즉 선법과 해로운 법, 즉 불선법의 판단입니다. 이것이 없으면 바른 노력을 할 수 없기 때문입니다.

칠각지에서는 선법과 불선법의 판단을 법을 간택하는 깨달음의 구성요소(택법각지)라고 하여 중시하고 있습니다. 그러면 무엇이 불선법이고 무엇이 선법일까요? 이것에 관하여는 초기불교의 법의 분류 부분에서 설명한 바가 있습니다.

즉, 불선법은 10불선업도와 다섯 가지 장애(오개) 등을 포함한 14가지 해로운 마음부수법으로 설명하고 있습니다. 여기서 10불선업은 생명을 죽임, 주지 않는 것을 가짐, 삿된 음행, 거짓말, 중상모략, 욕설, 잡담, 탐욕, 악의, 삿된 견해이고 14가지 해로운 마음부수법은 어리석음, 양심 없음, 수치심 없음, 들뜸, 탐욕, 사견, 자만, 성냄, 질투, 인색, 후회, 해태, 혼침, 의심입니다.

한편 선법은 10선업도와 37조도품 등으로 설명하고 있습니다.

여기서 10선업은 생명을 죽이는 것을 금함, 주지 않는 것을 가지는 것을 금함, 삿된 음행을 금함, 거짓말을 금함, 중상모략을 금함, 욕설을 금함, 잡담을 금함, 탐욕 없음, 악의 없음, 바른 견해입니다.

결론적으로 말하면 비난받을 일이 없는 행복한 과보를 가져오며 궁극적 행복인 해탈, 열반에 도움이 되는 37조도품 등은 선법이고, 그렇지 못한 10불선업도나 14가지 해로운 마음부수법은 불선법입니다.

그런데 이러한 설명에 대해서, 여기에서의 선법과 악법은 다음 단계의 선정과 지혜를 성취하는 데 있어서 직접적으로 관련된다는 점에 주안점을 두고 위와 같은 모든 악법과 선법을 가리키는 것이 아니라 악법은 다섯 가지 덮개(오개)만을 가리키고 선법은 일곱 가지 깨달음의 지분(칠각지)만을 가리키는 것이라고 보는 견해도 있습니다. 그러나 꼭 그렇게 볼 이유는 없고 위와 같이 일반적인 것으로 보는 것이 무난할 것입니다.

10
바른 알아차림(正念: 사띠)

우리는 일상 속에서 무엇을 하면서 사는지 스스로 자각하지 못한 채 정신없이 살아갑니다. 깨어 있지 못한 채 무의식적으로 수많은 행동을 합니다.

자타카라는 경전에 다음과 같은 이야기가 있습니다.

아주 먼 옛날 토끼 한 마리가 큰 열매가 열리는 나무 밑에 살고 있었는데, 어느 날 토끼가 나무 밑에 누워서 '만약 이 대지가 무너지면 나는 어디로 가야 할까'를 곰곰이 생각하고 있었습니다. 바로 그 순간 커다란 나무 열매가 땅에 떨어지면서 '쿵' 소리를 내자 그 소리에 놀란 토끼는 '세상이 지금 무너지고 있다'라고 생각하며 뒤도 돌아보지 않고 내닫기 시작했다는 것입니다. 토끼가 죽을힘을 다하여 도망하는 것을 본 다른 토끼들이 왜 그렇게 겁을 먹고 달아나고 있느냐고 물었더니, 달려가기 바쁘니까 말도 시키지 말라면서 죽을힘을 다해 달렸다는 것입니다.

이상하게 여긴 토끼들이 도대체 무슨 일이냐고 다그쳐 물었더니 그 토끼는 "세상이 무너지고 있다"라고 소리치면서 뒤도 돌아보지 않고 도망을 갔답니다. 세상이 무너지고 있다는 말을 들은 다른 토끼들도 '큰일이 났다'라고 생각하고는 더 이상 묻지도 않고 앞의 토끼를 따라 달리기 시작했습니다. 이렇게 해서 수많은 토끼들이 들판을 달리게 되니까 그 모습을 본 사슴도 따라 달렸고 그 뒤를 이어 돼지도 달리고 소와 코뿔소도 뒤따라 달렸고 이제는 호랑이와 사자나 코끼리까지도 내닫기 시작했습니다. 숲속의 모든 짐승들이 앞을 다투어 뛰기 시작하자 어느 결에 숲속은 천지가 무너지는 것처럼 요란해졌습니다. 이 광경을 보게 된 황금사자(전생의 붓다)가 "도대체 무슨 일이 있길래 이토록 야단들이냐"라고 물으니까 짐승들은 "지금 세상이 무너지고 있다"라는 말만 하고 계속 뛰어갔다는 것입니다. 이 모습을 본 황금사자가 생각하기를 '세상에 종말이 온다는 징조는 어디에도 없다. 종말이 온다는 소리는 분명 진실을 알지 못한 헛소리에 지나지 않는다. 내가 지금 나서지 않으면 저들 모두 망하겠다. 내가 저들을 구해야 되겠다'라고 마음먹고 짐승들의 앞으로 달려 나가 "멈추어 서라"라고 사자후를 하자 그 소리에 놀란 짐승들이 뛰기를 멈추었습니다.

황금사자가 코끼리에게 "세상이 무너지는 것을 보았느냐"라고 물으니 코끼리는 자기가 본 것이 아니라 사자에게 들었다고 했고, 사자는 호랑이한테 들었다고 했습니다. 이렇게 해서 호랑이는 코뿔소에게 들었다고 했고 코뿔소는 돼지에게 들었다고 했으며 돼지는 사슴한테 들었다고 하고 사슴은 토끼에게 들었다고 했고 토끼들은 처음에 놀라서 달아났던 토끼를 가리키며 저 토끼에게 들었다고 했습니다. 황금사자가 처음에 뛰기 시작한 토끼에게 어째서 세상이 무너진다고 말했느냐 물으니 자기가 직접 보았다고 했습니다. 황금사자가 세상이 무너지는 것을 어디서 보았느냐고 따져 묻자, 큰 나무 밑에 누워 '세상이 무너지면 나는 어디로 갈까'를 생각하고 있을 때 갑자기 '쿵' 하고 세상이 무너지는 소리가 났다고 말하는 것이었습니다. 그때 황금사자는 "내가 토끼를 데리고 가서 확인하고 올 터이니 그때까지 여기서 기다리고 있으라"라고 말하고 토끼를 데리고 낮잠을 자던 나무 가까이 가니 토끼는 겁이 나서 더 이상 나무 가까이 가지 못하고 황금사자의 뒤로 숨으면서 저기가 '쿵' 소리가 난 곳이라고 했습니다. 황금사자가 그 나무 밑으로 가서 확인을 해보니 토끼가 누워 있던 곳에 커다란 나무 열매가 하나 떨어져 있을 뿐이었습니다. 그것을 확인한 황금사자는 토끼를 데리고 짐승들에게 되돌아와서 "나무 열매가 떨어지는 '쿵' 소리에 토끼가 놀라 도망치니 뭇 짐승들이 따라 도망쳤구나. 누구 하나 사실을 확인하려 하지 않고 토끼의 말만 믿고 따를 뿐"이라고 했습니다. 이 이야기는 지금 여기에 깨어서 알아차리지 못하고 정신없이 허둥대며 살아가는 우리들의 모습을 그린 것입니다.

사띠(sati)의 번역으로는 마음챙김, 알아차림, 새김, 바른 기억 등 여러 가지가 있습니다. 영어로는 mindfulness라고 합니다. 마음챙김과 알아차림은 사띠에 기억이라는 의미가 없이 대상을 그냥 지켜본다는 뜻의 번역이고, 새김과 바른 기억은 사띠에 기억의 의미가 있다는 것을 표현한 것입니다.

그런데 기억에는 두 가지 의미가 있습니다. 하나는 현전기억인데 이것은 지금 여기에서 항상 알아차리는 것을 잊지 않고 기억하는 것입니다. 이러한 의미의 기억은 마음챙김과 알아차림에서도 인정합니다. 기억의 두 번째 의미는 지나간 과거의 것을 기억하는 것인데 이러한 의미의 기억은 마음챙김과 알아차림에서는 인정하지 않고 새김과 바른 기억에서는 인정하고 있습니다.

그러면 팔정도의 일곱 번째인 바른 알아차림은 두 번째 의미의 기억까지를 말하는 것일까요? 그렇지 않다고 보는 것이 일반적입니다. 그것은 초기불교에서 기억이라는 의미로 쓸 때는 아누사띠(anusati)라고 별도의 용어를 사용하고 있기 때문입니다.

필자는 이러한 의미의 기억은 '분명한 앎(삼빠자냐: 正知)'에서 찾을 수 있다고 생각합니다. 왜냐하면 분명한 앎은 '지혜와 함께한', '지혜를 가지고'라는 뜻인데 여기서 지혜란 팔정도의 첫 번째 나오는 바른 견해를 가리키는 것이고 이는 사성제를 아는 것을 의미하는 것입니다. 그러니까 '지혜와 함께한', '지혜를 가지고'라는 것은 이미 습득된 사성제의 지혜가 있음을 전제로 하고 그것을 기억하는 것이기 때문입니다. 『대념처경』에서도 '분명히 알고 알아차리고'라고 이어서 표현하고 있는 것은 '기억하면서 알아차린다'라는 것을 의미하는 것입니다.

따라서 사띠의 번역은 마음챙김과 알아차림 중에서 선택해야 하는데 어느 것이 더 적합한 번역일까요? 필자는 알아차림이 더 나은 번역어라고 생각합니다. 그것은 마음챙김이라는 것이 대상을 건성건성 보는 것이 아니라 대상에 밀착해서 끝까지 놓치지 않고 챙긴다는 의미를 강조한 것으로는 의미가 있으나 마음챙김이라는 표현이 본래의 뜻인 '마음이 대상을 챙긴다'라는 의미보다는 '마음을 챙긴다'라는 좁은 의미로 한정되는 오해를 살 수 있기 때문입니다.

왜냐하면 마음이 챙길 대상에는 마음(心)뿐이 아니라 몸(身), 느낌(受), 마음의 대상(法)이 더 있습니다. 그리고 그 밖에 염불에서는 부처님이 챙길 대상이고, 간화선에서는 화두와 의정 등도 챙길 대상이기 때문입니다.

그러면 알아차림이란 무엇일까요? 알아차림은 모든 현상의 실제 모습을 있는 그대로 보는 것입니다. 그런데 이것은 우리가 평소 해 오던 대로 사물을 관찰하는 것과는 다른 것입니다.

왜냐하면 우리는 평소 사물을 보고 관찰할 때 우리의 관념과 선입견이 이끄는 대로 사물의 겉모습이나 세부적인 특징을 붙잡을 뿐, 사물을 있는 그대로 보지 못하기 때문입니다.

부처님이 말씀하신 알아차림은 대상에 깊이 들어가서 모든 현상이 일어나고 사라지는 실제 모습을, 좋아하거나 싫어하는 마음 없이 마치 남의 일처럼 우리의 고정관념과 선입견은 물론 판단이나 시비, 비교 등 내 주관적인 생각을 개입시키지 않고 객관적인 입장에서 있는 그대로 꿰뚫어 보는 것입니다.

이것은 우리의 관념과 선입견 등이 개입되기 이전의 모습을 바라보는 것이므로 역설적으로 이러한 것을 개입시키지 않은 채 바라보려는 우리의 의식적인 노력 없이는 가능하지 않습니다. 왜냐하면 의식적으로 노력하지 않으면 우리는 다시 고정관념과 선입견 등이 개입된 상태로 사물을 바라보게 되어 버리기 때문입니다. 이와 같이 우리의 의식적인 노력에 의해 모든 현상이 일어나고 사라지는 실제 모습을 있는 그대로 밀착해서 놓치지 않고 챙겨 보는 것이 바로 이 알아차림입니다. 알아차림은 간단하고 쉬운 것 같지만 지금까지의 삶의 방식과는 다르기 때문에 사실은 가장 어려운 방법입니다.

알아차림이 있으면 마음이 떠다니지 않고 대상에 깊이 들어갈 수 있습니다. 대상을 표면적으로만 이해하는 것이 아니라 대상에 깊이 들어가서 그 본질을 통찰할 수 있게 되는 것입니다. 알아차림은 마음이 새로운 의도를 일으켜 깨어서 아는 행위이기 때문에 단순히 대상을 아는 마음인 식(識)이 아니라 마음의 작용인 행(行)입니다.

알아차림은 바로 '지금, 여기'에서입니다. 알아차릴 때에는 과거나 미래가 아닌 항상 현재에 있어야 합니다. 과거나 미래는 생동하는 나의 삶이 아니라 단지 이 순간으로부터 벗어나거나 달아나기 위해 머릿속으로 그리는 상상이나 망상, 관념일 뿐입니다. 어제는 지나간 오늘이요, 내일은 다가오는 오늘입니다. 우리는 단 한순간도 어제와 내일을 살아본 적이 없습니다. 과거를 살았을 때도 그 순간은 오늘이었고, 앞으로 살아야 할 미래 또한 그 순간은 오늘일 수밖에 없습니다. 언제나 우리는 오늘을 살고 있을 뿐이며, '지금 이 순간'을 살 수 있을 뿐입니다. '지금 이 순간'은 그렇게 소중한 것입니다. 아무런 실체도 없고 이름뿐인 과거나 미래를 살지 말아야 합니다.

부처님은 당신의 제자들이 숲속에서 하루에 한 끼만 먹고 살아가는데도 어찌하여 그처럼 얼굴빛이 맑고 환하냐는 질문에 "그들은 이미 지나간 일에 슬퍼하지 않고, 아직 오지 않은 미래를 근심하지도 않는다. 오직 지금 당장 해야 할 일에만 전념하기 때문에 근심 걱정 없이 밝고 깨끗하다"라고 답하셨습니다.

또 알아차림은 시간을 늦춰서는 안 되고 대상이 일어났을 때 일어난 즉시 알아차려야 합니다. 대상의 일어남과 알아차림 사이에 틈이 생기면 번뇌가 침투하므로 알아차림은 항상 대상과 밀착, 일치해야 합니다.

또 알아차림은 지속되어야 합니다. 그래야 집중이 생기기 때문입니다. 따라서 알아차림은 괴로움을 끝내기 위해 우리가 닦고 익혀야 할 모든 수행을 실제로 실천하는 방법입니다.

그러니까 수행자는 각각의 순간에 자신 앞에 현존하고 있는 것은 그것이 무엇이든 없애려 하지도 말고 발전시키려 하지도 말며 분석하려 하지도 말고 그냥 지켜보기만 하면 되는 것입니다.

흔히 우리는 집착을 버리라고 합니다. 그러나 집착은 버릴 대상이 아니라 알아차릴 대상입니다. 알아차려야 집착이 사라집니다. 집착하지 않고 버리고 비우는 것은 알아차림의 결과일 뿐입니다. 우리가 할 일은 오직 알아차리는 것뿐입니다. 거기에 어떤 목적(방하착)이 있어서는 안 됩니다. 대상에 개입하지 않고 지켜보기만 하는 것은 불에 연료 공급을 차단하여 불이 스스로 꺼지게 하는 것과 같습니다. 이런 것이 바른 알아차림입니다.

알아차림은 여섯 가지 감각기관의 문을 지키는 문지기와 같다고 합니다. 만약 알아차리지 못하면 여섯 감각기관으로 번뇌라는 도둑이 들어와 주인 행세를 하여 마음을 보호하지 못하기 때문입니다.

　알아차림은 그 대상과 목적에 차이가 있지만 사마타와 위빠사나 수행의 양쪽에 모두 필수적인 방법입니다. 누구든 이 알아차림이 없다면 마음의 집중은 물론 모든 현상의 실제 모습을 알고 본다는 것은 불가능합니다. 그러므로 알아차림은 괴로움의 끝이라는 멀고 긴 목표에 이르는 유일한 길이라고 말하는 것입니다. 한마디로 알아차림이 빠지면 불교 수행은 한 발자국도 나갈 수가 없습니다.

　수행자가 가져야 할 마음가짐 5가지로 믿음, 정진, 알아차림, 집중, 지혜가 있는데(오근이라고 함) 이 중에서 믿음과 지혜는 균형과 조화를 이루어야 하고 그렇지 못하면 맹신하게 되고 교활해지며, 정진과 마음집중도 서로 균형과 조화를 이루어야 하며 그렇지 못하면 들뜸과 졸음에 빠집니다. 그런데 알아차림만큼은 아무리 많아도 지나치지 않다고 합니다.

　또 남방의 어느 유명한 스님은 "부처님께서는 사람들의 근기에 따라 8만4천의 법문을 하셨다. 그것을 줄이면 37조도품이고, 또 37조도품은 줄이면 8정도다. 8정도를 줄이면 계정혜 3학이고 다시 그것을 줄이면 알아차림 하나다. 그러니까 부처님의 가르침은 한마디로 요약하면 알아차림 하나다"라고 말했다고 합니다. 알아차림은 이와 같이 불교 수행에 있어서 핵심이 되는 것입니다.

11
바른 삼매(正定: 사마타)

바른 삼매라 함은 마음이 하나의 대상에 집중되어 있는 상태를 말합니다. 한문으로는 심일경성(心一境性)이라고 합니다.

삼매는 보통 세 가지 형태로 나누어 설명됩니다. 근접삼매와 몰입삼매(근본삼매라고도 함) 그리고 찰나삼매가 그것입니다.

그런데 찰나삼매는 특정한 대상에만 집중하는 것이 아니라 현재 일어나는 모든 대상에 순간순간 집중하는 삼매를 말하므로 이 삼매는 지혜를 개발하는 위빠사나 수행에서 주로 나타납니다. 따라서 이에 대한 자세한 설명은 뒤에 위빠사나 수행을 설명할 때 하기로 합니다.

사마타 수행에서의 삼매는 근접삼매와 몰입삼매입니다. 근접삼매는 몰입삼매에 들어가기 직전이나 직후의 마음상태를 말합니다.

근접삼매는 대상이 변하는 찰나삼매보다 훨씬 더 고요하고 집중된 마음상태이므로 법의 실상을 더 명료하게 볼 수 있다고 합니다. 그러나 위빠사나 수행에서는 찰나삼매도 근접삼매에 버금가는 삼매라고 합니다.

몰입삼매(본삼매)는 오직 하나의 대상만을 알아차림으로써 마음이 하나의 대상에 완전히 몰입된 삼매, 즉 초선부터 사선까지를 말하는 것입니다. 그래서 선정에 들어 있을 때에는 생각이 일어나지도 않고, 보고 듣고 맛보고 냄새 맡고 감지하는 오감이 전혀 작동하지 않으며 시간이나 공간도 느낄 수 없습니다. 선정에서 출정하여 다시 마음이 움직일 때 비로소 '내가 선정상태에 있었구나'라고 알 수 있고 다른 대상을 분별할 수 있을 뿐입니다. 그래서 선정은 전문적으로 수행한 사람만이 경험할 수 있는 고귀한 마음상태이므로 일반 재가자는 사실상 경험하기 어려운 것입니다.

사마타를 대표하는 경전이 『들숨 날숨 알아차림경(아나빠나사띠: 출입식념경)』입니다. 이 방법에 의하여 부처님이 깨달음을 얻었으므로 이를 '붓다의 호흡명상'이라고 합니다. 우리나라 불자 중에는 부처님이 깨달음을 얻으신 것이 호흡명상이라는 것을 아는 사람이 의외로 많지 않습니다. 그 당시 이 화두가 없었으니 그것에 의한 것이 아님은 명백하고, 그러면 고행이나 다른 무슨 신비한 방법이 있지 않았나 생각하기 쉬울 것입니다. 그러나 부처님은 어찌 보면 너무 간단하다 싶은 '호흡'을 명상함으로써 깨달음을 이룩하신 것입니다. 호흡은 이렇게 중요한 것입니다.

호흡은 몸과 마음을 하나로 묶어주는 끈입니다. 전압 안정장치와 같은 것입니다. 호흡에 집중하면 마음이 산만하게 흩어지는 것을 막아 고요해지고 알아차리는 힘이 강해집니다.

이하 『들숨 날숨 알아차림경』에 대해 알아보겠습니다. 이 경은 한마디로 호흡에 집중하여 마음을 고요하게 해서 마음을 깨우는,

즉 알아차리는 힘이 점점 강해지고 밝아져서 지혜가 계발되는 일련의 과정을 설명한 것입니다.

부처님은 이 경에서 깨달음에 이르는 과정을 16단계의 정형구로 정리하고 계시는데 16단계는 다음과 같습니다.

① 숨을 길게 들이쉬면서 '길게 들이쉰다'라고 꿰뚫어 알고, 길게 내쉬면서는 '길게 내쉰다'라고 꿰뚫어 안다.

② 숨을 짧게 들이쉬면서 '짧게 들이쉰다'라고 꿰뚫어 알고, 짧게 내쉬면서는 '짧게 내쉰다'라고 꿰뚫어 안다.

③ '온몸을 경험하면서 들이쉬리라'라며 공부 짓고 '온몸을 경험하면서 내쉬리라' 하며 공부 짓는다.

④ '몸의 작용을 편안히 하면서 들이쉬리라' 하며

⑤ '희열을 경험하면서 들이쉬리라' 하며

⑥ '행복을 경험하면서 들이쉬리라' 하며

⑦ '마음의 작용을 경험하면서 들이쉬리라' 하며

⑧ '마음의 작용을 편안히 하면서 들이쉬리라' 하며

⑨ '마음을 경험하면서 들이쉬리라' 하며

⑩ '마음을 기쁘게 하면서 들이쉬리라' 하며

⑪ '마음을 집중하면서 들이쉬리라' 하며

⑫ '마음을 해탈케 하면서 들이쉬리라' 하며

⑬ '무상을 관찰하면서 들이쉬리라' 하며

⑭ '탐욕이 빛바램을 관찰하면서 들이쉬리라' 하며

⑮ '소멸을 관찰하면서 들이쉬리라' 하며

⑯ '놓아 버림을 관찰하면서 들이쉬리라' 하며 공부 짓고 '놓아 버림을
관찰하면서 내쉬리라' 하며 공부 짓는다.

위 경전을 그냥 읽어만 봐서는 그 말이 그 말 같아서 차이를 알
기가 어렵습니다. 실제 호흡 수행을 체험해 봐야 그 변화 과정을
알 수 있는 것입니다. 호흡은 미세하기 때문에 더욱 그렇습니다.

위에서 ①~④의 넷은 사념처의 몸에 대한 알아차림의 확립(身念
處)에 해당하는데, 이 중 ①~②는 숨에 친숙해지는 단계이며 ③은
숨의 전 과정을 알아차리는 단계이고 ④는 숨이 점점 더 고요해지
는 단계입니다.

그리고 ⑤~⑧은 느낌에 대한 알아차림의 확립(受念處)에 해당하
는데, 이 중 ⑤~⑥은 숨이 고요해짐에 따라 알아차림이 계발되고
알아차림의 힘이 강해지면서 희열과 행복이 생기는 단계이며 ⑦~
⑧은 숨에 대한 인식이 사라지는 단계입니다.

다음의 ⑨~⑫는 마음에 대한 알아차림의 확립(心念處)에 해당하
는데, 그중 ⑨는 마음이 순수해질수록 마음에서 지혜의 빛인 니밋
따가 생기는 단계이며 ⑩~⑪은 니밋따를 더 밝고 안정되게 하는
단계이고 ⑫는 니밋따에만 몰입함으로써 니밋따에 빨려 들어가는
단계인데 이것이 선정입니다. 수행자가 니밋따 안으로 녹아들어 니
밋따와 하나가 되는 것입니다. 다시 말하면 니밋따를 아는 마음에
희열과 행복이 충만하여 원하는 바 없이 지금, 여기에서 행복하게
오랜 시간 머물게 되는 것입니다.

그러면 이제 수행의 대상은 니밋따가 아니라 행복감이 됩니다.

수행자가 대상을 바꾸는 것이 아니라 이 모든 과정은 저절로 일어납니다.

호흡은 수행자를 니밋따까지 데려다 주었고, 니밋따는 수행자를 선정까지 데려다 준 것입니다. 선정에서 수행의 대상은 호흡도 아니고 니밋따도 아니고 행복감입니다.

그리고 마지막 ⑬~⑯은 법에 대한 알아차림의 확립(法念處)에 해당하는 것으로 이는 호흡 수행의 마지막 네 단계로 출정 후 반조인 위빠사나 수행을 하는 단계입니다.

선정이라는 강렬한 경험을 하고 나서 그 경험을 되돌아보지 않는 사람은 상상하기 어렵습니다. 누구나 그 경험을 되돌아보고 그 경험이 무엇인지 스스로에게 물을 것입니다. 그것이 반조(返照)이며 위빠사나입니다.

선정에 들어 있는 동안에는 어떤 지혜도 일어나지 않습니다. 선정은 지혜가 일어나기에는 너무 고요하기 때문입니다. 선정에서 나온 이후 선정의 경험을 바탕으로 반조할 때 지혜가 일어나는 것입니다. 이러한 반조를 통해 비로소 무상함, 빛바래어 사라짐, 그리고 소멸을 이해하는 것입니다. 여기서 인상적인 것은 호흡 수행의 마지막인 16단계의 놓아 버림인데 모든 것은 조건 발생일 뿐 내 의지대로 통제할 수 없는 것이므로 아무것도 바라지도 싫어하지도 말고 놓아 버리고 내맡기라는 것입니다.

이상 16단계의 호흡명상 수행에 있어서 알 수 있는 것은, 사마타 수행도 마무리는 출정 후 반조인 위빠사나로 마무리된다는 점입니다. 그러나 이것은 호흡 수행을 끝내고 별개의 수행으로 위빠사나를 한다는 것이 아니라 위빠사나는 호흡 수행의 마지막 일련의 과정으로 하는 것일 뿐이라는 점을 알아야 합니다.

부처님은 호흡 수행의 열여섯 단계를 위에서 본 것처럼 각각 네단계씩 신(身), 수(受), 심(心), 법(法)의 네 범주로 나누어 설명하였습니다. 호흡 수행의 열여섯 단계를 수행하는 것은 사념처 수행을 하는 것과 같은 것입니다. 수행이 진전되면 호흡 수행을 멈추고 사념처 수행으로 바꾸는 것이 아닙니다. 그러니까 호흡 수행을 하는 것은 사념처 수행을 하는 것과 같으며, 그것은 또한 칠각지를 계발하는 것과 같습니다. 그래서 부처님은 같은 경에서 "비구들이여, 들숨 날숨에 대한 알아차림을 닦고 거듭거듭 행하면 사념처를 성취한다. 사념처를 닦고 거듭거듭 행하면 칠각지를 성취한다. 칠각지를 닦고 거듭거듭 행하면 명지와 해탈을 성취한다"라고 말씀하셨습니다. 사마타와 위빠사나는 이렇듯 상호보완하면서 언제나 함께하는 것입니다.

선정에는 초선부터 4선까지 네 가지가 있습니다. 팔정도의 정정은 색계 4선만을 의미하는 것입니다. 무색계 4처는 외도 선으로 여기에 포함되지 않습니다. 무색계 4처는 산냐일 뿐입니다. 부처님이 외도 스승으로부터 무색계 4처를 터득하고도 떠난 것은 그것이 그릇된 삼매, 즉 지혜가 없는 산냐였기 때문입니다.

초선부터 4선은 선정의 깊이에 따른 구분입니다. 구분되는 요점은 선정이 깊어져 초선에서 4선으로 진행될수록 선정의 구성요소인 다섯 가지 요소(일으킨 생각, 지속적 고찰, 희열, 행복, 집중) 중에서 거칠다고 생각되는 것이 하나둘씩 없어지고 남아 있는 것도 그 의미를 달리하게 된다는 것입니다. 선정에 든 마음은 부처님 외에는 알 수 없다고 했다지만 선정은 부처님이 깨달음을 얻으신 과정이니까 그 대강의 의미라도 알고 가는 것은 좋을 것입니다. 그래서 경전에 근거하여 네 가지 선정을 설명합니다.

그런데 우리나라의 선종은 이러한 선정의 단계를 나누지도 않고 또 깨달음을 얻은 성자의 구분도 하고 있지 않습니다. 그것은 선종은 깨달음을 한 방에 끝낸다는 돈오를 지향하기 때문일 것입니다.

(1) 초선이란 무엇인가

"도반이시여, 초선은 얼마나 많은 구성요소를 가졌습니까?"

"도반이여, 초선은 다섯 구성요소를 가졌습니다. 여기 초선을 증득한 비구에게는 일으킨 생각과 지속적 고찰과 희열과 행복과 마음이 한끝에 집중됨이 있습니다. 도반이여, 초선은 이같이 다섯 가지 구성요소를 가졌습니다."

"벗들이여, 첫 번째 마음집중에는 (좋지 않은) 5가지 요소가 끊어지고 (좋은) 5가지 요소가 갖추어진다. 벗들이여, 여기에 첫 번째 마음집중에 도달한 비구에게는 감각적 욕망에의 희구가 끊어진다. 악의가 끊어진다. 혼침과 졸음이 끊어진다. 들뜨는 마음과 회한에 잠기는 마음이 끊어진다. 회의적인 의심이 끊어진다. 첫 번째 마음집중에 도달한 비구에게는 일으킨 생각과 지속적 고찰, 희열, 행복, 하나의 대상에 집중된 마음이 작용한다."

이를 설명하면 다음과 같습니다. 일으킨 생각과 지속적 고찰이 있으면 오직 니밋따만을 떠올려 생각하고 니밋따만을 지속하여 생각할 수 있으므로 해태와 혼침, 그리고 의심이 버려집니다. 그리고 떨쳐 버림에서 생긴 희열과 행복이 있으면 마음이 희열과 행복으로 흠뻑 적셔지므로 적의(성냄) 그리고 들뜸과 후회가 버려집니다. 또 집중이 있으면 니밋따와 마음이 하나가 될 수 있으므로 감각적 욕망이 버려집니다. 이렇게 선정의 다섯 구성요소를 완전히 닦으면 다섯 장애(오개)가 철저히 버려지므로 오직 니밋따만을 알아차리면서 오직 니밋따에만 완전히 집중된 초선에 들 수 있습니다. 이런 이유로 일으킨 생각, 지속적 고찰, 희열, 행복, 집중을 선의 다섯 구성요소라고 하는 것입니다.

(2) 색계 이선이란 무엇인가

"대왕이여, 다시 비구는 일으킨 생각과 지속적 고찰을 가라앉혔기 때문에 내면이 고요하고, 마음이 단일한 상태이고, 일으킨 생각과 지속적 고찰은 없고, 삼매에서 생긴 희열과 행복이 있는 이선에 들어 머뭅니다. 그는 삼매에서 생긴 희열과 행복으로 몸을 흠뻑 적시고 충만하게 하고 가득 채우고 속속들이 스며들게 합니다. 온몸 구석구석 삼매에서 생긴 희열과 행복이 스며들지 않은 데가 없습니다."

이를 설명하면 다음과 같습니다. 색계 초선에 충분히 숙달한 수행자는 색계 이선으로 나아가게 되는데 그러려면 먼저 초선에 입정한 후에 출정합니다. 그런 다음 '초선은 다섯 구성요소가 있는데 그중에 일으킨 생각과 지속적 고찰로 인해 다시 생각이 움직여서 다섯 장애에 오염될 수도 있다. 또 일으킨 생각과 지속적 고찰은 나머지 세 가지인 희열, 행복, 집중보다 고요하지 않다'라고 초선의 단점을 조사합니다. 다시 말해서 다섯 구성요소가 있는 초선보다 희열과 행복, 집중의 세 가지 구성요소만 있는 선정이 더 고요함을 숙고하고 조사합니다. 이렇게 일으킨 생각과 지속적 고찰이 있는 초선의 단점과 그것을 버리고 희열, 행복, 집중만 있는 선정의 장점을 조사한 후에 일으킨 생각과 지속적 고찰은 없고 희열, 행복, 집중만 있는 선정에 들어가리라 결심합니다. 그런 다음 다시 선정에 들어가면 희열, 행복, 집중의 세 가지 구성요소만 있는 선정에 들 수 있습니다. 이것이 색계 이선입니다.

초선과 다른 것이 두 가지인데, 하나는 초선에 숙달되면 일으킨 생각과 지속적 고찰의 도움이 없어도 니밋따를 알아차리는 데 아무런 문제가 없기 때문에 이선에서는 일으킨 생각과 지속적 고찰이 빠졌다는 점입니다. 다른 하나는 초선과 이선에는 모두 희열과 행복이 있지만 초선에서의 희열과 행복은 다섯 장애를 떨쳐 버림으로 인한 것이지만 이선에서의 희열과 행복은 마음이 진정으로 고요해져 삼매에서 생긴 것이라는 점이 다릅니다. 이런 이유로 이선부터가 진정한 선정이라고 말하기도 합니다.

(3) 색계 삼선이란 무엇인가

"대왕이여. 다시 비구는 희열이 빛바랬으므로 평온하게 머물고 바르게 알아차리고 분명하게 알며 몸으로 행복을 경험합니다. 성자들이 '평온하게 알아차리고 행복하게 머문다'라고 말하는 그러한 삼선에 들어 머뭅니다. 그는 희열이 사라진 행복으로 몸을 흠뻑 적시고 충만하게 하고 가득 채우고 속속들이 스며들게 합니다. 온몸 구석구석 희열이 사라진 행복이 스며들지 않은 데가 없습니다."

이것을 설명하면 다음과 같습니다. 먼저 희열이 빛바랬다는 말은 세 가지 구성요소 중에 희열이 버려졌다는 것을 의미합니다. 그리고 평온을 말한 것은 행복에 집착하지 않으면서 행복하게 머문다는 중도적 입장을 드러내기 위한 것입니다.

또 바르게 알아차리고 분명하게 안다는 것을 말씀한 것은 그것이 평온하게 머물기 위해서 필요한 것이기 때문입니다. 사실 초선과 이선에서도 바르게 알아차리고 분명하게 알지만 이때는 니밋따만을 알아차리고 분명히 아는 역할을 주로 합니다. 하지만 삼선에서는 니밋따만을 알아차리는 역할뿐만 아니라 행복한 느낌조차도 무상하고 괴로움이며 무아의 특성이 있음을 분명히 알고 바르게 알아차림으로써 행복한 느낌을 집착하지 않고 평온하게 선정에 머물 수 있게 하는 역할을 합니다. 다시 말해서 바르게 알아차리고 분명히 앎으로써 행복에 집착하지 않고 평온하게 머물고 몸으로 행복을 경험할 수 있는 것입니다. 그래서 성자들이 삼선을 묘사할 때 '평온하게 행복도 버리고 괴로움도 버리고, 이전에 이미 즐거움

과 슬픔을 없앴기 때문에 괴롭지도 행복하지도 않다고 알아차리
며 행복하게 머문다'라고 하신 것입니다.

(4) 색계 사선이란 무엇인가

"대왕이여, 다시 비구는 행복도 버리고 괴로움도 버리고 이전에
이미 즐거움과 슬픔을 없앴기 때문에 괴롭지도 행복하지도 않고
평온에 의한 알아차림의 청정함(捨念淸淨)이 있는 제4선을 성취하
여 머뭅니다."

　이것을 설명하면 다음과 같습니다. 제4선을 구성하는 요소는 평
온과 심일경성입니다. 행복도 가라앉고 정신적인 기쁨이나 괴로움,
슬픔도 가라앉고 육체적인 괴로움이나 즐거움도 없어진 상태입니
다. 그리고 평온함에 의해서 알아차림이 가장 예민하고 청정해진
상태입니다.

　알아차림은 선정 체험이 있기 전부터 우리가 마음 바탕에 두고
수행해왔던 덕목이지만 제4선에 이르러 평온함을 경험하게 되면서
알아차림이 완전하게 청정하게 되는 것입니다. 그러니까 평온에 의
한 알아차림이 청정한 상태(捨念淸淨)란 평온함에 의해서 알아차림
이 가장 예민하고 청정해진 상태를 말하는 것입니다. 그렇기 때문
에 제4선에서는 대상을 꿰뚫어 보는 힘이 가장 강력합니다. 따라
서 제4선은 지혜를 계발하여 깨달음을 얻기에 가장 적합한 삼매

가 되는 것입니다.

부처님께서는 색계 초선, 이선, 삼선을 기반으로도 깨달음을 얻을 수 있다고 설하셨습니다. 하지만 색계 선정 중에서 제4선이 가장 평온하고 청정하고 집중된 삼매이므로 제4선이 깨달음을 얻기에 최적의 선정이라 볼 수 있습니다. 그래서 이를 바탕으로 선정을 이루고 있는 다섯 무더기가 조건을 의지하여 생겨난 연기된 법이므로 무상하고 괴로움이며 무아의 특성이 있음을 꿰뚫어 알면 존재에 대한 갈애를 소멸하고 깨달음을 얻을 수 있습니다. 실제 부처님께서도 들숨날숨 알아차림을 통해 색계 사선을 얻고 그것을 기반으로 깨달음을 얻어 정각을 이루셨습니다. 또 제4선은 인간의 영역을 초월한 여섯 가지 신통을 계발하는 기반이 된다는 점입니다.

네 가지 단계의 선정에서 고려되어야 하는 것이 있습니다. 그것은 어느 단계의 선정에서 다음 단계의 선정으로 가려면 지금의 선정에 충분히 숙달하는 과정이 필요하다는 것입니다. 그것은 ① 오래 머묾 ② 입정 ③ 출정 ④ 전향 ⑤ 조사의 다섯 가지입니다.

(5) 깨달음은 왜 색계 사선에서 일어나는가

선정에는 색계 선정보다 훨씬 높은 무색계의 공무변처, 식무변처, 무소유처, 비상비비상처의 선정이 있습니다. 그런데 깨달음은 왜 색계 사선정에서 일어나는가에 대하여 의문이 생길 수 있습니다.

그것은 제5선정 이상의 경지로 올라갈 경우 마음이 대상에 너무 몰입해 버림으로써 알아차리는 힘이 도리어 약화되어 지혜가 계발되지 않기 때문입니다. 즉, 깨달음을 성취하는 데 있어서 지나친 몰입은 도리어 방해가 되는 것입니다. 부처님께서 외도의 선정 대가들로부터 떠난 것은 이 때문이었습니다.

이에 반해 색계 사선정은 사념청정이라 하여 마음이 가장 평온하고 알아차리는 힘이 강력한 선정이기 때문에 깨달음이 일어나는 것입니다. 실제 부처님께서도 들숨 날숨 알아차림 수행을 통해 색계 사선을 얻고 그것을 기반으로 깨달음을 얻어 정각을 이루셨습니다.

12
위빠사나, 사념처

바른 삼매가 갖추어지면 이에 기초해서 처음에 방향과 목표로 설정했던 바른 견해를 실천을 통해 확인하는 작업이 필요한데 이것이 바로 위빠사나 수행입니다. 따라서 이 위빠사나 수행에 의해 바른 견해가 확인되어야 비로소 팔정도 수행이 완결되는 것입니다.

다시 말하면 팔정도의 시작은 법문을 듣고 배워서 바른 견해를 갖추는 것이고, 팔정도의 중간은 바른 견해를 바탕으로 나머지 일곱 가지 요소를 닦아 바른 삼매를 계발하는 것입니다. 그리고 팔정도의 끝은 바른 삼매를 바탕으로 위빠사나 수행을 하여 바른 지혜가 일어나서 바른 해탈을 이루는 것입니다.

경전에서 '바른 삼매를 가진 자에게 바른 지혜가 생긴다. 바른 지혜를 가진 자에게 바른 해탈이 생긴다'라는 것은 이것을 말하는 것입니다. 바른 지혜와 바른 해탈을 포함하여 십정도라고도 합니다.

부처님께서는 열반하시기 직전에 "법을 의지처로 삼고 자기 자신을 의지처로 삼으라"라고 말씀하셨습니다. 그리고 곧바로 사념처를 말씀하셨습니다.

그러므로 법을 의지처로 삼으라는 것은 사념처 수행을 하라는 것입니다. 그 내용은 『대념처경』에서 확인할 수 있습니다.

이와 같이 나는 들었다 비구들이여, 이것은 모든 중생들의 청정을 위한, 슬픔과 비통을 극복하기 위한, 괴로움과 싫어하는 마음을 없애기 위한, 올바른 길에 이르기 위한, 열반을 깨닫기 위한 유일한 길이다. 바로 그것은 네 가지 알아차림이다.

사념처 수행이 유일한 이유는 이 수행을 해야만 마음을 집중시킬 수 있고 집중된 마음으로 있는 그대로의 대상을 통찰할 수 있기 때문입니다.

위빠사나 수행은 자기중심성을 극복하기 위하여 한 발 떨어져서 자신을 객관화시켜 보는 것입니다. 사념처는 수행의 대상인 몸을 알아차리는 수행(身念處), 느낌을 알아차리는 수행(受念處), 마음을 알아차리는 수행(心念處), 법을 알아차리는 수행(法念處)을 말합니다. 『대념처경』의 전문은 다소 긴 편이어서 여기서 인용은 생략합니다. 그러나 중요한 내용은 여기에 다 정리, 설명되어 있습니다.

(1) 몸을 알아차리는 수행

사념처 수행은 가장 두드러진 대상인 몸을 알아차리는 수행부터 시작합니다. 몸에서 알아차릴 대상은 ① 들숨 날숨 ② 네 가지 자세 ③ 분명한 앎 ④ 몸을 싫어하는 마음을 일으킴 ⑤ 네 가지 요소 ⑥ 묘지에서 관찰 등 모두 열네 가지가 있습니다. 하지만 이런 수행을 한꺼번에 모두 하는 것이 아닙니다. 자신에게 적합하고 할 수 있는 것만 선택하면 됩니다.

ⓐ 호흡의 알아차림

호흡에 대한 알아차림은 들숨과 날숨에 마음을 놓치지 않고 있는 그대로 반복해서 관찰하는 수행입니다. 우리는 끊임없이 똑같은 호흡을 계속 반복하고 있다고 생각하지만 호흡은 매 순간 한 번밖에 없습니다. 그것이 생겨나고 사라지는 순간을 놓치지 않고 관찰하는 것입니다.

불교 수행에서 호흡을 관찰할 때 가장 중요한 것은 자연스러운 호흡입니다. 호흡의 길이를 조절하지도 않고 단전호흡을 하지도 않습니다. 일부러 어떤 특별한 호흡을 하지 않고 단지 자연스럽게 들이마시고 자연스럽게 내쉬는 호흡을 관찰할 뿐입니다.

자세는 꼭 결가부좌나 반가부좌를 해야 하는 것은 아니고 편한 자세면 됩니다. 다만 중요한 것은 상체를 곧바로 세우는 일입니다.

호흡을 알아차리는 수행은 사마타 수행으로 할 수도 있고 위빠사나 수행으로 할 수도 있습니다. 사마타 수행으로 할 경우에는 근거경이 『들숨 날숨 알아차림경』인데 대상과 하나가 되어서 알아차리는 근본집중을 합니다. 그래서 다섯 가지 장애를 억누르고 선정의 고요함을 얻습니다. 그러나 번뇌를 완전히 소멸하기 위해서는 적절한 시기에 위빠사나 수행으로 바꿔야 합니다(16단계 호흡명상의 13~16단계).

위빠사나 수행으로 할 경우에는 근거경이 『대념처경』인데 대상을 분리해서 알아차리는 찰나삼매로 수행을 합니다. 찰나삼매는 바뀌는 대상마다 순간순간 삼매를 이루는 것을 말합니다. 찰나삼매는 사마타 수행의 근접삼매에 버금가는 삼매입니다. 이렇게 생긴 지혜로 번뇌를 말려 버리는 것입니다.

사마타 수행일 때는 다른 대상은 알아차리지 않고 오직 인중 주위의 호흡 하나에만 집중합니다. 그러나 위빠사나 수행은 호흡을 주 대상으로 삼지만 반드시 호흡만을 알아차리지 않습니다. 몸에서 나타나는 다른 현상도 알아차리고, 느낌도 알아차리고, 마음도 알아차리고, 법도 알아차립니다.

『대념처경』에 있는 들숨 날숨 알아차리는 내용은 사마타 방식이 아닌 위빠사나 방식입니다. 왜냐하면 호흡의 일어남과 사라짐은 사마타의 고요함에서는 얻을 수 없고 오직 위빠사나 방식에서만 얻을 수 있기 때문입니다.

지금까지 호흡에 대한 알아차림에 대해서 설명했지만 아래의 경전 구절들은 몸을 알아차리는 수행뿐만 아니라 느낌을 알아차리는 수행, 마음을 알아차리는 수행, 법을 알아차리는 수행에 모두 동일하게 적용되는 내용입니다.

첫째, 분명한 앎과 알아차림이라는 표현이 겹쳐 있는데 그 의미는 무엇일까요. 분명한 앎은 삼빠자나를 번역한 것인데, 그것은 '지혜와 함께하는', '지혜를 가지고'라는 의미입니다. 그러니까 어떤 행위를 할 때 그 행위의 의미(의도)를 분명히 알면서 행한다는 뜻입니다. 따라서 여기서는 호흡은 조건에 의해서 일어났을 뿐이지 이것이 나의 호흡이라거나 내 마음대로 할 수 있는 호흡이 아니라는 것을 아는 것이 분명한 앎입니다. 이에 반해 알아차림이라는 것은 앞에서 설명해 온 것처럼 행위의 의도 등과 무관하게 어떤 현상이든 일어나면 일어나는 대로 사라지면 사라지는 대로 놓치지 않고 알아차린다는 뜻이어서 차이가 있습니다.

둘째, '단지 몸(호흡)이 있구나'라는 표현의 의미가 무엇일까요. 이것은 몸(호흡)을 자신과 동일시하지 않고 단지 신체적 현상으로서의 몸(호흡)이 있다는 의미입니다. 다시 말하면 호흡이라는 대상과 그것을 아는 마음만이 1:1로 있을 뿐이지 거기에 '나'는 없다는 것입니다.

셋째, '안을 알아차리는 수행을 하면서 지내고, 밖을 알아차리는 수행을 하면서 지내고, 안팎을 알아차리는 수행을 하면서 지낸다'라고 하는데 여기서 '안으로'는 자신에게 일어나는 현상을 관찰하는 것이고, '밖으로'는 다른 존재에 일어나는 현상을 관찰하는 것입니다. '안팎으로'라는 것은 자신과 다른 존재를 구분하지 않고 관찰하는 것입니다. 이렇게 관찰함으로써 자기 존재의 실상이 물질과 정신의 법들인 것처럼 다른 존재의 실상도 물질과 정신의 법들임을 추론으로 알 수 있는 것입니다.

넷째, '일어나는 현상에 대한 알아차림과 사라지는 현상에 대한 알아차림, 마지막으로 일어나고 사라지는 현상에 대한 알아차림'이란 이러한 세 가지 단계적 변화 과정을 통하여 몸(호흡)의 특성인 무상을 알기 위한 지혜의 계발입니다.

다섯째, '그는 갈애와 잘못된 견해에 의지하지 않고 지낸다. 그는 세상에서 아무것도 집착하지 않는다'라는 것은 몸(호흡)을 있는 그대로 지속해서 알아차리면 이 과정에서 무상, 고, 무아를 아는 지혜가 성숙해지므로 모든 갈애(욕애, 유애, 무유애)가 사라지고 잘못된 견해인 유신견, 상견, 단견도 함께 사라진다는 것입니다. 그리고 아무것도 집착하지 않는다는 것은 괴로움의 근원인 오온을 '나'라고 집착하지 않는다는 것을 말하는 것입니다.

이상으로 호흡을 알아차리는 것에 관해서 살펴보았는데, 이를 요약하면 수행자는 단지 일어나고 꺼지는 호흡을 알아차리는 것에 불과하지만 계속해서 알아차림을 지속하면 이것이 나의 몸이 아니고 나의 호흡이 아니며 이 호흡을 내가 소유하지 못하며 내 마음대로 할 수 있는 것이 아니라고 아는 지혜가 납니다. 여기에는 자아는 없고 오직 조건 지어진 몸과 이것을 아는 순간적인 마음만 있다는 무아의 지혜가 납니다.

아무것도 아닌 것 같은 호흡 하나에서 이처럼 몸과 마음이 가지고 있는 모든 진실을 파악할 수 있는 것입니다. 이렇게 지혜가 성숙하는 과정에는 알아차림과 분명한 앎이 상호보완적으로 작용합니다.

ⓑ 네 가지 자세를 알아차림(行住座臥)

이것은 우리 몸동작 중에서 가장 두드러진 동작인 가고 서고 앉고 눕는 동작을 관찰하는 것입니다. 이 동작을 알아차리는 것은 자기 몸을 있는 그대로 알아차리는 것의 기본이 되는 것이어서 아주 중요한 것입니다.

그냥 서 있지 말고, 그냥 앉아 있지 말고, 그냥 누워 있지 말고, 걷고 서고 누워 있을 때 분명히 알아차려야 한다는 것입니다.

ⓒ 경행(經行)

걷는 동작과 관련하여 중시되는 것이 걸음걸이를 알아차리는 경행입니다. 경행을 할 때 걷는 동작은 좌선할 때 앉아 있는 것보다 더 크고 거친 동작이기 때문에 알아차리기가 훨씬 쉽습니다. 그래서 걷기 수행을 먼저 한 후 좌선수행을 할 것을 권합니다.

걷기명상을 할 때에는 적당한 장소를 찾아야 합니다. 걷기명상의 장소는 20걸음에서 30걸음 정도 직선 거리의 조용한 곳이 좋습니다. 적당한 장소를 찾았으면 두 손을 배꼽에 가지런히 모은 자세로 왔다 갔다 하면서 걷기명상을 합니다.

걷기명상을 할 때는 다음의 세 가지 방법으로 할 수 있습니다.

첫째는 약간 빠른 속도로 걸으면서 왼발과 오른발을 차례대로 알아차리는 것입니다. 이것은 걷기 명상을 처음 시작할 때 좋은 방법입니다.

둘째는 보통 속도로 걸으면서 왼발과 오른발을 세 단계로 나누어 알아차리는 것입니다. 왼발의 들고 나가고 내리는 것을 차례대로 알아차리고, 오른발의 들고 나가고 내리는 것을 차례대로 알아차립니다. 이 방법은 첫 번째 방법보다 좀 더 강하게 알아차림을 계발할 수 있으며 세 가지 방법 중에서 가장 무난한 방법입니다.

셋째는 천천히 걸으면서 왼발과 오른발을 여섯 단계로 나누어 알아차립니다. 왼발의 들고 나가고 살피고 내리고 딛고 누르는 것을 차례대로 알아차리고, 오른발의 들고 나가고 살피고 내리고 딛고 누르는 것을 차례대로 알아차립니다. 이 방법은 호흡명상에서 숨의 전 과정을 알아차리는 것처럼 왼발 오른발의 전 과정을 알아차리는 것입니다. 이 세 번째의 방법이 가장 강력하게 알아차림을 계발할 수 있는 방법인데, 첫 번째와 두 번째의 방법에 익숙해지고 난 후에 하는 것이 좋습니다.

이런 식으로 1시간 정도 걷기 수행을 한 후에 좌선수행에 들어가게 됩니다. 미얀마 등 남방불교에서는 경행을 중시하여 좌선과 거의 같은 시간 동안 합니다. 걷기 수행을 하면 강한 집중력을 얻을 수 있어 좌선에 많은 보탬이 되고, 또 육체적인 건강 유지에도 많은 도움이 됩니다.

경행을 할 때 처음에는 발의 움직임을 알아차리다가 익숙해지면 차츰 발이 가지고 있는 성품인 가벼움과 무거움을 알아차리고 단단함과 부드러움을 알아차리는 것이 좋습니다.

ⓓ 일상의 알아차림

일상의 알아차림은 좌선과 경행을 제외한 모든 시간에 세세한 몸동작(거동)을 분명히 알고 알아차리는 것입니다.

아침에 눈을 떠서 저녁에 잠자리에 들 때까지의 일거수일투족, 즉 앞으로 나아갈 때, 뒤로 돌아갈 때, 앞을 볼 때, 주위를 볼 때, 팔다리를 펴거나 구부릴 때, 옷을 입을 때, 음식을 먹을 때, 대소변을 볼 때, 잠자리에 들거나 잠에서 깨어날 때, 말하거나 말을 들을 때, 침묵할 때 등이 모두 일상의 알아차릴 대상입니다. 그러니까 무엇을 하거나 할 때, 하고 있는 행위 하나하나를 분명히 알아차리라는 것입니다.

ⓔ 몸을 싫어하는 마음을 일으킴(厭逆作意)

이것은 몸의 더러움을 알아차리는 수행으로 부정관(不淨觀)이라고도 하는 것입니다. '이 몸은 발바닥에서 머리카락에 이르기까지 피부로 덮여 있으며 그 안에는 32가지의 깨끗하지 못한 것들로 가득 차 있는 것을 알아차린다'라는 것입니다. 그러나 이 수행법은 현재 행해지지 않아 찾아보기 힘듭니다.

ⓕ 네 가지 요소(四大)를 알아차림

네 가지 요소란 지, 수, 화, 풍의 사대를 말합니다. 우리 몸에서 땅의 요소란 딱딱함이나 부드러운 성질을 말하고, 물의 요소는 응집성이나 유동성을, 불의 요소는 뜨거움과 차가움을, 바람의 요소는 움직임과 떨림과 지탱하는 힘을 말하는데 이런 4가지 요소를 끊임없이 있는 그대로 관찰하는 것입니다.

몸에서 일어나는 4대 요소는 항상 함께 일어납니다. 걸을 때를 예로 들어 보면 발을 들어 올릴 때의 가벼움은 불의 요소이고 발을 들어 올리고 내릴 때의 움직임은 바람의 요소입니다. 다시 발을 내릴 때의 무거움은 물의 요소이고 발이 바닥에 닿았을 때 단단함이나 부드러움이 있는 것은 땅의 요소입니다. 이렇게 발걸음 하나를 내딛는 것에 4대 요소가 모두 있습니다.

이렇게 알아차릴 때 발이나 몸의 형태는 느껴지지 않습니다. 그래서 발이라는 개념이나 몸이라는 개념이 사라집니다. 그리고 실재하는 것은 오직 지, 수, 화, 풍이란 4대 요소입니다. 수행자가 이처럼 4대 요소만 알아차려서 집중하면 존재에 대한 개념도 사라질 뿐만 아니라 나의 발이라는 인식도 사라집니다. 그러면 발이 가지고 있는 고유한 특성을 통해 무상, 고, 무아를 발견할 수 있게 됩니다.

⑧ 묘지에서의 알아차림

이 방법은 현재 행해지지 않기 때문에 생략합니다.

(2) 느낌을 알아차리는 수행(受念處)

느낌을 알아차리는 수행은 느낌이 일어나는 그 순간 알아차리는 수행입니다. 느낌에 대해서는 오온의 수온(受蘊) 부분에서 자세히 살펴본 바 있습니다.

즉, 느낌에는 즐거운 느낌, 괴로운 느낌, 즐겁지도 괴롭지도 않은 느낌의 세 가지가 있고 이들 느낌은 그것이 탐욕과 성냄, 어리석음이라는 근본번뇌와 밀접한 관계가 있습니다. 즐거운 느낌이 일어나면 그것을 계속 즐기고 싶기 때문에 보통 탐욕이 함께 일어나고, 괴로운 느낌이 일어나면 보통 그 대상을 싫어하고 거부하기 때문에 성냄이 일어나며, 즐겁지도 괴롭지도 않은 덤덤한 느낌은 어리석음의 잠재적 성향으로 빠지게 된다는 것, 그렇기 때문에 느낌이 일어났을 때 그 순간 바로 알아차리면 느낌이 하나의 현상으로 객관화되어 탐욕과 성냄을 조절하고 극복할 수 있다는 것에 대해서도 설명했습니다. 그리고 느낌은 조건에 의해서 생기고 조건이 없어지면 사라지는 것이므로 느낌의 실재는 무상이며 괴로움이며 무아라는 것과 느낌은 나의 느낌이 아니라 단지 감각기관이 느끼는 것이라는 점도 언급했습니다. 특히 12연기에서 느낌에 빠져 갈애로 넘어가면 집착이 일어나 윤회가 회전하게 되므로 느낌과 갈애 사이가 불사(不死)의 문이라는 것도 언급했습니다.

그러면 어떻게 느낌을 알아차려야 하는 것일까요. 그것은 즐거운 느낌을 느낄 때는 그냥 '즐거운 느낌이 있네'라고 알아차리고, 괴로운 느낌이 있을 때도 그냥 '괴로운 느낌이 있네'라고 알아차리는 것입니다. 그리고 즐겁지도 괴롭지도 않은 느낌을 느낄 때에는 '느낌이 덤덤하네'라고 알아차리는 것입니다. 여기에 어떤 것도 개입되어서는 안 됩니다.

수행은 자극에 대해서 반사적인 행동을 하는 것이 아니라 자극 자체를 알아차리는 것입니다. 대상이 거기 있어서 단지 알아차리는 것입니다.

(3) 마음을 알아차리는 수행(心念處)

마음을 알아차리는 수행은 마음과 결합되어 있는 마음의 작용(심소)을 관찰하는 것입니다. 마음이라는 것은 항상 여러 가지 마음의 작용들과 함께 일어납니다. 마음은 단지 대상을 분별해서 아는 것일 뿐, 정작 앞서서 일을 하는 것은 마음의 작용인 심소입니다.

그렇기 때문에 문제가 되는 것은 마음 자체라기보다 그것과 결합되어 있는 여러 가지 심리적 요소들입니다. 따라서 마음을 알아차리는 수행에서 제시하는 8쌍의 16가지 마음이란 마음에 속한 마음의 작용(심소)들입니다. 예컨대 탐욕이 있는 마음이란 탐욕이라는 심소법이 결합되어 있는 마음이라는 것입니다.

알아차리는 마음도 마음의 작용 가운데 하나입니다. '참나'와 같은 어떤 실체가 있어 알아차리는 것이 아니라 알아차림이라는 심소법에 의해서 알아차리는 것입니다.

부처님께서 마음 알아차림의 대상으로 제시하신 것은 8쌍의 16가지 마음의 작용입니다. 그것은 다음과 같습니다.

① 탐욕이 있는 마음과 탐욕이 없는 마음

② 성냄이 있는 마음과 성냄이 없는 마음

③ 어리석음이 있는 마음과 없는 마음

④ 침체된 마음과 그렇지 않은 마음. 산만한 마음과 그렇지 않은 마음

⑤ 선정 수행으로 고양된 마음과 선정 수행을 닦지 않아 고양되지 않은 마음

⑥ 아직 닦아야 할 위가 남아있는 마음과 (무색계 선정까지 닦아서) 더 이상 향상될 위가 없는 마음

⑦ 선정 수행에 의해 잘 집중된 마음과 그렇지 않은 마음

⑧ 선정 수행에 의해 일시적으로 번뇌에서 자유로워진 마음(해탈심)과 그렇지 않은 마음

위에서 ① 탐욕이 있는 마음과 ② 성냄이 있는 마음 ③ 어리석음이 없는 마음은 앞서 설명한 느낌을 알아차리는 수행에서 즐거운

느낌과 괴로운 느낌, 즐겁지도 괴롭지도 않은 느낌을 미처 알아차리지 못해서 그것이 탐욕과 성냄과 어리석음으로 진전되었을 때 그것을 알아차리는 것입니다. 느낌을 제때 알아차렸으면 탐욕, 성냄, 어리석음으로 진전되지 않았을 것이기 때문입니다. 이와 같이 알아차림은 매 순간을 알아차리는 것입니다.

탐욕이 일어났을 때 '아, 탐욕이 일어났구나'라고 탐욕이 일어난 마음상태를 있는 그대로 알아차리면 탐욕이라는 심리적 현상은 변하게 됩니다. 탐욕을 알아차리는 힘이 강하면 강할수록 탐욕이 사라지는 속도도 빨라집니다. 하지만 탐욕은 한번 없어졌다고 해서 완전히 사라진 것이 아닙니다. 다른 계기가 있으면 다시 일어납니다. 그때마다 놓치지 않고 알아차림으로써 탐욕의 힘이 점점 약화되어 가는 과정을 밟는 것입니다. 이상의 설명은 성냄이나 어리석음에도 마찬가지입니다.

그다음 알아차릴 대상은 산란해진 마음과 침체된 마음입니다. 이런 마음을 알아차리기란 처음에는 상당히 어렵습니다. 알아차리는 힘이 그만큼 강하지 않기 때문입니다. 산만할 때는 산란한 마음을, 졸릴 때는 졸린 마음을 관찰 대상으로 삼아 그때그때 알아차려야만 그러한 마음들은 점점 가라앉고 극복되기 시작합니다. 그러니 마음이 산란할 때는 '산란함', '망상', '헤맴' 하면서 알아차려야 합니다. 또 침체되거나 졸릴 때는 '졸음, 졸음' 하면서 알아차려야 합니다.

다음, 마음 알아차림의 마지막 네 가지 ⑤부터 ⑧까지는 선정과 관련된 것입니다. 선정에 관해서는 앞서 『들숨 날숨 알아차림경(출입식념경)』에서 설명한 바가 있거니와 이것은 전문적인 것이어서 설명을 더 이상 하지 않습니다.

이상으로 마음 알아차리는 수행에 관해서 살펴보았는데 심념처에서 무엇보다 중요한 것은 마음과 마음의 작용들(심소)은 있지만 '나'라고 할 만한 실체는 없다는 사실입니다. 모든 마음들은 끊임없이 생겨나서 머물다 사라지는 것이기 때문에 변하지 않는 '나'가 될 수 없는 것입니다.

이처럼 마음의 흐름을 놓치지 않고 바르게 파악할 수 있는 힘이 바로 마음에 대한 알아차림의 힘입니다. 순간순간의 마음을 잘 살피고 알아차림을 굳게 지닐 때 부정적인 마음은 사라지고 마음은 청정해지며 더욱더 지혜로워집니다. 마음 알아차림의 이로움은 어떤 바람(8풍)에도 흔들리지 않는 지혜를 갖추게 해 주는 것입니다.

(4) 법에 대한 알아차림(法念處)

법에 대한 알아차림은 수행의 대상과 방해물, 수행 도중에 경험하는 현상들을 전체적으로 알아차리는 것입니다. 그래서 앞서 설명한 신념처, 수념처, 심념처 등 수행의 전 과정을 제시하면서 초기불교의 핵심 가르침인 오온, 오개, 12처, 칠각지, 사성제를 설합니다(그러나 초기경에서는 법념처의 내용으로 오개와 칠각지만 있었고 나머지는 나중에 추가된 것이라는 견해도 있습니다).

여기서 주의할 점은 이런 가르침을 이론적으로 생각하는 것이 아니라 실제적인 수행을 통해 알아차림의 대상으로 삼아야 한다는 것입니다.

ⓐ 먼저 법념처에서 알아차릴 대상으로 삼는 주제는 오온입니다

오온에 관해서는 앞서 충분히 설명했으므로 여기서는 생략합니다.

ⓑ 다음은 수행을 시작할 때 부딪히는 다섯 가지 덮개, 즉 오개입니다

오개(五蓋)란 다섯 가지 법이 마음을 덮어서 선정과 지혜를 일어나지 못하게 장애한다는 뜻에서 붙여진 명칭인데 탐욕, 성냄, 혼침과 수면, 들뜸과 후회, 회의적 의심의 다섯 가지입니다. 수행의 초보 단계는 사실상 다섯 가지 덮개를 벗겨내는 단계라 볼 수 있습니다. 다섯 가지 덮개가 벗겨져야 우리의 몸과 마음을 정확하게 관찰할 수 있게 되기 때문입니다.

그런데 오개는 오랜 세월 동안 쌓여 축적된 성향이라서 쉽게 소멸되지 않습니다. 다섯 가지 중 탐욕과 성냄이 마음의 집중과 현상을 있는 그대로 보는 지혜를 장애하는 가장 강력한 요인이 될 것이라는 점은 어렵지 않게 이해할 수 있을 것입니다.

혼침은 게으름, 굼뜸, 흐리멍텅함 따위를 가리키고, 수면은 졸림을 가리키는 것으로 이 두 가지는 정신적으로 침체된 상태를 나타냅니다. 다음 들뜸은 마음이 들떠 교란되고 흥분된 상태를 가리키고, 후회는 실수를 저지른 것에 대한 후회와 이로 인한 불안 등을 가리키는 것으로 이 두 가지는 정신적으로 동요된 상태를 나타냅니다. 마지막 회의적 의심은 지금 자신의 수행이 과연 옳은 것인지 그른 것인지 확신이 없는 것을 의미합니다. 따라서 이 뒤의 세 가지는 모두 어리석음의 부류에 속합니다.

이들 다섯 가지 장애는 선정을 얻으면 스스로 만족하고 행복하기 때문에 선정의 구성요소 다섯 가지에 대응해서 사라집니다. 즉, 일으킨 생각(尋)은 해태와 혼침을 제거하고, 지속적 고찰(伺)은 의심을 제거하고, 희열(喜)은 성냄을 제거하고, 행복(樂)은 들뜸과 후회를 제거하며, 집중(定)은 감각적 욕망을 제거합니다.

참고로 부처님은 경전 『보왕삼매경』을 통하여 장애를 벗어나는 지혜에 관하여 다음과 같이 말씀하셨습니다.

① 몸에 병이 없기를 바라지 말라. 몸에 병이 없으면 탐욕이 이내 생기고 만다.

② 세상살이에 어려움이 없기를 바라지 말라. 세상살이에 어려움이 없으면 교만과 사치스러움이 반드시 일어난다.

③ 마음 공부에 장애 없기를 바라지 말라. 마음에 장애가 없으면 배

움에 순서를 무시하게 된다.

④ 행실을 바로 세움에 마(魔)가 없기를 바라지 말라. 행함에 마가 있
으면 서원이 굳건해지지 않는다.

⑤ 일을 도모함에 쉽게 이루어지기를 바라지 말라. 일이 쉽게 이루어
지면 뜻이 가볍고 거만하게 된다.

⑥ 친구를 사귀되 내가 이롭게 되기를 바라지 말라. 내가 이롭고자
하면 마땅히 해야 할 바를 잃게 된다.

⑦ 남들이 내 뜻에 순종해 주기를 바라지 말라. 남이 내 뜻대로 순종
해 주면 내심 스스로 우쭐하게 된다.

⑧ 덕을 베풀거든 대가를 바라지 말라. 대가를 바라면 뜻에 계산하
는 것이 있게 된다.

⑨ 이익을 보거든 더 많이 차지하기를 바라지 말라. 더 많은 이익을
취하려 하면 삿된 마음이 반드시 발동한다.

⑩ 억울함을 당해서 그것을 밝히려 하지 말라. 억울함을 밝히려 하
면 남과 나를 구분함을 잊을 수가 없다.

ⓒ 다음은 12처에 대한 관찰입니다

오온을 알아차리다 보면 6가지 감각기관과 6가지 감각대상들이
만나는 현상을 알아차리게 됩니다. 그리고 이 두 가지를 조건으로
해서 생겨난 번뇌의 족쇄를 알게 됩니다. 여기서 족쇄란 감각기관
과 감각대상을 조건으로 해서 생겨나는 탐욕과 성냄, 아만심, 잘못

된 견해, 회의적 의심, 계금취견, 존재에 대한 탐착, 질투심, 인색, 어리석음의 열 가지입니다.

이 번뇌들은 신념처, 수념처, 심념처와 모두 연관되는 매우 중요한 내용입니다. 그렇기 때문에 감각기관이 활동하는 동안 우리는 이들에 대해 늘 깨어 있어야만 하는 것입니다.

ⓓ 다음은 칠각지에 대한 관찰입니다

몸과 마음 또는 의식의 세계를 알아차리다 보면 수행이 깊어져서 일곱 가지 깨달음의 요소, 즉 칠각지를 경험하게 됩니다.

칠각지는 알아차림 수행이 성숙한 단계로 진행되었을 때 경험되는 것입니다. 깨달음을 이루기 위해서는 닦아서 갖추어야 할 것임과 동시에 깨달음을 이루면 그 구성요소로 갖추게 된다는 뜻에서 '깨달음의 지분'이라고 이름 붙인 것입니다. 이 일곱 가지는 알아차림으로 시작하여 평온으로 끝나는데, 이것은 계발하고 발전시키는 순서에 따라 배열된 것입니다.

칠각지의 요지를 간단히 설명하면 다음과 같습니다.

수행자는 외부 대상에 대한 정보가 감관을 통해 제공되면 이것을 놓치지 않고 알아차리고(알아차림), 그것이 선법인지 악법인지 검토하여 가려서 선택한다(택법). 그래서 선법이면 머물고 원만히 갖추어지게 하며 악법이면 소멸하게 의욕을 일으키고 방편을 구하여 온 마음을 다해 정성으로 힘쓴다(정진). 이러한 정진이 궤도에 이르면 내적으로 기쁨이 일어나 확산되는데(기쁨), 이것이 더욱 진전되면 행복한 느낌이 온몸에 충만하다가 점점 고요해지면서 몸과 마음이 지극히 가벼워진다(경안). 이와 같은 가벼움이 더욱 무르익으면 특별히 노력하지 않더라도 마음은 대상에 집중되고(삼매), 정신적 침체와 정신적 동요 양쪽에서 모두 벗어나므로 재촉할 필요도 없고 제어할 필요도 없이 모든 현상을 있는 그대로 잘 관찰하는 상태가 된다(평정).

ⓔ 법념처 수행의 마지막은 사성제를 관찰해서 구경의 지혜를 증득하는 것으로 결론 맺고 있습니다

다시 말하면 무상, 고, 무아의 삼특상 가운데서 고(苦)의 특상과 그 원인과 소멸과 소멸에 이르는 길을 꿰뚫어 아는 것으로 해탈 열반의 실현을 설명하고 있습니다. 이렇게 사성제를 철견하는 것이야말로 초기경에서 일관되게 설명하고 있는 깨달음이요, 열반의 실현입니다. 사성제에 관해서는 앞에서 자세히 설명했습니다.

(5) 사념처 수행은 따로 분리된 것이 아닙니다

사념처 수행은 따로 분리된 것이 아니라 서로서로 긴밀하게 연관된 채 일어납니다. 지금까지 살펴본 신수심법, 즉 몸에 대한 알아차림, 느낌에 대한 알아차림, 마음에 대한 알아차림, 법에 대한 알아차림은 따로 분리되는 것이 아니라 서로서로 연결되어 있는 것입니다. 이해를 돕기 위해서 하나하나 분리해서 설명했지만 실제로 우리 몸과 마음속에서는 이러한 네 가지 현상들이 서로 긴밀하게 연관된 채 일어납니다.

따라서 사념처 수행에서 어느 하나만 닦고 나머지를 안 닦는다는 것은 있을 수 없는 일입니다. 다시 말해 몸을 다 관찰한 다음에 느낌을 관찰하는 것이 아니라는 것입니다.

가령 몸을 계속 관찰하다가 생각이 일어나면 생각을 관찰합니다. 그 생각이 사라지면 다시 자기가 관찰하던 몸으로 돌아옵니다. 그러다 느낌이 일어나면 다시 느낌을 관찰하고 느낌이 사라지면 다시 원래 관찰하던 몸으로 대상을 옮깁니다. 이와 같이 신수심법은 분리되어 있는 것이 아니라 서로 조건 지어 가면서 생겨났다가 사라지는 것입니다. 따라서 그때그때 가장 두드러진 현상을 있는 그대로 관찰하면 되는 것입니다.

(6) 알아차림은 열반의 보증수표입니다

부처님께서는 사념처를 정말로 열심히 닦는다면 7년 혹은 단지 7일 만에도 아라한이 될 수 있다고 말씀하셨고 집착이 남아 있다면 불환의 아나함을 이루게 된다고 하셨습니다. 실제로 목갈라나 존자는 7일 만에, 사리풋다 존자는 보름 만에, 부처님의 마지막 제자가 된 수밧타라는 고령의 이교도는 오전에 법을 듣고 그 법대로 수행해서 그날로 아라한이 되었다고 합니다.

이러한 연유로 부처님은 "비구들이여, 이 도(道)는 유일한 길이다. 중생을 정화하고 슬픔과 비탄을 극복하게 하고 육체적 고통과 정신적 고통을 사라지게 하고 올바른 길에 도달하게 하고 열반을 실현하기 위한 길이다. 그것은 네 가지 알아차림의 확립이다"라고 말씀하신 것입니다.

13
사마타와 위빠사나의 공통점,
차이점, 상호관계

(1) 공통점

공통점은 '알아차림'입니다. 알아차림은 사마타와 위빠사나 수행의 양쪽에 모두 필수적인 방법입니다.

(2) 차이점

ⓐ 대상

사마타의 대상은 변화가 없는 개념(관념)입니다. 위빠사나의 대상은 지금 현재 변화하고 있는 현상(실재, 법)입니다. 앞에서 언급했듯이 불교 수행의 핵심은 관념의 틀을 깨고 실재를 보는 것입니다.

'사람을 보지 말고 그 행위를 보라'는 말이 있습니다. 이 말은 관념을 보지 말고 실재(법)를 보라는 말입니다. 어떤 사람이 무슨 말을 했을 때 그 말을 한 어떤 사람(명칭, 관념)은 중요하지 않고 그 말의 내용(실재)이 중요하다는 것입니다. 그런데도 우리가 '이것은 누구의 말이니 믿어도 된다', '유명한 사람의 말이니까 옳다', '부도덕한 사람의 말이니 틀렸다'와 같이 말의 내용을 미리 판단해 버리는 것은 관념(선입견)에 빠져 실재를 볼 기회조차 놓치는 것입니다.

그래서 '행위는 있어도 행위자는 없다'라는 말은, 행위는 실재이고 행위자는 관념이라는 말입니다. 즉, 행위를 하는 고정된 실체로서 행위자는 없다는 말입니다. 단지 행위를 한 사람을 표현하기 위해 행위자라는 이름을 붙였을 뿐입니다.

행위는 매 순간 물질과 정신이 상호작용하여 만들어지는 것이지, 어떤 고정된 실체로서의 행위자가 행위를 하는 것이 아니라는 말도 됩니다. 그래서 행위자는 없다는 것이 진리, 실재입니다.

ⓑ 목적

사마타의 목적은 다섯 가지 장애를 가라앉히고 눌러 놓아 고요함을 얻는 것입니다. 위빠사나는 다섯 가지 장애를 들춰내어 그것이 무상, 고, 무아라는 지혜를 얻는 것이 목적입니다. 사마타는 하나의 대상에 집중하여 번뇌를 눌러 놓아 고요함을 얻는 것이므로 괴로움을 소멸시키는 힘이 없습니다.

위빠사나는 대상과 하나가 되지 않고 대상을 분리해서 알아차리며 대상의 성품(무상, 고, 무아)을 보아 지혜를 계발하는 통찰 수행입니다. 이러한 지혜가 있어야만 성인의 깨달음을 실현할 수 있습니다.

ⓒ 집중방법

사마타는 하나의 대상에 근접집중과 근본집중(몰입)을 하는 것인데, 위빠사나는 매 순간마다 여러 대상들에 집중하는 찰나집중을 합니다.

(3) 상호관계

법구경에는 "지혜가 없는 자에게 선정은 없고 선정이 없는 자에게 지혜란 없다. 선정과 지혜를 갖춘 자 그에게 열반은 가까이 있다"라는 말씀이 있습니다. 이것은 선정과 지혜의 두 수행법이 상호 보완적인 작용을 하고 있다는 뜻입니다. 그리고 이 점은 위 16단계의 호흡 수행을 신, 수, 심, 법의 네 범주로 나누어 설명하는 것에서도 알 수 있습니다.

사실 사마타 수행과 위빠사나 수행은 상호보완하면서 항상 함께 하고 있습니다. 즉, 사마타 수행을 통해 수행자는 고요함과 평화로움을 느끼게 됩니다. 고요함과 평화로움을 느끼면 마음의 에너지가 증가하고 알아차림의 힘이 강해집니다. 알아차림의 힘이 강해지면 수행을 가로막는 장애의 힘이 약해집니다. 그리고 장애가 약화되면 알아차림의 힘이 더욱 강해집니다. 알아차림의 힘이 강해지는 것은 지혜가 일어나는 원인이 됩니다. 지혜가 일어나면 장애는 더욱 줄어들고 장애가 줄어들면 마음이 더 고요하고 평화로워지는 것입니다.

상호보완적인 방법이라고 할 때 유의할 점이 몇 가지가 있습니다.

첫째는 사마타 수행과 위빠사나 수행은 성질상 동시에 양립할 수 없다는 것입니다. 그래서 사마타 수행에 의하여 본삼매 수준의 선정을 성취한 수행자라도 현상의 실상을 관찰하는 위빠사나 수행은 선정에 든 상태에서 하는 것이 아니라 선정에서 나와 행하는 것입니다.

둘째는 사마타와 위빠사나 중 어떤 것을 먼저 닦을 것인가 하는 점입니다. 이는 인연이 닿는 스승의 지도방법과 수행자 자신의 관심과 성향에 따라 다를 수밖에 없습니다. 그렇지 않고 어느 하나를 반드시 먼저 닦아야 한다는 것은 독단적인 견해입니다.

일반적으로 말한다면 일을 하거나 몸을 움직이고 생각을 멈출 수 없는 일상생활에서는 위빠사나 수행이 적합하고, 조용하고 안정된 곳에서는 사마타 수행이 적합할 것입니다. 일부 남방불교 국가에서는 사마타를 하지 않고 순수 위빠사나만 하는 곳도 있습니다.

셋째는 가장 중요한 것으로, 어떤 경우(사마타)에도 수행은 무상, 고, 무아를 통찰하는 위빠사나로 귀결된다는 것입니다.

마지막으로 위빠사나는 무상, 고, 무아를 통찰하는 것 그 자체 이지 결코 특정한 수행기법만을 말하는 것은 아니라는 점입니다.

제6부

초기불교 수행의 결과

1
팔정도 수행에 따라 성숙되는 지혜의 단계

팔정도에 따른 수행의 과정을 개략적으로 살펴보면 다음과 같습니다. 우선 좋은 스승을 만나 바른 법에 대한 법문을 들어야 합니다. 이를 통해 바른 견해가 갖추어집니다. 다음은 악행을 짓지 않도록 계율을 청정하게 잘 지켜야 합니다. 그다음에 알아차림과 지혜를 계발하다 보면 다섯 가지 장애요소가 내려놓아집니다.

그러면 찰나삼매, 근접삼매, 본삼매 등의 삼매가 생깁니다. 그 삼매를 바탕으로 오온을 관찰하면 오온의 실상에 대한 이해와 오온이 조건 따라 일어난다는 연기의 지혜가 생깁니다.

모든 것이 조건 따라 일어나고 조건 따라 사라진다는 것을 이해하면 오온의 무상, 고, 무아를 이해하는 삼법인의 지혜가 생깁니다. 그러고 나면 모든 현상들을 멀리하게 되는 염오의 지혜가 생기고 뒤이어 모든 현상들을 집착 없이 평온하게 보는 지혜가 생깁니다. 평온의 지혜는 세속적 지혜의 절정이고 깨달음의 실현으로 인도하는 지혜입니다. 평온의 지혜가 깊어질 때 깨달음의 지혜인 이욕의 지혜가 일어나 모든 불선한 심리작용들을 버림으로써 해탈이 일어나는 것입니다.

(1) 오온에 대한 지혜

사념처 수행을 통해 네 가지 대상, 즉 몸(신), 느낌(수), 마음(심), 마음작용(법)에 대한 알아차림을 지속하면 네 가지 대상의 특징, 역할 등을 있는 그대로 이해하게 됩니다.

네 가지 대상 중에서 몸은 색온이고 느낌은 수온, 마음은 식온이고 마음의 작용은 상온과 행온에 해당됩니다. 따라서 네 가지 대상에 대한 이해는 오온, 즉 물질과 정신에 대한 이해와 같습니다. 이처럼 알아차림을 통해 자신의 몸과 마음에서 일어나는 현상들을 지켜보면 자신의 본질적인 모습이 오온 또는 물질과 정신임을 알 수 있습니다.

사람들이 '실체'나 '영혼'이나 '자아'라고 인식하고 집착하던 것이 실제로는 오온의 결합일 뿐임을 이해하게 됩니다. 오온에 대한 지혜를 통해 영혼, 자아라는 개념이 버려지는 것입니다.

(2) 연기의 지혜

오온에 대한 지혜가 생기면 그다음은 오온이 왜 일어나는지, 즉 오온의 원인에 대한 지혜가 계발됩니다. 다시 말해서 세상의 모든 현상들이 조건 따라 일어나고 조건 따라 사라짐을 이해하는 연기의 지혜가 생기는 것입니다.

경전에서는 이 연기에 대해 '이것이 있으므로 저것이 있고, 이것이 일어나면 저것이 일어난다. 이것이 없으므로 저것이 없고 이것이 사라지면 저것도 사라진다'라고 표현합니다.

연기를 이해하면 사견(邪見)을 버리고 정견을 바로 세울 수 있습니다. 자아라는 실체가 있어서 영원히 존재한다는 견해를 상견(常見)이라고 합니다. 반면 죽으면 모든 것이 끝이라고 생각하는 것은 단견(斷見)입니다. 이 두 가지가 대표적인 사견입니다.

이에 반해 연기는 조건 따라 일어나고 조건 따라 사라진다는 것인데 '조건 따라'라는 말은 상견을 부정하는 것입니다. 왜냐하면 영원한 자아가 있다면 조건 따라 일어나는 것이 아니라 조건에 관계없이 항상 존재해야 하기 때문입니다.

'조건 따라 일어난다'에서 '일어난다'라는 말은 단견을 부정하는 것입니다. 왜냐하면 죽으면 끝이라고 주장하더라도 무명과 갈애라는 조건이 남아 있으면 업을 짓게 되고, 업이 있으면 다시 태어나기 때문에 죽으면 끝이라는 말이 성립하지 않기 때문입니다. 이처럼 연기를 이해하면 상견과 단견을 버리게 됩니다.

또 연기의 가르침은 지금 여기에서 충실한 삶을 살 것을 가르쳐 줍니다. '나'라는 것은 순간순간의 상황과 조건에 의하여 만들어져 가는 역동적인 존재임을 알고 지금 여기에서 최선의 삶을 살게 합니다.

또한 네트워크의 발달로 공존의 밀도가 높아진 현대사회에서 연기사상의 유기적, 통전적, 공존적 사유체계는 종교 간의 극심한 갈등이나 사상, 이념의 갈등을 해소하는 데 많은 기여를 하고, 동체

자비를 실현하는 이론적 바탕이 되며, 특히 오늘날 지구촌을 덮치고 있는 환경 재앙을 막을 수 있는 유일한 대안이 되고 있습니다.

(3) 삼법인의 지혜

연기의 지혜를 통해 모든 현상들이 조건 따라 일어나고 조건 따라 사라진다는 것을 알고 나면 이 세상에 존재하는 모든 유위법, 즉 물질과 정신 곧 오온이 무상하다는 것을 이해하게 됩니다. 무상하다는 뜻은 항상 존재하는 것이 아니라 조건이 형성되면 생겼다가 조건이 사라지면 사라진다는 의미입니다. 조건 따라 일어나고 조건 따라 사라지기 때문에 원하는 것이 사라지는 괴로움과 원하지 않는 것이 일어나는 괴로움은 피할 수 없습니다. 그래서 무상한 것은 행복이라 할 수 없으며 본질적으로 괴로움이라고 하는 것입니다.

생멸하며 계속 변하는 것은 고정불변한 실체가 없으므로 '나', '나의 것', '나의 자아'라고 할 만한 것이 없습니다. 또한 조건 따라 일어나는 것들을 내 맘대로 제어할 수 없습니다. 원하는 법을 일어나게 할 수도 없고 이미 일어난 법을 사라지게 할 수도 없습니다. 곧 모든 것은 변하니 무상하고, 행복이라 할 수 없으니 괴로움이며, '나'라고 할 만한 주체가 없고 지배력을 행사할 수 없으니 무아입니다.

이와 같이 연기의 지혜가 생기면 무상, 고, 무아의 삼법인의 지혜가 생깁니다. 삼법인의 지혜는 깨달음의 지혜가 생기기 위해서 반드시 선행되어야 할 조건입니다. 삼법인의 지혜는 깨달음의 지혜를 실현하는 열쇠입니다.

이러한 삼법인의 지혜는 강한 삼매를 조건으로 생깁니다. 위빠사나를 통해 찰나삼매가 긴 시간 동안 지속되거나 붓다의 호흡명상을 통해 오랜 시간 선정에 들면 강한 삼매가 생깁니다. 삼법인은 이런 삼매를 조건으로 생기는 것입니다. 특히 본삼매상태에서는 감각적 욕망과 성냄 등의 장애요소가 오랜 시간 철저하게 버려지므로 마음이 매우 또렷하고 고요하고 청정합니다. 그래서 삼매에서 출정하면 마음이 집중되고 밝고 깨끗하고 부드러운데 이때가 세상을 있는 그대로 볼 수 있는 최적의 마음상태입니다. 삼매에서 출정하여 삼매를 이루고 있던 오온이 무상, 고, 무아임을 통찰하면 강력하고 예리한 삼법인의 지혜가 계발됩니다.

(4) 염오의 지혜

현상들에 대한 무상, 고, 무아의 지혜가 깊어지면 조건 지어진 모든 현상들을 위험하다고 관찰하는 '위험의 지혜', 그리고 현상들을 염오하여 멀리하고자 하는 '염오의 지혜'가 생깁니다. 위험의 지혜가 성숙한 것을 염오의 지혜라 하므로 사실은 두 가지가 이름만 다르지 같은 지혜로 보아도 무방합니다. 여기서 염오는 현상들을 싫어하는 성냄이 아니라 현상들을 가까이하지 않고 멀리하려는 지혜입니다.

염오는 강한 위빠사나라고 합니다.

(5) 평온의 지혜

염오의 지혜가 성숙하면 몸과 마음의 현상들을 더욱 멀리하게 되므로 나중에는 모든 현상을 집착하거나 싫어하지 않고 항상 평온하게 받아들이는 '평온의 지혜'가 생깁니다.

평온의 지혜는 삼법인에 대한 지혜가 절정에 이른 상태입니다. 그러므로 불선한 심리작용들이 일시적이지만 철저히 버려지고 어떤 대상을 만나도 동요되지 않습니다. 평온의 지혜가 성숙할수록 몸과 마음의 모든 현상에 대해 무관심하게 되고 중립적이 되어 세상에 있는 것들을 영원하다거나 행복이라거나 '나', '나의 것', '나의 자아'라고 생각하지 않습니다. 그러면 세상의 본질적인 모습인 오온 또는 물질과 정신은 믿을 만한 것이 아님을 분명히 이해하고 그에 대한 집착을 버리게 되므로 열반으로 마음이 향하게 됩니다.

오온에 대한 집착을 영원히 버리는 지혜를 이욕의 지혜라고 하는데, 이것이 깨달음의 지혜입니다. 그러니까 평온의 지혜는 깨달음이 일어나기 직전의 지혜이고 범부와 성인의 분기점에 있는 지혜라고 할 수 있습니다.

2
열 가지 족쇄와
네 부류의 성자들

초기불교에서 인간은 크게 범부와 성자의 둘로 구분됩니다. 범부는 깨닫지 못한 사람이고 성자는 깨달은 사람입니다. 성자는 다시 수다원, 사다함, 아나함. 아라한의 넷으로 분류됩니다.

수다원, 사다함, 아나함은 아직 더 공부해야 할 존재이므로 유학(有學)이라고 하고, 아라한은 모든 번뇌가 소멸했기 때문에 더 이상 공부할 것이 없는 존재이므로 무학(無學)이라고 합니다.

그러면 성자를 이와 같이 분류하는 기준은 무엇일까요? 초기불교에서는 우리를 존재의 세계에 붙들어 매는 열 가지 족쇄가 있다고 합니다. 이것은 둘로 나누어지는데, 하나는 우리를 욕계세계에 결박하는 다섯 가지 족쇄(오하분결이라고 함)로 유신견, 계금취견, 의심, 욕탐과 성냄입니다. 그리고 우리를 색계와 무색계에 결박하는 다섯 가지 족쇄를 오상분결이라고 하는데 여기에는 색탐, 무색탐, 자만, 들뜸, 무명이 있습니다.

이들 열 가지 족쇄를 설명하면 다음과 같습니다.

① 유신견은 고정불변하는 자아 혹은 실체가 있다고 집착하는

가장 근본적인 삿된 견해입니다. 오온(색, 수, 상, 행, 식) 중 하나를 자아라고 생각하는 것, 오온 중 하나를 가진 것이 자아라고 생각하는 것, 오온 중 하나가 자아 안에 있다고 생각하는 것, 오온 중 하나 안에 자아가 있다고 생각하는 것입니다. 유신견은 이와 같이 오온의 하나마다 네 가지 형태가 있어서 20가지가 됩니다(나꿀라삐따경 - S). 유신견은 다섯 무더기(오온)가 연기된 것이므로 무상, 고, 무아라는 공통된 특성이 있음을 알지 못하기 때문에 생기는 것입니다.

② 계금취견은 형식적인 계율과 의례의식을 지킴으로써 해탈을 할 수 있다고 집착하는 것입니다. 잘못된 믿음의 행태입니다.

③ 의심은 불, 법, 승 삼보와 계율, 연기법 등을 회의하여 의심하는 것입니다.

④ 욕탐은 감각적 욕망에 대한 욕망, 즉 눈, 귀, 코, 혀, 몸을 통한 다섯 가닥의 감각적 욕망입니다.

⑤ 성냄(敵意)은 반감, 증오, 분개, 적대감 등을 뜻하며 성내는 마음과 동의어입니다.

⑥ 색탐은 초선부터 제4선까지의 색계선으로 실현되는 경지에 대한 집착을 말합니다.

⑦ 무색탐은 공무변처부터 비상비비상처까지의 무색계선으로 실현되는 경지에 대한 집착을 말합니다.

⑧ 자만은 내가 남보다 뛰어나다, 동등하다, 못하다고 생각하는 마음입니다. 남하고 동등하거나 남보다 못하다고 생각하는 것도 자만에 포함됨을 주의해야 합니다.

⑨ 들뜸은 들뜨고 불안한 마음입니다.

⑩ 무명은 사성제를 모르는 것입니다. 무명에 대해서는 12연기 부분에서 자세히 설명한 바 있습니다.

위 열 가지 족쇄 중에서 ① 유신견 ② 계금취견 ③ 의심의 족쇄를 끊은 수행자를 수다원이라 합니다. 수다원은 성인의 흐름에 들었다고 하여 예류자라고 하는데 최대 일곱 생 이내에는 아라한이 되는 것이 보장된다고 합니다.

다음으로 ④ 욕탐과 ⑤ 성냄 중에서 거친 것(9품 중에서 중하까지 6품)만을 끊어낸 성자를 사다함이라고 하는데 아라한이 될 때까지 욕계 세상에는 한 번만 온다고 해서 일래자라고 합니다.

그다음으로 욕탐과 성냄 중에서 아직 남아 있는 미세한 것까지를 완전히 끊은 성자를 아나함이라고 하며 다시는 욕계 세상에 오지 않고 정거천에 태어나서 거기서 아라한이 된다고 하여 불환자라고 합니다.

마지막으로 색계와 무색계에 묶어 두는 ⑥~⑩까지의 오상분결마저 완전히 끊어버려 모든 번뇌를 소멸한 최고 단계의 성인이 되는데 이를 아라한이라고 합니다.

수다원, 사다함, 아나함, 아라한의 도과가 결정되는 것은 다른 말로 하면 무아를 얼마나 깊게 완전하게 아느냐에 달린 것이라고 말할 수 있습니다. 무아를 아는 것에 따라서 집착을 끊는 정도가 다르기 때문입니다.

그런데 선종에서는 깨달음에 단계(深淺)를 인정하지 않고 있어 초기불교와는 많이 다릅니다. 이것은 선불교가 불성과 돈오를 바탕으로 하기 때문일 것입니다.

네 부류의 성자와 관련하여 이들이 색계, 무색계의 존재와는 어떤 관련이 있는 것인가 하는 의문이 들기도 하는데, 이 둘은 직접 관련성이 없습니다. 차원이 다른 것입니다. 즉, 성인이 꼭 색계나 무색계의 존재여야만 하는 것이 아니고 또 색계, 무색계 존재가 성인이어야 하는 것도 아닙니다.

제7부

업과 윤회

1
업과 과보

인도에 뿌리를 두고 있는 사상이면 어떤 사상이라도 ① 윤회 ② 업 ③ 법이라는 관념을 굳건하게 밑바탕에 깔고 있습니다. 다만 불교는 그것에 대한 해석을 달리하고 있다는 것은 앞에서 언급한 바 있습니다.

즉, 윤회는 아트만 윤회가 아니라 무아윤회이며 업은 모든 행위가 아니라 의도적인 행위만으로 그 의미를 한정함으로써 그 기능(업력)에 의하여 태어난 이후의 삶을 자신의 노력 여하에 따라 개선할 수 있도록 하였습니다. 법도 계급적 의무를 다한다는 의미가 아니라 부처님의 가르침이나 존재현상을 가리키는 것으로 재해석하였습니다.

2
인과의 필연성, 인과응보

업과 윤회는 인과의 필연성을 전제로 합니다. 인간의 행위는 반드시 어떤 결과를 낳습니다. 그런데 그 결과는 임의적이거나 우발적인 것이 아니라 행위와 결과 사이에 반드시 도덕적 인과관계가 있다는 것이 불교의 가르침입니다. 선한 행위는 즐거운 결과를 주고, 악한 행위는 고통이라는 결과를 가져옵니다. 여기에 예외는 없습니다.

부처님은 "설사 허공을 땅으로 만들고 땅을 허공으로 만들 수 있다 해도 이미 뿌려 놓은 인연의 씨앗은 썩어 없어지지 않고 남아 있나니, 인연이 무르익는 날에는 반드시 받아야 하리라"라고 하셨습니다.

또 『법구경』의 게송에서 부처님은 "악한 행동을 한 사람은 이 세상에서도, 다음 세상에서도 양쪽 세상 모두에서 비탄에 빠지고 괴로움을 겪는다. 그가 더욱 괴로운 것은 고통을 겪으며 자기 악행을 보고 되새기는 것이다. 반대로 착한 행동을 한 사람은 이 세상에서도, 다음 세상에서도 양쪽 세상 모두에서 즐거워한다. 그가 더욱 즐거운 것은 즐거움을 누리며 자기 선행을 보고 되새기는 것이다"라고 말씀하셨습니다.

또 부처님은 "모든 존재는 자신의 미래를 스스로 불러오는 것이니 그가 무엇을 했느냐에 따라 그의 삶이 전개되는 것이요, 한마디로 모든 중생은 업의 상속자인 셈이다"라고도 말씀하셨습니다.

업의 결과는 당대에 발현되는 것은 물론, 남은 업이 있으면 죽음 이후에도 이를 실현시킬 명색(오온)을 만들어 낸다는 것은 앞서 십이연기 부분에서 살펴본 바 있습니다.

빈손으로 왔다가 빈손으로 간다는(공수래 공수거) 말이 있으나 결코 그렇지 않습니다. 어느 누구라도 세상을 떠날 때 빈손으로 가지 않고, 새로 태어날 때 빈손으로 오지 않습니다.

업은 의도인데 이 의도는 행위자의 내면에 의식구조화 되어 자신의 속성 내지 일부분이 되었으므로 죽음 후에도 내생으로 상속되는 것입니다. 이런 인과의 필연성은 어떤 절대자의 심판에 의해서 그 필연성이 흔들리는 도덕률이나 상벌이 아니라 마치 작용과 반작용의 자연법칙과 같은 인과율입니다. 따라서 누구도 이를 벗어날 수 없는 것입니다. 부처님은 일체지혜를 갖춘 분이어서 모든 것을 아시는 분이지만 전능하신 분은 아니라고 하는데, 그 주된 이유가 업의 과보만은 부처님께서도 바꾸실 수 없기 때문이라고 할 정도입니다.

부처님 제자 중에 신통의 힘에서 제일이라는 평가를 받고 있던 마하 목갈라나가 이교도들의 집단 폭력을 신통력으로 피하지 않고 순순히 받아들여 죽음에 이른 사실은 이점을 웅변하는 것입니다. 죽음에 앞서 사리뿟따로부터 "왜 신통으로 피하지 않았는가"라는 물음을 받고는 "내가 본래 지은 업이 매우 깊고 무겁다. 그 과보를 받아야 하므로 끝내 피하지 않았다"라고 대답합니다.

경전에서는 그와 같은 과보의 필연성을 다음과 같이 읊고 있습니다.

"허공도 안 되고 바닷속도 안 되며 깊은 산 바위틈에 숨어서도 안 되네. 이 세상 그 어디에서도 지은 악의 재앙은 피할 수가 없네."

그렇기 때문에 부처님께서는 이교도 청년인 수바로부터 "참으로 인간들은 목숨이 짧기도 하고 목숨이 길기도 하며, 질병이 많기도 하고 질병이 없기도 하며, 용모가 추하기도 하고 용모가 아름답기도 하며, 권세가 있기도 하고 권세가 없기도 하며, 빈궁하기도 하고 부유하기도 하며, 비천하기도 하고 고귀하기도 하며, 우둔하기도 하고 현명하기도 합니다. 어떠한 원인과 어떠한 조건 때문에 인간의 모습을 한 인간들 사이에 이와 같이 천하고 귀한 차별이 있습니까?"라는 질문을 받고 대답하기를, "중생들은 자신의 업을 소유하는 자이고 그 업을 상속하는 자이며 그 업을 모태로 하는 자이고 그 업을 친지로 하는 자이며 그 업을 의지처로 하는 자입니다. 업이 중생을 차별하여 천하고 귀한 상태가 생깁니다"라고 하신 다음 그 구체적인 응보관계에 대해 살생과 단명, 불살생과 장수, 상해와 다병, 불상해와 무병, 분노와 불단정, 무분노와 단정, 질투와 무권세, 무질투와 권세, 교만과 비천, 무교만과 존귀, 무보시와 빈궁, 보시와 부유, 무질문과 우둔, 유질문과 현명함으로 설명하셨습니다.

그런데 이러한 과보의 필연성에서 업을 바라보는 시각은 바라문교와 불교가 전혀 다릅니다. 즉, 바라문교에서는 업은 신의 뜻이거나 전생의 모든 행위를 의미합니다. 따라서 어떠한 행위이든 결과에 대한 책임을 져야 합니다. 이를테면 노예 신분으로 태어난 자는 자신이 과거생에 지은 업 때문에 평생토록 노예로 사는 것을 스스로 받아들이게 한 것입니다. 이것은 말할 필요 없이 바라문들이 자기들의 계급 지배의 정당성을 찾기 위해서 업을 운명론적이고 숙명적인 것으로 만들어 버린 것입니다.

그러나 부처님은 모든 행위가 업이 되는 것이 아니고 오직 의도적인 행위만을 가리키는 것이라고 하셨습니다. 그래서 부처님은 "만약 의도적으로 짓는 업이 있으면 그것은 이 현세에서 받거나 후세에서 받거나 반드시 그 과보를 받는다고 나는 말하지만 만일 의도적으로 짓는 업이 아니면 이것은 반드시 과보를 받지는 않는다고 나는 말한다"라고 말씀하셨습니다. 또 "의도를 업이라고 나는 말한다. 의도를 가지면 몸과 입과 뜻으로 행동하게 된다"라고 말씀하셨습니다.

여기서 부처님께서 정의 내리신 '의도'의 기능은 자유의지에 의한 선택으로, 선이나 악 혹은 무기로 마음을 향하게 하는 데 있습니다. 따라서 의도가 없으면 어떠한 업도 지을 수 없는 것입니다. 결국 부처님은 과거의 업 때문에 어쩔 수 없이 불평등하게 태어난다는 것을 인정하면서도 업을 의도적인 행위만으로 그 의미를 한정함으로써 그 업의 기능에 의하여 태어난 이후의 업은 자신의 노력 여하에 따라 개선할 수 있음을 강조하신 것입니다.

부처님은 이와 같이 업의 정의를 새롭게 하심으로써 업을 숙명적인 것에서 자기 선택에 의하여 새로운 운명을 개척할 수 있는 능동

적이고 창조적인 메시지로 바꿔 계급의 굴레로부터 벗어나도록 하신 것입니다. 한마디로 부처님의 업설은 자기창조의 철학이라 하겠습니다.

업과 과보에 관하여 몇 가지 언급할 것이 있습니다.

첫째는 업에 대하여 과보가 감응하는 시기에는 세 가지가 있다는 것입니다. 즉, 업을 지은 그 당대에 과보가 감응하는 것과 바로 다음 생에 감응하는 것, 그리고 제3의 생 이후에 감응하는 것인데 이를 차례대로 현보, 생보, 후보라고 부릅니다.

둘째는 응보가 필연적이라고 해서 수학 공식처럼 동일한 업이 항상 동일한 과보를 가져오는 기계적인 것이 아니라는 점입니다. 왜냐하면 업을 지은 사람이 다르면 그 업과 관계되는 환경 및 다른 조건들도 다를 수밖에 없는데 그때 그 다른 조건들 역시 과보를 형성하는 데 영향력을 갖기 때문입니다. 그래서 동일한 업도 그 환경과 조건이 어떠한가에 따라 사소한 업이 그에 상응하는 것으로 여겨지는 것보다 훨씬 무거운 과보를 가져오기도 하고 반대로 무거운 업이 사소한 과보를 가져오는 데 그치기도 합니다.

경전에서는 이것을 소금덩이 비유로 설명합니다. 소금덩이 비유란 발우의 적은 물에 소금덩이를 넣으면 그 물은 짜서 먹을 수가 없게 되지만 그만큼의 소금을 갠지스강에 던진다면 갠지스강 물은 짜져서 마실 수 없게 되지 않는다는 것입니다.

셋째는 신, 구, 의 삼업 중 마음으로 짓는 업이 가장 무겁다는 것입니다.

넷째는 독을 만졌더라도 손에 상처가 없으면 해가 없듯이 강요에 의해 어쩔 수 없이 행위한 것은 비난 가능성이 없으므로 책임을 물을 수 없다는 것입니다(오늘날의 형사법이론과 같음).

다섯째는 선과 악의 과보는 지은 이가 받는 것이지 남이 대신해 줄 수 없다는 것입니다. 대속은 없으며 철저한 자업자득, 자기책임의 원칙입니다.

여섯째는 참회하면 업장은 소멸시킬 수 있다는 것입니다. 부처님은 천상에 나는 두 종류의 사람이 있는데 하나는 선행만 한 사람이고 다른 하나는 악행을 했어도 참회하는 사람이라고 말씀하셨습니다(증일아함경).

마지막으로 업은 어디에 저장되는 것이 아니라는 점입니다. 대승불교의 유식학에서는 우리가 어떤 행위를 하고 나면 그 종자가 남아 심층의식인 아뢰아식(제8식)에 저장된다고 합니다. 업종자라는 것이 있어서 아뢰아식에 저장되어 있다가 어떤 인연을 만나면 표면의식으로 나타난다는 것입니다. 그러나 초기불교에서는 업이 어디에 저장되어 있다고 설명하지 않습니다. 우리가 어떤 행위를 하면 그때 일어난 마음이 업이 됩니다. 이 마음은 일어났다가 사라질 뿐 어디에 저장되지 않습니다. 하지만 나중에 적당한 조건이 형성되면 업의 잠재력인 업력이 업의 결과를 맺는 것입니다. 업력은 씨앗이 가진 잠재력과 같습니다. 초기불교에서는 심(心), 의(意), 식(識)을 같은 것으로 볼 뿐, 이것 외에 제7식인 말라식과 제8식이라는 아뢰아식을 인정하지 않습니다. 이에 관해서는 앞에서 자세히 설명했습니다.

3
무아와 윤회, 영혼의 문제

(1) 무아와 윤회는 모순되는가

불교는 무아를 근본으로 하는 가르침이라고 했습니다. 그래서 초기불교에서부터 무상, 고, 무아는 삼특상(삼법인이라고도 함)이라고 불렸으며, 『오온무아경 - A』에서는 무상, 고, 무아, 열반을 통찰하여 성자가 되는 것이 언급되어 나타나기도 합니다.

이와 같이 제법무아는 초기경의 여러 곳에서 강조되고 있습니다. 특히 오온에 대해서 스무 가지로 자아가 있다는 견해를 가지는 삿된 견해를 유신견이라 하고 열 가지 족쇄 가운데 첫 번째로 꼽고 있습니다. 그런가 하면 윤회도 초기불교의 도처에서 강조되어 나타나고 있습니다.

그렇다 보니 일견 무아와 윤회는 서로 모순되는 가르침인 듯합니다. 그렇기 때문에 불교를 잘못 이해하는 사람들은 무아이면서도 윤회를 한다는 것은 모순이라고 하며 부처님은 윤회를 설하지 않으셨다고 주장하는 사람이 있는가 하면, 모순이기는 하지만(진제) 윤회는 윤리적 실천이라는 중생교화를 위한 방편교설(속제)이라고 말하는 사람도 있습니다. 그런가 하면 윤회의 주체로 아뢰야식이나 영혼이 존재한다고 말하며 불교의 근본인 무아와 연기법에 배치되는 주장을 하는 사람도 있습니다.

어떤 주장이 맞을까요? 이 문제의 답은 윤회의 개념부터 명확히 하는 것으로부터 출발해야 합니다,

(2) 자아의 윤회와 무아의 윤회

먼저 힌두교에서 설명하는 윤회와 불교에서 설명하는 윤회를 정확하게 구분 지어 이해해야 합니다.

힌두교에서는 불변하는 아트만(자아)이 있어서 금생에서 내생으로 '재육화(再肉化, reincarnation)'하는 것을 윤회라 합니다. 그래서 이것을 자아의 윤회, 환생이라고 할 수 있습니다.

그러나 불교에서는 금생의 흐름(상속)이 내생으로 연결되어 다시 태어나는 것, 즉 '재생(再生, rebirth)'을 윤회라고 부릅니다. 그리고 다시 태어남의 원인을 갈애라고 하고 갈애를 '재생을 하게 하는 것'이라고 정의하고 있습니다. 또한 주석서에서는 '오온, 12처, 18계가 연속하고 끊임없이 전개되는 것을 윤회라 한다'라고 정의하고 있습니다.

그러므로 불교에서 말하는 윤회는 서로서로 조건 지어져서 생멸, 변천하는 일체법의 연기적 흐름을 뜻한다고 할 수 있습니다.

이처럼 불교에서는 윤회의 주체가 없는(무아) 연기적 흐름을 윤회라고 정의하고 있어 무아와 윤회는 아무런 모순이 없는 것입니다.

(3) 윤회의 주체는 없다

그런데 유식에서는 윤회의 주체로 아뢰아식을 들고 있습니다. 그러나 불교에서 윤회의 주체를 상정하는 것은 그 자체가 근본적으로 연기법에 어긋나는 것입니다.

연기법의 기본은, 행위는 있지만 행위자는 없다는 것입니다(유업보, 무작자). 즉, 연기는 누가 느끼고 누가 사랑하고 누가 집착하고 누가 있는가를 묻지 않은 채 느낌이 사랑으로, 사랑이 집착으로, 집착이 존재로 이어지는 것입니다. 이 이어짐 속에서 현상적으로 존재하는 것은 색, 수, 상, 행, 식이라는 오온일 뿐이며, 이 오온은 자기동일적인 것으로 머물러 있는 것이 아니라 연기과정의 변화 속에서 단지 연기의 인과법칙에 따라 연속적으로 이어질 뿐입니다, 윤회는 이러한 현생의 오온이 다하고 내생의 오온이 생하는 것이며 거기에는 단지 연기에 따른 오온의 이어짐만이 있을 뿐 윤회의 주체는 없는 것입니다.

즉, 아뢰아식이라는 근본식(소멸하지 않는 無沒識이라 함)이 있어서 그것이 과거로부터 오고 미래로 가는 것이 아니고, 단지 원인과 결과에 의해 일어나고 사라지는 현상만 있는 것입니다. 과거생, 미래생이라고 하는 것은 단지 원인과 결과가 상속하는 것을 말하는 것입니다. 만약 과거생이 있고 미래생이 있다고 한다면 거기에 자아가 상속되는 것으로 잘못 알게 되는 것입니다. **맛지마니까야『갈애멸진의 긴경』에는 마음을 윤회의 주체라고 잘못 알고 있는 삿띠비구를 부처님이 질타하면서 연기의 가르침으로 잘못을 바로잡아주시는 대목이 나옵니다.**

근본적으로 보면 매 찰나 전개되는 오온의 생멸 자체가 윤회입니다. 그리고 이것을 생사의 입장에서 보면 한 생에서의 마지막 마음(죽음의 마음)이 일어났다 멸하고 이것을 조건으로 하여 다음 생의 재생연결식이 일어나는 것이 윤회입니다.

힌두교의 재육화는 자아가 새 몸을 받는 것이지만 불교의 재생은 갈애를 근본원인으로 한 오온의 흐름이고 다시 태어남이므로 근본적으로 다른 것입니다.

부처님의 오도송이라고 알려진『법구경』의 다음 게송은 윤회와 윤회의 종식을 명쾌하게 밝히고 있는데 그것은 다음과 같습니다.

많은 생을 윤회하면서 집 짓는 자를 찾아 나는 부질없이 치달려왔다.

거듭되는 태어남은 괴로움이었다.

집 짓는 자여, 마침내 그대는 드러났구나.

그대 다시는 집을 짓지 못하리.

그대의 모든 골재들은 무너졌고 집의 서까래는 해체되었도다.

이제 마음은 업 형성을 멈추었고 갈애의 부서짐을 성취하였다.

윤회를 부정하는 사람들은 여러 가지 이유를 들고 있지만, 만일 윤회가 없다고 한다면 초기불교의 교학체계는 무너지고 모순에 빠지고 말 것입니다. 예를 들면 초기불교의 도처에 나타나는 성자의 경지인 예류자, 일래자, 불환자, 아라한의 구분과 가르침이 모두 거짓이 되어 버립니다. 그리고 시계생천이라는 말씀도 헛소리가 되고 말 것입니다.

여기서 우리는 생각해 볼 것이 있습니다. 그것은 부처님이 전생을 기억하는 지혜를 스스로 얻으셨다는 것입니다. 경전『사문과경』을 보면, "그는 이와 같이 마음이 집중되고 청정하고 깨끗하고 흠이 없고 오염원이 사라지고 부드럽고 활발하고 안정되고 흔들림이 없는 상태에 이르렀을 때, 전생을 기억하는 지혜로 마음을 향하게 하고 기울게 합니다. 그는 한량없는 전생의 갖가지 삶을 기억합니다. 즉, 한 생, 두 생, 세 생, 네 생, 쉰 생, 백 생, 천 생, 십만 생, 세계가 수축하는 겁, 세계가 팽창하는 겁, 세계가 수축하고 팽창하는 여러 겁을 기억합니다. '어느 곳에서 이런 이름을 가졌고 이런 종족이었고 이런 용모를 가졌고 이런 음식을 먹었고 이런 행복과 고통을 경험했고 이런 수명의 한계를 가졌고 그곳에서 죽어 다른 어떤 곳에 다시 태어나 그곳에서는 이런 이름을 가졌고 이런 종족이었고 이런 용모를 가졌고 이런 음식을 먹었고 이런 행복과 고통을 경험했고 이런 수명의 한계를 가졌고 그곳에서 죽어 여기 다시 태어났다'라고, 이처럼 한량없는 전생의 갖가지 모습을 그 특색과 더불어 상세하게 기억해 냅니다"라고 말씀하셨습니다.

이 말씀은 전생을 기억하는 것이 부처님에게는 경험적 사실이라는 것입니다. 중요한 것은 부처님의 이러한 경험적 사실을 우리가 믿어야 한다는 것입니다.

부처님을 신처럼 절대화하는 것도 경계해야 하지만, 그렇다고 부처님의 인식 능력을 우리와 같은 중생 수준으로 보려고 하는 것은 가장 큰 문제입니다. 부처님은 인간의 한계를 벗어난 인간이십니다. 부처님은 "내생에 관하여는 육안으로 보는 것만으로 판단해서는 안 된다"라고 말씀하셨습니다(빠야시경 - D).

불교의 출발은 부처님 말씀에 대한 믿음으로부터 시작하는 것입니다. 부처님 말씀을 회의하고 의심하는 것은 깨달음을 장애하는 다섯 가지 덮개(오개) 중 하나임을 명심해야 합니다.

(4) 종교와 과학은 다르다

윤회를 부정하는 사람 중에는 그 이유에 대해 윤회는 과학적으로 검증할 수 없기 때문(과학적 실증주의)이라고 하는 사람들이 있습니다. 그런데 종교는 정신의 세계, 믿음의 세계이지 과학은 아닙니다. 그렇다고 과학에 어긋나서는 안 되는 것입니다. 아인슈타인은 "과학이 없는 종교는 장님이며, 종교가 없는 과학은 절름발이다. 현대과학에 결여된 부분을 메워 주는 종교가 있다면 그것은 바로 불교다"라고 말했는데 불교를 과학적인 종교로 보아 주어서 우선 기분은 좋지만, 이것은 불교가 과학과 일치하는 것이라고 말한 것이 아니라 과학의 이론과 지향점이 불교와 어긋나지 않는다, 부합한다는 것을 말하는 것일 뿐입니다. 흔히 반야심경의 공과 색을 설명하면서 질량불변의 법칙 및 현대물리학의 양자역학과 비교하면서 똑같다고 하는 사람이 있는데 이것은 올바른 것이 아닙니다.

부처님은 "가난한 사람을 보면 우리도 오랜 세월을 지나면서 한때 저러한 사람이었다고 생각한다. 행복하고 부유한 사람을 볼 때도 마찬가지다"라고 말씀하셨습니다. 부처님은 나아가서 전생을 아는 지혜는 출가자들이 스스로 보아 알 수 있는 결실이라고 말씀하셨습니다(사문과경 - D).

4
윤회하는 세상(삼계와 육도)

불교에서는 우리가 업을 지으면 그 업의 종류에 따라 다음 생에 태어나는 세상이 달라진다고 합니다. 악업을 지으면 악처에 태어나고, 선업을 지으면 선처에 태어납니다. 악처와 선처를 세분하면 서른한 가지 세상으로 나눌 수 있는데 이 서른한 가지 세상을 모두 합쳐 삼계라고 합니다.

삼계를 윤회하는 것은 눈에 보이는 것이 아니므로 증명하기 어려운 부분이 있습니다. 그렇기 때문에 대승과 선종에서는 삼계는 실재하는 세상이 아니라 우리의 마음속에 있는 세상(탐, 진, 치의 삼독심)을 표현한 것(삼계유심, 만법유식)이라고 말합니다.

하지만 초기경전에서는 삼계를 단순히 마음속에 있는 세계라고 말하지 않습니다. 불교는 시종일관 윤회의 원인과 윤회로부터 벗어나는 길을 밝히고 있습니다. 그래서 윤회를 제외한다면 불교는 그 존재 기반이 없다고 말할 정도로 불교와 윤회는 불가분의 관계에 있습니다. 말하자면 불교의 모든 가르침은 윤회와 그로부터의 해탈을 지향하고 있다고 해도 과언이 아닌 셈입니다.

『천사경』을 비롯한 많은 경전, 예를 들면 『눈물의 경』, 『초전법륜경』, 『사문과경(숙명통, 천안통)』 등 이외에도 수많은 시계생천의 법문에는 윤회와 삼계에 대한 이야기가 많이 나옵니다. 특히 『법구경』의 인연담은 윤회전생의 이야기가 거의 전부를 차지할 정도입니다.

정리하면, 삼계는 마음속에만 있는 것이 아니라 실제 세상으로 존재한다는 것입니다. 머리로 이해하고 받아들여야 하는 부분도 있지만 믿음이 필요한 부분도 있는 것입니다. 『사문과경』에서는 숙명통과 천안통은 스스로 보아서 알 수 있는, 즉 경험할 수 있는 출가생활의 결실이라고 말하고 있습니다.

삼계는 크게 욕계, 색계, 무색계로 나누어지는데 욕계는 감각적 욕망이 주로 일어나는 곳입니다. 지금 우리가 사는 이 세상이 욕계에 속하므로 욕계는 이해하기 어렵지 않습니다.

색계와 무색계는 선정 수행을 통해서 감각적 욕망을 극복하고 선정을 얻어야만 태어날 수 있는 세계입니다. 색계 존재에게는 색계 선정의 마음이 주로 일어나고 몸은 아주 미세한 물질로 이루어져 있다고 합니다. 무색계 존재에게는 무색계 선정의 마음이 주로 일어나고 물질의 몸이 없다고 합니다. 색계 세상에 태어나려면 색계 선정에 들어서 죽어야만 하고, 무색계 세상에 태어나려면 무색계 선정에 들어서 죽어야만 합니다.

삼계를 자세히 나누면 욕계는 다시 악처와 선처로 나누어집니다. 악처는 고통이 많은 곳이고 선처는 즐거움이 많은 곳입니다. 삼계와 육도는 보는 관점의 차이일 뿐 사실은 같은 세계입니다.

욕계 악처에는 지옥, 축생, 아귀, 아수라의 네 가지 세상이 있습니다. 욕계 선처에는 인간계와 천상계가 있는데 천상계는 다시 여섯 가지 세상(육욕천)으로 나뉩니다.

색계와 무색계에는 악처가 없습니다. 그곳은 천상계이므로 즐거움만 가득한 곳입니다. 색계에는 열여섯 세상이 있고 무색계에는 네 가지 세상이 있습니다. 이렇게 해서 삼계는 서른한 가지 세상으로 이루어집니다. 서른한 가지 세상의 수명과 행복의 정도는 각각 다릅니다.

인간계와 악처에는 정해진 수명이 없습니다. 천상계에는 각각의 수명이 정해져 있는데 인간계와는 비교할 수 없는 어마어마하게 긴 수명을 가지고 있습니다. 이것도 한 천상계 올라갈 때마다 두 배씩 늘어난다고 합니다.

예를 들면 삼십삼천(도리천)의 하루는 인간 년으로 100년이 된다고 하는데 비상비비상천으로 올라가면 8만 4천 대겁이라는 상상할 수도 없는 수명을 갖는다고 합니다(다만 부처가 될 보살은 죽어서 천상계로 가더라도 수행을 위해 곧바로 죽어서 인간 세상에 다시 태어난다고 합니다).

그런데 여기서 중요한 것은 우리가 죽어서 다시 태어날 때는 이 서른한 가지 세상 중에서 우리 마음대로 골라서 갈 수 있는 것이 아니라 우리가 지은 업에 따라 끌려가게 된다는 것입니다. 삼계화택이라는 말이 있듯이 욕계, 색계, 무색계가 즐거움이나 고통이 많고 적은 차이는 있지만 이 셋 모두 윤회의 괴로움에서 벗어나지 못한 존재(중생)들이 사는 세상이라는 점에서는 같습니다. 우리가 업을 완전히 소멸해서 아라한이 되기 전까지는 원하든 원하지 않든 이 삼계를 끊임없이 떠돌게 됩니다. 때로는 좋은 곳에 태어나 즐거움을 누리고 때로는 좋지 않은 곳에 태어나 극심한 고통을 겪는 것이 계속 반복되는 것입니다. 경전에 보면 중생이 윤회하면서 흘린 눈물과 피가 지구상에 있는 바닷물보다도 많다고 했습니다. 이런 삼계를 벗어나는 것, 그것이 우리가 불교를 공부하는 목적입니다.

불교에서 삼계, 육도의 윤회를 인정하는 것을 생각해 보면 아무런 죄도 없이 한 번도 이 세상을 제대로 살아 보지 못하고 사라지는 무수한 인생, 태어날 때부터 온갖 악조건을 다 갖추고 태어난 인생에게 다시 한번 살 수 있는, 만회할 수 있는 기회를 주는 것입니다. 이는 억울한 자에게 일종의 패자부활전이나 연장전을 허용하는 것과 같은 것이어서, 한 번의 심판으로 영원한 지옥이나 영원한 천국이라는 기독교의 구원관과는 한참 다릅니다.

어느 쪽이 공평하고 합당하다고 생각하십니까.

제8부

재가불자에 대한 가르침

1
재가불자의 요건

　재가신자는 세속에 살면서 부처님의 가르침을 실천하는 사람입니다. 경전에서는 올바른 재가신자의 삶에 대해 다음과 같이 설하고 있습니다.

> 여기 마을이나 성읍에 사는 여자나 남자가 부처님께 귀의하고 법에
> 귀의하고 승가에 귀의한다.
> 그는 생명을 죽이는 것을 멀리 여의고, 주지 않는 것을 가지는 것을
> 멀리 여의고, 삿된 음행을 멀리 여의고, 거짓말하는 것을 멀리 여의
> 고, 게으름의 근본이 되는 술과 중독성 물질을 멀리 여읜다.

　앞부분은 삼귀의를 말하는 것이고 뒷부분은 오계를 말하는 것으로, 이 두 가지가 재가불자의 요건입니다. 삼귀의는 우리가 각종 예불의식에서 하는 것이어서 익숙합니다. 오계 중에서 앞의 네 가지, 즉 살생하지 말라, 훔치지 말라, 사음하지 말라, 거짓말하지 말라는 것은 팔정도의 불살생, 불투도, 불사음, 불망어와 같은 것입니다. 불음주가 들어간 것은 수행의 기본인 마음을 혼미하게 하기

때문입니다.

불교의 계율은 밖으로부터 강제되는 절대적인 명령이 아니라 건전한 공동생활을 위한 질서요 규범입니다. 그러므로 자율적이고 상황 윤리적 성격이 강합니다. 계율을 잘 지킬 줄도 알아야 하지만, 경우에 따라서는 파(破)할 줄도 알아야 합니다. 이것을 지범개차(持犯開遮)라고 합니다. 즉, 열 줄도 알고 닫을 줄도 알아야 한다는 것입니다.

2
재가불자의 신앙생활
(施戒生天)

재가자의 신앙생활은 시계생천입니다. 경전 『보시로 인한 태어남경 - A』에서 부처님은 다음과 같이 말씀하셨습니다.

비구들이여, 보시를 함으로써 여덟 가지로 태어남이 있다. 무엇이 여덟인가?

비구들이여, 여기 어떤 자는 사문이나 바라문에게 먹을 것과 마실 것과 입을 것과 탈 것과 화환과 향수와 화장품과 침상과 숙소와 등불을 보시한다. **그는 보시한 것의 결과를 기대한다.** 그는 부유한 끄샤뜨리아들이나 부유한 바라문이나 부유한 장자들이 다섯 가닥의 감각적 욕망을 타고나며 소유하고 즐기는 것을 본다. 그러자 그에게 '오, 참으로 나는 몸이 무너져 죽은 뒤에 부유한 끄샤뜨리아들이나 부유한 바라문이나 부유한 장자들의 일원으로 태어나리라'라는 생각이 든다. 그는 그 마음을 확립하고 그 마음을 굳건히 하고 그 마음을 증장시킨다. 그의 마음은 낮은 곳으로 기울고 높은 도, 과를 위해 닦지 않아 **몸이 무너져 죽은 뒤에 부유한 끄샤뜨리아들이나 부유한 바라문들이나 부유한 장자들의 일원으로 태어난다.**

그러나 이것은 계를 가진 자에게 해당되는 것이지 계행이 나쁜 자에게는 해당하지 않는다고 나는 말한다. 비구들이여, 계를 지닌 자는 청정하기 때문에 **마음의 소원을 성취한다.**

비구들이여, 여기 어떤 자는 사문이나 바라문에게 먹을 것과 마실 것과 입을 것과 침상과 숙소와 등불을 보시한다. 그는 보시한 것의 결과를 기대한다. 그는 사대왕천의 천신들은, 삼십삼천의 천신들은, 야마천의 천신들은, 도솔천의 천신들은, 화락천의 천신들은, 타화자재천의 천신들은, 범중천의 천신들은 긴 수명을 가졌고 아름답고 아주 행복하다'라고 듣는다. 그러자 그에게 '참으로 나는 몸이 무너져 죽은 뒤에 타화자재천의 천신들의 일원으로 태어나리라'라는 생각이 든다. 그는 마음을 굳건히 하고 그 마음을 증장시킨다. 그의 마음은 낮은 곳으로 기울고 높은 도, 과를 위해 닦지 않아 몸이 무너져 죽은 뒤에 범중천의 천신들의 일원으로 태어난다.

그러나 이런 것은 계를 가진 자에게 해당하는 것이지 계행이 나쁜 자에게는 해당하지 않는다고 나는 말한다. 비구들이여, 계를 지닌 자는 청정하기 때문에 마음의 소원을 성취한다. 비구들이여, 보시를 함으로써 이러한 여덟 가지로 태어남이 있다.

이 경에서 알 수 있는 것은 세 가지입니다.

첫째는 부처님은 재가자에게 시계생천만 가르치셨지 열반을 가르치시지 않았다는 것입니다. 열반은 출가 수행자에게만 가르치셨습니다.

둘째는 보시를 행했지만 계를 청정하게 지키지 못한 경우에는 고귀한 인간과 천상에 태어나는 여덟 가지 과보가 해당되지 않는다는 것입니다.

셋째는 시계생천은 무주상이 아니라는 것입니다. 앞의 『보시로 태어남경』을 보면 보시의 결과로 고귀한 인간이나 천상에 태어날 것을 **기대하고 보시를 한다**는 것을 말씀하고 **그 소원을 성취한다**고 분명히 말씀하셨습니다.

이 세 번째는 잘못 이해되는 경우가 굉장히 많은 것으로 주의를 요하는 것입니다. 부처님이 무주상을 말씀하신 것은 출가 수행자에게만 해당되는 것입니다. 금강경의 무주상 보시는 일반 재가자를 상대로 말씀하신 것이 아니라 최상승인을 상대로 말씀하신 것을 알아야 합니다. 팔정도의 맨 앞에 나오는 세간의 바른 견해도 인과응보에 대한 기대(업자성 정견)를 전제한 것입니다.

재가자에게도 무주상을 잘못 강조하다 보니 보시를 하고 이것을 남들이 알까 봐 숨기기 바쁜 경우를 보게 됩니다. 이것은 미담이라기보다는 오히려 정상이 아닌 것으로 보입니다. 보시를 받은 자가 자존심이 상하지 않을 정도면 숨기기보다는 널리 알리는 것이 보시자 본인에게는 남을 돕는다는 뿌듯함과 자랑스러움을 느껴 선한 마음을 키우는 데 도움이 되고, 다른 사람들에게는 모범 사례가 되어 보시가 널리 행해지도록 하는 데 도움이 됩니다.

보시의 중요성은 보시하는 사람의 마음가짐도 중요하지만 제일 중요한 것은 보시를 필요로 하는 사람에게 실제로 얼마나 도움이 되었는가 하는 것입니다. 고통받는 사람을 생각하며 그 사람이 얼마나 고통에서 벗어나고 싶겠는가를 명상하는 것이 보시에 있어서 가장 중요한 마음입니다.

부처님은 위 『보시로 태어남경』의 말씀처럼 설사 상이 있다고 하더라도 반복해서 보시 선행을 쌓으면 복덕이 쌓이게 되고 천상에 태어날 수 있는 인연을 맺게 된다고 하셨습니다. 결론적으로 재가자에게 무주상 보시를 강조할 일이 아닙니다. 복덕을 쌓아 천상에 태어나려면 유주상 보시라도 꾸준히 해야 합니다.

가족이 건강하고 돈을 많이 벌고 죽으면 좋은 세상에 태어나기를 기원하는 것은 종교 이전에 생명을 가진 인간의 자연스러운 바람입니다. 사실 엄격히 따지면 종교의 기본은 기복으로부터 출발합니다. 기복의 요소를 다 빼 버리고도 오랫동안 존속할 수 있는 종교가 있을까 의문입니다.

보시를 자연스럽게 하려면 어릴 때부터 평소에 조금씩이라도 남을 돕는 훈련을 하는 것이 중요합니다. 억지로라도 울다 보면 진짜 울음이 나오듯이, 보시도 학습에 의해 형성되고 반복하면 습관이 되고 생활화되어 몸에 배게 됩니다. 따라서 나눔의 습관을 익히는 교육 프로그램이 사회적으로 필요하다고 봅니다. 갑자기 남을 돕고 싶다는 생각이 나더라도 평소 훈련이 되어 있지 않으면 잘되지 않는 것은 그런 이유 때문입니다.

요즘처럼 정보통신이 발달한 시대에 보시의 가장 좋은 방법은 공신력 있는 사회복지재단을 통해 온라인으로 매월 일정액을 자동 이체하는 방법입니다. 이 방법으로 보시를 하면 삼륜청정이니 무주상이니 하는 것을 따질 필요가 없습니다. 자기는 모르는 사이에 상대방은 도움을 받고 있는 것입니다. 이것이 중요한 것입니다. 그리고 참다운 보시자는 상을 내기보다는 가난한 사람들이 내 도움을 받게 될 때 도리어 그들에게 감사한 마음을 가져야 합니다. 왜냐하면 사회에 조금이나마 공덕을 지을 기회를 나에게 주었기 때문입니다.

3
재가불자의 경제생활

(1) 부처님의 경제관

부처님께서는 출가하기 이전에 태자 신분이었기 때문에 왕자로서 충분한 수업을 받았을 것임은 물론 장차 대제국을 건설해 줄 것을 기대한 만큼 훌륭한 치자로서의 인격 수양을 비롯해 정치, 경제, 사회, 군사 등에 이르기까지 폭넓은 교육을 받았습니다. 특히 부처님은 중생구제에 원을 세우신 분이기 때문에 중생들의 경제문제에 남다른 관심을 가지셨습니다.

그런데 흔히 부처님은 출가자들에게만 가르침을 펴셨지 일반 재가자에 대해서는 특별히 가르치신 것이 없는 줄 아는 사람이 많습니다. 그러나 이것은 아주 잘못 아는 것입니다. 부처님이 전도선언을 하실 때 "두 사람이 같은 길로 가지 말고 혼자서 가라. 처음도 좋고 중간도 좋고 끝도 좋으니 이치에 맞게 조리와 표현을 갖추어 잘 알아들을 수 있도록 법을 설하라"라고 말씀하신 것은 일반 재가자에게 불법을 전하라는 말씀입니다.

실제로 부처님은 『디가니까야(장아함경)』의 『선생경(善生經: 선생은

재가자의 이름임)』이나 『우바새계경』(우바새는 재가신도임) 등을 통해서
재가자의 경제생활과 사회생활에 관한 가르침을 아주 소상하게 펼
치셨습니다. 우리나라 불자들 중에는 『선생경』이나 『우바새계경』을
알지 못하고 이런 경을 처음 들어보는 사람이 많을 것입니다. 그래
서 때로는 불교는 현실성이 없다는 말을 듣게 됩니다. 그러나 부처
님의 가르침에 현실성이 없는 것이 아니라 스님들이 이것을 신도들
에게 가르치지 않았기 때문입니다. 스님들이 가르치는 것은 모두
출가자에 대한 경전뿐입니다.

반야심경의 대상은 지혜제일인 아난 존자이고 금강경의 대상은
해공제일인 수보리 존자입니다. 법화경이나 화엄경등 모든 대승경
전도 신비한 보살들이 대상이고 재가자를 상대로 하는 것은 하나
도 없습니다.

이렇게 된 것은 출가자들이 『선생경』처럼 재가자에 대한 가르침
은 아무래도 자기들과 직접적으로 관련되지 않았으므로 전승도
소홀히 했고 가르침도 소홀히 했기 때문일 것입니다. 그러나 이제
한국불교는 『선생경』과 같은 재가자를 위한 가르침을 우선적으로
가르치고 배워야 합니다.

부처님은 경제문제에 있어서도 출가자를 위한 것과 재가신도를
위한 것을 구분하셨습니다. 출가자들은 독신으로 살았기 때문에
가족 부양의 의무가 없었으므로 오직 하루 한 끼만을 걸식에 의존
하는 그들에게는 경제행위에 대하여 가르치지 않았습니다. 그러나
재가자는 가족을 부양해야 하고 사회적 활동을 해야 합니다. 가족
을 부양하기 위해서는 무엇보다 먼저 경제적인 문제가 해결되어야

하고 사회활동은 남들과의 관계를 원만히 해야 하는 것입니다.

그래서 부처님은 어느 날 아난다와 사위성으로 걸식을 나갔다가 두 늙은 부부가 마을 뒷골목 쓰레기를 태우는 곳에 쭈그리고 앉아 불을 쬐고 있는 모습을 보고 이렇게 말씀하셨습니다(『잡아함경』과 『법구경』).

> 저 늙은 부부가 젊었을 때 건강한 몸으로 **부지런히 재물을 모았더라면** 성안에서 첫째가는 부자가 되었을 것이요, 만일 **출가하여 수행을 했더라면** 훌륭한 아라한이 되었을 것이다.
> 그러나 그들은 지금 늙고 병들었으니 재물을 모을 능력도 없고 수행할 힘도 없구나.
> 젊어서 수행도 하지 않고 재산을 모으지도 못한 채 활처럼 굽은 몸으로 쭈그리고 앉아 지나간 옛일만 생각하고 있으니 그 모습은 마치 늙은 따오기가 쓸쓸히 빈 연못을 지키는 것 같구나.

그러니까 출가자는 출가의 뜻을 살려 열심히 수행하라는 것이고, 재가자가 가장 관심을 가져야 할 것은 부지런히 재물을 모으라는 것입니다. 부처님은 인간사회의 원리를 잘 알고 있었기 때문에 기회 있을 때마다 경제의 중요성에 대해 제자들에게 말씀하셨습니다.

경전에서 부처님의 경제관을 알 수 있는 대표적인 대목 몇 가지를 살펴보면 다음과 같습니다.

무엇을 괴로움이라고 하는가? 이른바 빈궁(가난)이다. 어떤 괴로움이 가장 무서운가? 이른바 가난의 괴로움이다. 죽는 괴로움과 가난한 괴로움 두 가지가 모두 다름이 없으나 차라리 죽는 괴로움을 받을지 언정 가난하게 살지는 말아야 한다.

- 금색왕경(D)

빈곤은 절도, 거짓말, 폭력, 증오, 잔혹 등과 같은 부도덕과 범죄의 원인이다.

- 전륜성왕 사자후경(D)

또 다른 경에서는 범죄를 근절시키기 위해서는 중생들의 경제적 조건이 개선되어야 한다며 "종자와 다른 농업설비가 농부와 경작자에게 공급되어야 하고 무역업자나 사업을 하는 사람들에게 자본금이 제공되어야 하며 고용인들에게 적정한 임금이 지급되어야만 한다. 이와 같이 백성들에게 충분한 소득을 올릴 기회가 주어진다면 그들은 만족하게 될 것이고 근심과 불안을 갖지 않을 것이며 따라서 나라는 평화롭고 범죄로부터 자유로울 것이다"라고 말씀하십니다(구라단두경 - D).

요즘도 우리 사회가 아직 해결하지 못하고 있는 것을 2,500년 전에 말씀하시고 있는 것에 놀라움을 금할 수 없습니다. 심지어 부처님은 "비록 지혜가 많더라도 가진 것이 없이 가난할 때에는 그가 무슨 말을 해도 친척들에게 무게가 없다"라고도 하셨습니다.

(2) 재가불자의 경제생활

ⓐ 첫째는 부지런히 재물을 모으라는 것입니다

부처님은 '가난 속에 있는데도 마음만 부자이면 부자일 수 있다' 라고 하지 않으셨습니다. 재물을 모으기 위해서는 우선 직업을 가져야 하고, 자기 직업에 대한 전문적인 기술을 습득해야 한다는 것입니다.

『숫따니빠따』에서도 "부모에게 효도하고 처자권속을 잘 부양하며 직업에 최선을 다하는 것이 행복의 길"이라 하였습니다. 오늘날과 같은 전문가 시대에는 전문 기술을 닦으라는 말이 평범한 상식에 지나지 않지만 2천 5백여 년 전에 그와 같은 말씀을 하셨다는 것은 참으로 놀랍다고 하지 않을 수 없습니다.

막스 베버는 『자본주의 정신과 프로테스탄티즘의 윤리』에서 근검, 절약의 청교도적 정신 때문에 기독교 문화권에서 자본주의가 발달할 수 있었지만 그 이외의 지역에서는 그와 같은 윤리의식이 없어서 자본주의가 발달하지 않았다고 말했습니다. 그러나 부처님께서 얼마나 근면과 절약, 직업인의 자세를 강조하셨는가를 알게 된다면 막스 베버의 이러한 주장은 불교에 대한 무지와 오해에 지나지 않는다는 것을 알 수 있습니다. 실제로 2020년 기준으로 중국과 일본, 한국의 GDP를 합치면 기독교 국가인 전 유럽 국가의 GDP 총합보다 많은 것은 물론이고 세계 제일인 미국보다도 많습니다.

어쨌든 당시의 바라문들은 계급과 직업은 신의 뜻이라고 말했지만 부처님께서는 직업은 단지 그가 지금 하고 있는 일이며 그에 대한 이름일 뿐이므로 귀천이 있을 수 없다고 말씀하셨습니다. 다만 윤리 도덕적으로 옳지 못한 다섯 가지, 즉 무기, 사람, 동물, 술, 독약의 판매를 옳지 못한 생계수단(邪命)이라 하여 금하고 있을 뿐입니다.

다음으로 부처님께서는 재산을 모으는 방식으로 ① 열심히 일하고 ② 자신의 능력으로 모으고 ③ 이마에 땀을 흘려 벌고 ④ 법을 지키며 정당하게 벌어야 하고 ⑤ 적당히 모아야 한다고 말씀하셨습니다.

ⓑ 둘째는 모은 재물을 잘 관리하라는 것입니다

재물 관리는 대체로 세 가지로 나누어 설명하셨습니다.

첫 번째는 수입을 4등분으로 나누어 합리적으로 관리하라는 것을 원칙으로 제시하셨습니다. 그런데 수입의 1/4을 생활비로 쓴다는 데에는 모두가 공통으로 인정하지만 나머지 부분을 어떻게 어디에 활용할 것인가에 대해서는 상대가 자영업자인가, 농장주인가, 큰 부자인가에 따라 다르게 말씀하셨습니다. 즉, 자영업자의 경우는 수입의 1/2을 자기가 경영하는 분야에 재투자하고 1/4은 급할 때를 대비해 저축하라고 하셨습니다. 농장주에 대하여는 1/4을 농장 관리에 쓰고, 1/4은 농사꾼이나 장사꾼에게 빌려주어 이자를 받고 1/4은 저축하라고 하셨습니다. 그런데 생산에 직접 참여하지 않는 큰 부자에 대하여는 1/4을 고독한 이들을 돌보아 내생의 복을 짓고 1/4은 일가친척이나 나그네를 돌보는데 쓰고 1/4을 이자를 주어 가업을 돌보라고 하셨습니다. 여기서도 상대의 입장에 따른 부처님의 세심한 배려를 볼 수 있습니다.

재물관리에 있어서 두 번째는 가업을 계승하고 발전시키라는 것입니다. 부처님이 가업을 계승하라고 가르치셨던 것은 바라문들이 가업을 계승시켜 계급을 고착시키려 했던 것과는 전혀 다릅니다. 부처님의 뜻은 부모가 경영하던 가업을 물려받음으로써 그만큼 기술과 신용, 그리고 전문적 지식을 축적할 수 있다는 것입니다. 소위 장인 정신을 함양할 수 있다는 것입니다.

재물관리에 있어서 세 번째는 재산을 탕진하고 가업을 기울게 하는 여섯 가지 나쁜 행위를 엄격히 금하도록 했습니다. 그 여섯 가지는 ① 술에 빠져드는 것 ② 도박을 일삼는 것 ③ 절제 없이 방탕하는 것 ④ 기녀와 놀아나는 것 ⑤ 나쁜 친구와 교제하는 것 ⑥ 그리고 게으름을 말합니다. 경전 『선생경』을 보면 여섯 가지 행위 하나하나마다의 폐단을 자세히 설명하였는데 읽어 보면 그 옛날에 부처님이 어찌 이러한 세속의 일까지 속속들이 알고 계셨는가 놀라움을 금할 수 없습니다.

① 술에 빠져들면 여섯 가지 손실이 있는데, 첫째는 재산을 잃게 된
다. 둘째는 몸에 병이 생긴다. 셋째는 남들과 자주 다투게 된다. 넷
째는 나쁜 소문이 퍼진다. 다섯째는 성질이 난폭해진다. 여섯째는

가산이 나날이 줄어들 것이다.

② 도박을 일삼으면 여섯 가지 손실이 따르는데, 첫째는 재산이 나날이 줄어든다. 둘째는 비록 이긴다 해도 원망을 사게 된다. 셋째는 지혜로운 이들의 꾸지람을 듣게 된다. 넷째는 사람들이 공경하거나 신뢰하지 않는다. 다섯째는 사람들로부터 따돌림을 당한다. 여섯째는 도둑질할 마음을 일으킨다.

③ 방탕에는 여섯 가지 손실이 따르는데, 첫째는 자기 자신을 보호하지 못한다. 둘째는 재산을 보호하지 못한다. 셋째는 자손을 보호하지 못한다. 넷째는 항상 두려움과 걱정이 따른다. 다섯째는 고통과 나쁜 일이 항상 따라다닌다. 여섯째는 헛된 생각을 자주 하게 된다.

④ 기녀들과 놀아나면 여섯 가지 손실이 따르는데, 첫째로 노래듣기를 좋아한다. 둘째로 춤추는 것 보기를 좋아한다. 셋째로 풍류하는 곳을 찾아다닌다. 넷째는 요령 다루는 것을 구경하기 좋아한다. 다섯째는 박수치고 장단 맞추기를 좋아한다. 여섯째는 여럿이 모여 노는 것을 좋아한다.

⑤ 나쁜 친구를 사귀게 되면 여섯 가지 손실이 따르는데, 첫째는 남을 속일 꾀를 내게 된다. 둘째는 남들이 보이지 않는 으슥한 곳을 좋아하게 된다. 셋째는 남의 아녀자를 유혹한다. 넷째는 남의 재물을 훔칠 계획을 꾸민다. 다섯째는 재물이나 이익에 이기적이게 된다. 여섯째는 남의 허물을 들추어내기를 좋아하게 된다.

ⓒ 셋째는 베풀라는 것입니다

재물을 모으는 것이 자기만 잘 먹고 잘사는 것이 아니라 생활의 안정을 얻고 나서는 여력으로 성자나 출가자에게 공양할 수 있고 또 불우한 이웃을 도울 수 있어야 한다는 것입니다. 요컨대 부처님의 가르침은 재가자들에게 자신의 노력을 통해 최대한 재물을 축적하되 그 재물을 향락적인 생활에 낭비하지 말고 '이웃을 위해 널리 베푸는 일'에 사용하라고 하신 것입니다.

초기경전 중 하나인 『숫따니빠따』에는 재물을 가지고 있으면서도 재물답게 쓰지 못하는 것을 파멸의 길이라 하였습니다.

> 자기는 풍족하게 살고 있으면서도 늙고 쇠약한 부모를 돌보지 않는 것은 파멸의 길이다.
> 엄청나게 많은 재물을 가지고 있으면서도 오직 자기 혼자만이 맛있는 음식을 먹는 것은 파멸의 길이다.
> 사문이나 바라문이 걸식하러 자기 집에 왔을 때 베풀기가 싫어서 꾸짖고 욕하는 것은 파멸의 길이다.

베풂에 관해서는 앞서 시계생천의 항목에서 자세히 설명하였기 때문에 여기서는 더 이상 언급하지 않습니다. 다만 재가자의 베풂은 무주상이어야만 하는 것이 아니라는 것을 다시 한번 강조합니다. 결과를 기대한다고 해서 복이 새는 것(유루복)이 아니라는 말입니다.

4
재가불자의 사회생활

　재가자는 가족을 부양하고 사회생활을 해야 하기 때문에 경제생활을 해야 하고 남들과 원만한 관계를 맺어야 합니다. 『선생경』에서는 이들에 관해 상세한 가르침을 주셨는데, 경제생활에 관한 부분은 앞에서 설명했습니다. 따라서 여기서는 재가자의 사회생활에 관한 가르침을 설명합니다.

　부처님은 사회생활에 대해 ① 부모와 자식 ② 스승과 제자 ③ 부부 ④ 일가친척 ⑤ 노사 ⑥ 스님과 신도의 여섯 가지로 나누어 설명하셨습니다. 따라서 여기에서도 여섯 가지 인간관계에 대한 부처님의 말씀을 소개할 테지만, 구체적인 설명에 들어가기 전에 먼저 얘기하고 싶은 것이 있습니다. 그것은 이들 부처님 말씀은 오늘날의 상황에서도 거의 그대로 적용이 가능한 가르침이라는 점입니다. 특히 부자지간이나 부부지간, 사제지간 등의 모든 인간관계가 수직적이고 봉건적이며 일방적인 의무와 복종의 관계가 아니라 수평적이고 쌍무적이며 상호적인 관계에 바탕을 두고 있다는 점입니다.

　부처님이 이처럼 재가자에게 경제생활과 사회생활에 관한 가르침을 주신 것이 지금으로부터 자그마치 2천 5백여 년 전, 신과 계급의 굴레에 묶여 신음하던 고대 노예제 사회였습니다. 그런 엄혹한 시대에 오늘날에도 그대로 적용이 가능한 가르침을 주신 점을 생각할 때, 부처님은 실로 깨달음을 성취하신 철학자의 모습뿐만 아니라 사회의 구조적인 모순을 혁파하고자 하는 개혁자의 모습, 무지한 대중을 지혜의 길로 인도하고자 하는 교육자로서의 모습, 인간의 심성을 꿰뚫어 통찰하는 심리학자의 모습, 민생고에 시달리는 민중들을 빈곤으로부터 해방시키고자 하는 경제학자의 모습, 도덕적으로 타락해가는 이들을 경계하는 윤리학자의 모습, 전통과 관습을 비판하고 재해석하는 문화 창조자의 모습을 두루 갖추신 참으로 위대한 성자이시라는 것을 분명하게 알 수 있습니다.

(1) 부모, 자식

ⓐ 자식 된 도리

선생아, 자식이 된 자는 마땅히 다섯 가지로 부모를 공경하고 순종해야 한다.

첫째, 부모를 봉양하되 부족함이 없어야 한다.

둘째, 자기가 하려는 일을 먼저 부모와 상의해야 한다.

셋째, 부모가 하는 것을 거역하지 말고 받들어 순종해야 한다.

넷째, 부모의 정당한 말씀을 감히 어기지 말아야 한다.

다섯째, 부모가 하던 바른 직업을 계승, 발전시켜야 한다.

부처님은 자식에게 버림받은 노인에게, 자식의 버릇을 고치기 위한 게송을 일러줄 테니 많은 사람들 가운데서 떠들라고 한 바 있습니다. 그 게송은 "젊은 자식이 늙어 힘없는 아비를 쫓아내니 늙은 아비는 거리를 떠돌면서 구걸하네. 내 늙어 지팡이에 의지하고 보니 자식이란 지팡이보다도 못한 것. 자식이 귀하다고 사랑만 할 것이 아니라오. 지팡이는 소나 개를 막아 주고 험한 곳에선 나를 지탱해 주며 가시덤불도 헤쳐가게 해 주니 말 없는 지팡이가 못된 자식보다 훨씬 낫다오"입니다.

ⓑ 부모 된 도리

부모 역시 다섯 가지로 자식을 타이르고 사랑해야 한다.

첫째, 자식을 다스려 악행을 따르지 않도록 해야 한다.

둘째, 스스로 모범을 보여 잘 가르쳐야 한다.

셋째, 자비로 사랑함이 골수에 사무치도록 해야 한다.

넷째, 자식에게 좋은 혼처를 구해 주어야 한다.

다섯째, 때를 따라 필요한 것을 공급해야 한다.

(2) 스승과 제자

ⓐ 제자의 도리

제자가 스승과 어른을 공경하고 받드는 데에 다섯 가지가 있다.

첫째, 필요한 것을 공급해 드린다.

둘째, 예의로 공양해야 한다.

셋째, 머리에 이듯이 받들어 존중해야 한다.

넷째, 스승의 가르침을 어기지 않고 공경하고 순종해야 한다.

다섯째, 스승의 가르침을 잊지 않고 기억해야 한다.

ⓑ 스승의 도리

스승 역시 다섯 가지로 제자를 잘 보살펴야 한다.

첫째, 법을 따라 제자를 길들여야 한다.

둘째, 알지 못하는 것을 가르쳐야 한다.

셋째, 제자가 물으면 잘 이해하도록 설명해야 한다.

넷째, 착한 벗을 일러 준다.

다섯째, 아는 것을 모두 가르쳐서 가르침에 인색하지 않아야 한다.

(3) 부부(夫婦)

ⓐ 남편의 도리

선생아, 남편은 다섯 가지로 아내를 공경해야 한다.

첫째, 예의로 서로 대우한다.

둘째, 위신을 지키며 다른 여자를 사랑하지 마라.

셋째, 먹고 사는 일에 걱정이 없게 해야 한다.

넷째, 집안 살림은 아내에게 맡겨야 한다.

다섯째, 때때로 장신구를 사 주어야 한다.

'아내를 공경하고 사랑해야 한다'라는 것이 눈에 띕니다. 특히 자기 부인에 만족하지 않고 다른 여자를 사랑하는 것을 죄악시하고 있습니다. 불교인이 반드시 지켜야 할 오계 중에 '사음하지 말라'가 있고, 『숫따니빠따』에는 자기 아내로 만족하지 않고 매춘부와 놀아나고 남의 아내와 어울린다면 그것이야말로 파멸의 문이라고 했습니다.

부처님은 자타카에서 다음과 같은 말씀도 하셨습니다. "인간은 자기에게 잘하는 사람에게 잘하게 되고, 잘하지 않는 사람에게는 잘하지 않게 되는 법이니, 남편이 부인에게 한 것처럼 부인도 남편에게 해 보시오. 부인이 잘해 주고 있는데도 나쁜 습관을 고치지 않으면 더 이상 잘해 줄 것이 없소. 아무리 잘해 주어도 사랑을 베

풀 줄 모르는 남편이라면 더 이상 친절해야 할 필요가 없지 않겠소. 부부 사이라도 사랑이 사라진 사람과는 더 이상 안락하게 살 수 없는 노릇이니, 새들이 열매가 없는 나무를 떠나듯이 남편 곁을 떠나 버리시오. 이 세상에 행복하게 살 곳은 많이 있소"라고. 참으로 놀라운 말씀입니다.

때때로 장신구를 사 주라는 것이 특이한데 이것을 저축의 의미로 해석하는 경우도 있으나 그것보다는 사랑의 표시를 항상 눈으로 확인하게 하는 것이 가장 효과적인 방법이라는 것입니다.

ⓑ 아내의 도리

아내 역시 다섯 가지로 남편을 공경해야 한다.

첫째, 남편이 밖에서 돌아오면 일어나서 맞이하라.

둘째, 남편이 외출하면 집 안을 잘 정리하고 음식을 만들고 기다려라.

셋째, 딴 남자에게 마음을 팔지 말고 남편이 꾸짖더라도 달려들거나 얼굴을 붉혀 다투지 말라.

넷째, 남편의 의사를 존중하고 재산을 감추거나 빼돌리지 말라.

다섯째, 남편이 휴식을 취할 때 편안하게 하라.

(4) 일가친척

ⓐ 일가친척에 대한 도리

선생아, 사람은 마땅히 다섯 가지로 일가친척을 사랑하고 공경해야 한다.

첫째, 잘못하는 것을 보면 남이 모르게 조용히 타일러서 고치게 해야 한다.

둘째, 조그만 것이라도 급한 일이 있을 때는 달려가서 도와주어야 한다.

셋째, 친척 간의 사적인 일은 남에게 공개하지 않아야 한다.

넷째, 서로 존경하고 칭찬하여야 한다.

다섯째, 좋은 물건이 있을 때는 적든 많든 나누어 주어야 한다.

ⓑ 친족에 대한 도리

일가친척 또한 다섯 가지로 친족을 사랑하고 공경해야 한다.

첫째, 게으름을 막아 주어야 한다.

둘째, 재산을 잃지 않도록 보호해야 한다.

셋째, 두려움에서 보호해야 한다.

넷째, 은근하게 서로 가르쳐 훈계해야 한다.

다섯째, 항상 서로 칭찬해야 한다.

(5) 노사(勞使)

ⓐ 기업주의 도리

선생아, 주인은 노비들을 다섯 가지로 보호해야 한다.

첫째, 능력에 따라 일을 시켜야 한다.

둘째, 때를 맞추어 먹을 것과 입을 것을 주어야 한다.

셋째, 때를 따라 수고로움을 위로해야 한다.

넷째, 병이 났을 때 치료해 주어야 한다.

다섯째, 휴가를 주어야 한다.

노동자의 이런 요구는 지금도 완전히 실현되고 있지 않습니다.

ⓑ 근로자의 도리

노비 역시 다섯 가지로 주인을 받들어 섬겨야 한다.

첫째, 주인보다 먼저 일어난다.

둘째, 자기 맡은 일을 치밀하게 처리해야 한다.

셋째, 주지 않는 것을 취하지 않아야 한다.

넷째, 맡은 일을 순서 있게 처리해야 한다.

다섯째, 주인의 이름을 칭찬하고 드러내야 한다.

노예경제 체제 속에서 지배층 신분이었던 부처님께서 이처럼 억압받는 노비들의 입장을 간파하셨다는 것이 놀랍습니다.

(6) 스님과 신도

ⓐ 신도의 도리

선생아, 신도는 마땅히 다섯 가지로 출가자나 수행자를 받들어 섬겨야 한다.

첫째, 몸으로 자비를 실천해야 한다.

둘째, 입으로 자비를 실천해야 한다.

셋째, 뜻으로 자비를 실천해야 한다,

넷째, 때를 맞추어 베풀어야 한다.

다섯째, 걸식하러 왔을 때 문전박대하지 않아야 한다.

ⓑ 스님의 도리

수행자 역시 여섯 가지로 신도를 가르쳐야 한다.

첫째, 악행하지 않도록 보호해야 한다.

둘째, 선행을 가르쳐야 한다.

셋째, 착한 마음을 가지도록 해야 하다

넷째, 깨우치지 못한 것을 깨우치도록 해야 한다.

다섯째, 이미 알고 있는 법을 잘 이해할 수 있도록 해야 한다.

여섯째, 천상으로 가는 길을 가르쳐 보여 주어야 한다.

재가자에게는 열반이 아니라 시계생천을 가르치라는 것입니다.

제9부

우리나라 불교의 현실

1. 초기불교가 석가모니 부처님의 불교다
2. 대승불교는 힌두화된 불교다
3. 선불교는 불교가 아니라 중국의 조사교다
4. 초기불교로 정체성 확립해야

1
초기불교가
석가모니 부처님의 불교다

불교를 분류하는 기준은 많습니다. 그러나 내용을 기준으로 크게 나누면 우리나라 불교는 크게 초기불교와 대승불교, 선불교로 나눌 수 있습니다(정토불교나 밀교가 있으나 이들은 대승불교에 포함되는 것이므로 따로 논하지 않았습니다). 초기불교라는 용어의 정의와 범위, 그리고 초기불교와 대승불교를 가르는 기준점에 관해서는 제3부의 「1. 초기불교란 무엇인가」에서 언급한 바 있습니다

세 가지 불교의 내용과 특징을 보면, 우선 진정한 석가모니 부처님의 불교는 초기불교입니다. 대승불교는 힌두화된 불교이며, 선불교는 불교가 아니라 중국의 조사교라 할 수 있습니다.

초기불교는 석가모니 부처님을 교주로 하는 불교입니다. 석가모니 부처님은 위없는 깨달음을 스스로 얻은 역사적 실존 인물이며 결코 신이나 절대자가 아닙니다.

부처님은 우리의 몸과 마음을 그 자체가 괴로운 것(오취온고)으로 보고(초기불교에는 여래장, 불성, 본성 같은 것은 어디에도 없음) 수행을 통하여 이를 소멸시키는 방법(사성제)을 깨닫고 가르치신 분입니다. 경

전은 빠알리어로 된 5부 니까야와 한역된 4부 아함경이 있습니다.

초기불교는 소박한 듯하지만 그 내용은 매우 체계적이고 분석적이어서 현대의 과학적 방법론을 연상케 할 정도입니다. 즉, 부처님은 '나'라는 존재는 오온(색수상행식)으로, 일체존재는 12처(6근인 안, 이, 비, 설, 신, 의와 6경인 색, 성, 향, 미, 촉, 법)로, 세계는 18계(6근과 6경의 접촉으로 인한 6식, 즉 안식, 이식, 비식, 설식, 신식, 의식)로, 그리고 생사문제는 12연기(무명, 행, 식, 명색, 육입, 촉, 수, 애, 취, 유, 생, 노사)로 해체해서 분리 관찰토록 함으로써 이들의 성품이 무상, 고, 무아임을 통찰토록 하여 염오하고 이욕하여 끝내 해탈, 열반을 실현한다는 것입니다.

초기불교의 수행방법에는 37조도품이 있습니다. 그중에서 대표적인 것이 팔정도(정견, 정사유, 정어, 정업, 정정진, 정념, 정정)이고 팔정도 중에서도 정념(사띠, 알아차림, 위빠사나)가 가장 중시됩니다.

초기불교는 스리랑카, 미얀마, 태국 등 남방 상좌부 전통의 국가에 온전히 보전되어 왔습니다. 그런데 최근에는 초기불교야말로 2,000년이 넘는 장구한 세월을 거치는 동안에도 수많은 굴절과 변화를 거친 불교가 아니라 역사적으로 실존했던 부처님이 직접 말하고 행동하며 가르친 불교의 원형이라는 것이 밝혀지면서 세계적으로 큰 관심을 끌고 있고, 우리나라에서도 최근에 마치 새로운 불교 운동인 것처럼 그 관심과 열기가 점점 높아가고 있습니다.

우리나라는 1,000여 년간 불교 국가라고 해 왔지만 중국불교에 가려서 초기불교는 전혀 알지 못했습니다. 오히려 수준 낮은 저급한 종교가 옛날에 있었다는 정도로만 알려졌습니다(오시교판). 그러다가 초기불교의 제 모습을 알게 된 것은 고작 40여 년 정도밖에 되지 않았습니다.

상좌부 전통이 남아 있는 남방의 초기불교 국가에서는 오로지 석가모니 부처님만 인정할 뿐, 다른 부처나 보살은 인정하지 않습니다. 경전도 니까야만 인정하고 금강경, 반야심경, 법화경, 화엄경, 정토경 등 대승경전은 인정하지 않고 있습니다.

2
대승불교는 힌두화된 불교다

앞서 살펴본 초기불교는 부처님 입멸 후 100여 년이 지나면서 견해를 달리하는 여러 부파가 생기고 이들이 경쟁하면서 내용은 어려워지고 복잡해져 갑니다. 그러다 보니 이러한 부파불교는 대중과는 유리된 채 출가한 전문 수행자 집단만의 전유물처럼 되어 버립니다. 이에 대한 비판으로 재가자가 중심이 되어 '쉬운 불교' 운동이 일어났는데 이것을 스스로 대승이라고 하고, 기존 불교를 아라한 이기주의라 하여 소승이라고 폄하하였습니다.

기존의 불교가 깨달음을 얻기까지의 구도과정(지혜)을 강조하는 것이었다면 대승불교는 깨달음을 성취한 이후에 중생을 교화하는 과정(자비)을 중심에 두고 있다고 하겠습니다. 중국, 우리나라, 일본, 베트남 등이 대승불교권입니다.

대승불교에서 중생은 괴로움의 덩어리가 아닙니다. 괴로움은 본래 있는 것이 아닌데 우리가 잘못 인식한 것이라 하며(그래서 대승에서는 삼법인에 일체개고를 넣지 않고 열반적정을 넣으며 반야심경에서는 고집멸도 사성제를 부정하고 있음) 오히려 중생은 부처가 될 수 있는 자질을 가지고 있다고 선언합니다. 여래장, 불성이라고 합니다. 다만 그 부처가 될 가능성을 현실화하는 데에는 삼아승지겁이라는 끝도 없는 세월에 걸친 난행, 고행을 해야 한다고 합니다. 그러다 보니 오래 살아야 100년을 살까 말까 하는 초로인생으로 부처가 된다는 것은 상상할 수도 없는 것입니다. 오로지 할 수 있는 일은 부처님을 믿고 의지하고 복종하는 신앙의 길만이 남게 됩니다. 그 방법으로 등장하는 것이 여러 불보살의 중생구제라는 본원을 믿고 의지하여 구원되기를 바라는 쉬운 길인 염불신앙입니다.

대승불교 운동가들은 자신들의 사상을 선양하기 위하여 수많은 경전을 창작, 유통시켰는데 그들의 내용은 너무 방대하고 현학적이어서 몇 마디로 정의하기가 어렵습니다. 즉, 화엄경과 같이 화려하고 장대한 경전이 있는가 하면 반야심경, 금강경 등 반야부의 난해하고 미묘한 경전이 있습니다. 또 해심밀경을 중심으로 하는 유식사상의 복잡한 경전이 있습니다. 그리고 여기에 정토삼부경을 중심으로 하는 타력사상까지 더해지면서 대승불교는 한없이 방만해졌습니다. 그렇기 때문에 대승경전은 불교경전이라기보다는 하나의 거대한 종교문학이라고까지 말하는 것입니다.

대승불교에서는 이타의 상징으로 보살을 내세우며 깨달음의 보편성과 중생구제의 요청으로 초시간적(불생불멸), 초공간적(삼세)으로 신격화한 여러 부처와 여러 보살이 등장합니다. 대승경전속에서 부처님의 모습은 전 우주를 자유자재로 넘나드는 신출귀몰한 신비의 존재가 됩니다. 지혜를 성취한 역사 속의 인간이었던 부처님은 신격화되어 천중천이요 성중성이라 불리게 되었고, 부처님이 설법하는 장소는 지상과 천상을 자유롭게 넘나들며(화엄경의 7처9

회설법), 부처님의 생명은 불생불멸이 되어 시간마저 초월하기에 이릅니다(법화경의 여래수량품).

대승경전(유마경, 법화경, 화엄경 등)에서는 다섯 비구를 비롯하여 사리불, 목건련 등 10대 제자 등을 성문, 연각이라 하고 완전한 깨달음을 얻지 못한 소승이라고 폄하합니다. 다섯 비구가 깨달았을 때 석가모니 부처님이 자신을 포함하여 이 세상에 여섯 명의 아라한이 생겼다고 하신 것과 전혀 다릅니다.

대승불교의 수행법은 육바라밀(보시, 지계, 인욕, 정진, 선정, 지혜)입니다. 재가자 중심이므로 보시와 인욕이 수행의 중요한 덕목이 되는 것이 특징입니다. 공성을 이해하는 지혜인 반야를 중시합니다.

이러한 대승불교는 불교의 대중화에 결정적으로 큰 기여를 했습니다. 그러나 **대승불교에는 다음과 같은 문제점들이 있습니다.**

첫째, 대승불교는 자기들 사상을 선양하기 위하여 부처님의 명의를 빌려 수많은 경전을 창작했으므로 석가모니 부처님의 친설이 아니라는 비판이 있고, 또 창작된 경전 중엔 교주가 석가모니불인지 아미타불인지 관세음보살인지 지장보살인지 알 수 없을 정도로 불분명하고 심지어는 신중이나 칠성, 산신 기도까지 하는 경우마저 있어 교주의식이 불분명하다는 비판이 있습니다.

둘째, 대승불교는 무엇보다도 기원후 4세기(대승의 중기에 해당)에 바라문 정권인 굽타왕조가 강성해지면서 그들이 강력하게 추구하던 인도 본래의 바라문 종교와 문화로의 복귀라는 대전환기에 살아남기 위해서 변신(힌두화)할 수밖에 없었는데 그 대표적인 것이 실질적 아트만사상인 유식 8식설 아뢰아식의 등장입니다. 이것은 너무도 중요한 변화이므로 앞에서 별도로 설명했습니다(제4부, 「6. 유식의 아뢰아식은 석가모니 부처님의 가르침이 아닙니다」).

셋째, 대승불교는 그 내용이 너무 방대하고 현학적이어서 구체적인 수행방법을 제시하는 데 너무 소홀했다는 비판을 받습니다. 즉, 대승불교에서 반야를 가장 중시한다는 것은 앞에서 말한 바와 같은데 이 반야는 선정을 통해서 성취되는 것입니다. 그런데 이렇게 중요한 선정에 관하여 대승경전에서는 불보살이 깊은 선정에 들었다는 구절은 많으나 그 선정에 들 때 어떤 방법으로 어떻게 했는지, 불제자가 그런 선정에 들려면 어떻게 해야 하는지를 구체적으로 말하는 경전은 거의 없습니다. 초기불교에서 선정에 드는 16단계별 가르침인 『출입식염경』과 이를 바탕으로 분리 관찰을 통해 지혜를 얻는 방법(대념처경, 위빠사나)을 자세히 설명하고 있는 것과 다릅니다.

대승경전의 선정(삼매) 속에 전개되는 천변만화는 마치 신화를 보는 것 같아서 그저 신비하고 놀라울 뿐입니다. 그렇다 보니 초기경전의 자력적이고 수행 중심적이었던 교리는 설 땅이 없어지고 점차 타력적이고 신앙 중심적(유신적)인 교리로 바뀌면서 기복주의와 영합하는 왜곡된 신앙을 탄생시켰습니다. 그리고 또 방편의 무분별한 오용, 남용으로 미신화, 기복화를 가속화시켜 불교의 정체성에 혼란을 가져온 점 등이 큰 문제점으로 지적되었습니다(우리나라 사찰의 만신전 같은 모습은 힌두를 닮아가는 것 같습니다). 결국 인도에서 대승불교는 이슬람의 침략도 있었지만 스스로 힌두화하여 자멸하고 맙니다(대승불교는 인도에서 한참 번창할 때 중국을 거쳐 한국, 일본 등에 전래됩니다).

3
선불교는 불교가 아니라
중국의 조사교다

선불교는 불멸 후 1,000여 년이 지나 힌두화된 불교가 중화사상으로 콧대가 높은 중국에 전래되면서 중국의 유교사상(성리학의 심성사상)과 무위자연과 직관을 주창하는 도가사상이 섞이면서 생긴 중국화된 불교입니다.

선불교를 중국화된 불교라고 말했으나 필자의 생각을 보다 정확히 말한다면 선불교는 불교라기보다는 중국의 조사교(祖師敎)라고 하는 것이 더 합당하다는 것입니다. 왜냐하면 불교는 석가모니 부처님의 가르침인데 선불교에는 석가모니 부처님의 가르침의 흔적은 하나도 찾아볼 수 없고 당나라나 송나라 때 선사들의 언행을 탐구 대상으로 할 뿐이기 때문입니다. 다음에 지적하는 선불교의 많은 문제점을 보면 필자의 생각을 이해할 수 있을 것입니다.

어떻든 선불교는 석가모니 부처님의 명의를 가탁조차 하지 않고 부처는 다만 타파되어야 할 기성 권위에 불과할 뿐(봉불살불, 똥막대기)이라고 하는 것을 비롯하여 불입문자, 교외별전을 주장하며 중생은 가능성이 아니라 이미 본래 깨달은 부처이므로 이러한 본성을 보기만 하면 즉시 부처를 이룬다(직지인심, 견성성불)고 합니다.

그들은 말하기를, 모든 번뇌가 본래 공임을 깨닫고 우리 모두의 본심이 부처님 마음과 조금도 다르지 않다는 것을 깨닫기만 하면 되지 수고로이 번뇌를 하나하나 제거하려고 애쓸 필요가 없다고 합니다. 그래서 선불교에서는 본 성품을 보지 못하면 전통적인 보살 수행(6바라밀)을 하더라도 이는 업을 짓는 부질없는 일일 뿐이라고 말합니다.

선종에서는 불법승 삼보는 물론, 석가모니 부처님이 성스러운 진리라고 평생을 가르치신 사성제에 관해서조차 한마디의 언급도 없습니다.

대승불교와 선불교는 모두 자성청정심을 바탕으로 공사상과 불성사상을 기초로 한다는 점에서는 다를 바 없는데, 선불교의 특징과 독창성은 진리에 접근하는 독특한 방법에 있습니다. 즉, 선의 정신을 나타내는 표어인 불입문자, 직지인심, 견성성불 등은 모두 언어와 문자의 매개 없이 직접 진리를 깨달아 알 것을 강조하는 것입니다. 소위 교외별전을 주장한 것인데, 이는 당시 언어와 논리에 매몰된 교학불교에 대한 반성적 비판을 통한 체험적 불교로의 방향 전환이었습니다. 그러니까 선의 근본정신은 진리를 관념적으로 혹은 개념적으로 이해하는 것이 아니라, 직관적으로 혹은 온몸으로 직접 체험하자는 것입니다. 진리에 '대하여' 논하거나 아는 것이 아니라 진리 '그 자체를 직접 깨달아' 스스로 진리와 하나가 되려는 것입니다.

따라서 선의 핵심은 깨달음에 있습니다. 닦을 것이 있다고 생각하는 닦음은 애초부터 잘못된 닦음이며, 닦음보다 중요한 것은 '그런 것이 본래 필요 없다는 깨달음'이라는 것입니다. 이런 깨달음은 언어나 문자에 의해서가 아니라 마음을 다스려 무심(無心)이 되어 본성을 보아야 하는 것이므로 수행법은 오로지 좌선뿐이라고 합니다.

선불교의 이러한 성불이론은 대승불교의 불성사상 내지 여래장 사상이 당시 중국 전통 철학의 인식론인 체용(體用)이론과 결합함으로써 그 이론적 기초가 확보된 것입니다. 그런데 선종이 처음부터 돈오를 주창한 것은 아니었습니다. 즉, 달마를 비롯한 초기 선사들의 수행법은 경전 공부를 통해서(능가경) 마음을 잘 관찰하고 주시해서 마음의 때를 부지런히 닦아내면 맑고 깨끗한 마음의 본성이 환히 드러난다는 이른바 점수, 즉 점차적 닦음의 방식이었습니다(신수의 北漸).

그러다가 제6조 혜능 이후 중국 선의 정통을 차지하게 된 남종선 전통에서 중국인들의 현세 중심적 인생관의 바탕 위에 직관과 무위자연을 주창하는 도교(노장사상)의 강력한 영향 아래 이러한 점수적인 수행법은 미리 지고 들어가는 승산 없는 게임일 뿐이라며 이에 일대 혁명을 일으켜 '한순간 대번에 깨치고 자기 마음의 본성을 보기만 하면 모든 것이 끝이다'라는 돈오와 견성의 기치를 들고 나온 것입니다(혜능의 南頓). 일초직입을 말하는 그 파격성과 활달성이 신선한 충격을 주어 널리 받아들여집니다.

선불교에는 다음과 같은 문제점들이 있습니다.

첫 번째, 선불교는 석가모니 부처님의 불교가 아니라 중국의 조사교(祖師敎)일 뿐입니다. 선불교에서는 불입문자, 교외별전이라 했으니 특별한 경전은 없습니다. 그 대신 화두(공안)를 참구합니다.

화두를 참구하는 것을 간화선이라고 하는데 이것은 석가모니 부처님의 가르침이 아닙니다. 선불교는 부처님이 돌아가시고 1천 년쯤 지난 다음 중국 당나라에서 발달한 것이며, 특히 화두선은 그보다 훨씬 뒤인 12세기 송나라 때 개발된 선법입니다. 화두라는 것은 깨달음을 얻었다는 옛 중국 조사 스님들의 말이나 행동에 대한 이야기를 표준으로 정해 놓은 것입니다. 그러니까 선불교는 석가모니 부처님의 불교가 아니라 중국의 조사들의 언행을 탐구 대상으로 삼는 조사교일 뿐입니다.

조사 스님들의 계보를 보면 이방인인 달마를 실질적인 시조로 하고, 이어서 2대 혜가, 3대 승찬, 4대 도신, 5대 홍인에 이르렀는데 홍인에게는 신수와 혜능이라는 뛰어난 두 제자가 있었고 이들이 각각 북종선과 남종선의 초조가 되었다고 전해집니다. 그리고 6조 혜능의 뛰어난 제자로 청원행사와 남악회양이 있었고 청원행사의 제자인 석두희천 문하에서 ① 조동종 ② 운문종 ③ 법안종이 나오고, 남악회양의 제자인 마조도일 문하에서 ④ 위앙종과 ⑤ 임제종이 나와 5가라고 하고, 나중에 임제종에서 다시 황룡파와 양기파가 갈라져 나왔기에 합하여 7종이라고 합니다. 우리나라는 신라시대 당나라 유학승들에 의한 구산선문에 이어, 고려시대의 보조지눌과 태고보우, 나옹혜근 등 뛰어난 선사들이 법맥을 이어 왔으나 조선시대에는 억불숭유정책으로 서산휴정과 사명유정 등에 의해 간신히 이어져 오던 법맥이 단절된 채 200년 정도가 지나다가 구한말에 이르러 경허 스님이 단절된 법맥을 다시 이어서 그 제자들에 의해 오늘날까지 이어지고 있다고 하는데 현재 우리나라 최대 종단인 조계종은 임제종의 법맥을 이어받았음을 공식적으로 표명하고 있습니다(조동종은 일본의 묵조선으로 발전함).

그런데 중국 조사들의 계보가 이처럼 갈린 것은 교리 차이에 의한 것이 아니라 중국 전래의 유교사상인 문중의식에 의한 구분이라는 데 특성이 있습니다. 그렇기 때문에 과장이나 조작이 많이 끼어들기도 합니다.

화두는 공안이라고도 하는데 많게는 1,700개나 된다고 하며 대표적인 것이 무(無)자 화두나 이 뭣꼬 화두입니다. 이 밖에 마삼근이니 뜰앞에 잣나무(정전백수자), 끽다거 등 상당히 많습니다. 선어록으로는 경덕전등록, 벽암록, 무문관, 선문염송 등이 있습니다.

간화선의 화두는 우리의 상식으로는 도무지 무슨 내용인지 알수가 없는 것입니다. 비논리적이고 수수께끼 같은 의심 덩어리를 간절한 마음으로 품는 것입니다. 처음에는 이런 것들을 논리적으로, 이성적으로 해결하려고 하지만 '만물에 불성이 있다고 했는데 개에게는 왜 없다고 했는가', '손뼉 치는 소리의 색깔이 무엇이더냐' 하는 등 엉뚱하게 물어오는 선사와의 계속되는 선문답을 통해 어느 순간 이성적으로 도저히 풀 수 없는 경지가 있다는 사실을 뼈에 사무치도록 깨닫게 됩니다. 이처럼 이성을 끝까지 사용한 결과 이성 스스로가 이성에는 한계가 있음을 분명히 자각하고 뒷전으로 물러나는 순간, 이성을 넘어서는 새로운 의식의 경지가 확 트이게 되는 때가 온다고 합니다. 이것을 선의 용어로 표현하면 의심 덩어리가 툭 터지는 경험으로서 드디어 본마음, 불성, 본래의 나를 찾은 것이라고 합니다. 우주와 내가 하나임을 느끼는 것이라고 합니다.

선불교의 이런 수행법은 초기불교에서 우리 몸과 마음을 신, 수, 심, 법으로 해체, 관찰하여 그것들의 무상, 고, 무아를 철견하고 염오하고 이욕하여 해탈, 열반을 실현한다는 사념처 수행(위빠사나)과는 근본이 다릅니다. 또, 초기경전(니까야, 아함)을 보면 부처님께서는 사람들의 근기에 맞춰 누구나 알아들을 수 있는 쉬운 말로 풀어서(해체), 그것도 지루하다고 할 정도로 반복해서 자상하게 가르침을 펴셨습니다(암송을 위한 것이기도 했지만). 눈높이 교육을 하신 것입니다. 전법선언에서도 알기 쉬운 말로 조리를 갖추어 설명하라고 하셨습니다.

또한 부처님의 설법에는 질문과 답변이라는 대화 형태가 많습니다. 설법은 대개 먼저 제자가 붓다에게 묻는 것으로 시작하는데, 붓다의 답변이 이어지고 제자가 다시 의문점들을 물으면 윽박지르거나 꾸짖는 법이 없이 늘 선재, 선재(훌륭하구나, 훌륭하구나)라고 받아들이며 질문 내용을 풀어서 정리한 다음 제자가 완전히 이해할 때까지 차근차근 하나씩 대답해 주십니다.

그래서 초기경전에는 부처님의 가르침을 듣고 오래지 않아 깨달음을 얻은 사람이 무수하게 많습니다. 그렇기 때문에 제자들이 귀의할 때 '세존이시여, 경이롭습니다. 세존께서는 마치 넘어진 자를 일으켜 세우듯이, 덮여 있는 것을 걷어내 보이듯이, 방향을 잃어버린 자에게 길을 가리켜 주시듯이, 눈 있는 자 형상을 보라고 어둠 속에서 등불을 비춰 주시듯이, 세존께서는 여러 가지 방편으로 법을 설해 주셨습니다. 저는 이제 세존께 귀의하옵고, 법과 승가에 귀의하옵니다'라고 했던 것입니다.

그런데 선불교에서는 깨달음의 경지는 말로 표현할 수 없는 것이라 하며 주먹질(棒)을 하거나 갑자기 소리를 질러대는 경우(喝: 꾸짖음)가 많습니다. 덕산 방, 임제 할이라고 하는데 이러한 것은 위에서 본 석가모니 부처님의 방식과는 천 리, 만 리 떨어진 것입니다.

임제 스님이 황벽 스님에게 세 번 묻고 세 번 얻어맞고도 그 뜻을 몰랐다고 하는 그 주먹질의 의미를 우리 같은 사람이 어찌 알겠습니까. 방과 할. 뭔가 대단한 것처럼 보이지만 그것은 그들만의 대화 방식일 뿐이지 일반 재가불자들에게는 돌출행동으로 보이거나 폭행이나 언어폭력으로 보일 수 있습니다. 말로 설명할 수 없는 진리는 개인의 신비 체험일 수는 있어도 보편타당한(正等) 진리라 하기 어렵습니다.

선문염송이라는 선어록은 고려 후기 고종 때(1225년), 승려 혜심이 선종의 화두 1,125칙에 염과 찬송을 붙인 불서인데, 그 내용 중에 중국 선사들이 석가모니 부처님에 대해 험한 말로 심하게 폄훼하는 것을 많이 볼 수 있습니다. 예를 들면 석가모니 부처님을 "늙은 오랑캐", "늙은 놈"이라 하는가 하면, "몽둥이 한 방으로 멍 자국이나 남겨 줄까 보다"라고 하고, 심지어 부처님이 태어나자마자 일곱 걸음을 걸으면서 천상천하 유아독존이라고 했다는데 "내가 그 자리에 있었으면 그놈을 방망이로 한 방에 쳐 죽여서 개에게 던져 줘서 배불리 먹게 하고 천하를 태평하게 했을 텐데"라는 것 등입니다. 석가모니 부처님에 대해서 이런 시각을 가진 중국 선사들의 어록을 우리는 대단한 것처럼 공부하고 있고, 텔레비전에서 방송도 하는 것이 우리나라 불교의 현실입니다.

또 경덕전등록이라는 것은 중국 송나라 때(1004년) 도원이 지었다는 것으로 과거 칠불로부터 석가모니에 이르기까지의 인도 선종의 법맥과, 달마 이래 혜능과 그의 제자들에 이르는 중국 선종의 법맥을 기록한 역사서이면서 950여 개의 공안을 담은 선어록입니다. 그런데 근래 돈황석굴에서 많은 서적이 발견된 것을 계기로 활발한 학술 연구에 의해 이것도 사실이 아니라 중국에서 조작된 허구라는 것이 밝혀지고 있습니다.

두 번째, 선불교는 마음을 절대화하는 것이 큰 문제입니다. 선가에서는 흔히 '보고 듣고 맛보고 하는 놈은 누구인가', '이 몸뚱이 끌고 다니는 이놈이 이 뭣꼬' 하면서 마치 그놈이 '진아', '참나', 주인공인 양 하는데 이것은 자칫 유신견을 부추길 우려가 있는 것입니다. 심지어 윤회를 옷만 갈아입고 내면에 있는 것은 변하지 않는 것처럼 이야기하는 스님이 있는데 이것은 힌두교에서 온 아트만의 가르침입니다.

초기불교에서는 오온을 해체하여 분리, 관찰함으로써 그 실상(무상, 고, 무아라는 성품)을 보려고 하는 데 반하여, 대승과 선불교에서는 이러한 해체적인 방법과는 반대로 우리의 심성 안에 여래장, 불성, 참나, 진여자성 등 무엇인가를 세우고 이를 실체화, 절대화하고 그것과 하나가 되려는 경향이 있습니다. 그러나 마음은 조건 따라 일어나고 사라짐을 반복하는 무상하고 실체가 없는 것인데 심성 안에 무엇인가를 세우고 이를 실체화하는 것은 힌두교의 4처와 같은 산냐(想)일 뿐입니다.

수행할 때 '마음을 관(觀)하라'라고 하는 것은 정념정지(正念正知), 즉 분명히 알고 알아차리라는 것이지 '참나, 혹은 주인공을 찾으라'는 것이 아닙니다. 오온 가운데 하나일 뿐인 마음(식)을 실체시, 절대화하면 부처님이 그토록 고구정녕 부정했던 외도의 자아이론으로 떨어지고 만다는 점을 경계해야 합니다.

외도의 자아이론이란 힌두교의 아트만사상을 말하는 것인데, 이에 의하면 우리가 '나'라고 생각하는 것은 거짓된 헛것으로서의 '나', 즉 가아(假我)이며 실제의 나는 아트만이라 불리는 진아(眞我, 참나)라고 주장합니다. 문제는 내가 무지에 가려 아트만을 깨닫지 못하기 때문이라고 하고, 윤회는 이 때문에 일어난다고 하는 점입니다. 따라서 무지를 타파하고 아트만을 깨닫게 되면 '거짓된 나'는 소멸하고 아트만으로서의 '개인적인 나(我)'는 우주적인 아트만, 즉 '전체적인 나'인 브라흐만(梵) 속으로 마치 물방울이 바다에 합류하듯이 녹아들게 된다고 하는데 이를 범아일여라고 합니다. 그런데 불교TV를 보면 '나'는 아바타일 뿐이며, '나'의 몸도 아바타고 마음도 아바타라고 공공연히 말하는 스님이 있습니다. 이것은 석가모니 부처님을 비슈누의 한 아바타(화신)이라고 하는 힌두교의 논법과 다르지 않은 것으로 아트만 사상과 다르지 않은 것입니다.

고정관념(산냐)의 척파를 부르짖는 금강경을 소의경전으로 하면서도 한국불교는 온통 마음을 절대화하여 마치 위와 같은 외도가 되어 버린 듯합니다.

세 번째, 선불교는 대승불교의 신격화된 불교를 인간의 종교로,

남의 이야기나 하면서 따지고 논하는 불교에서 직접적으로 내가 체험할 것을 강조함으로써 주체성과 자유를 추구한 것은 위대한 통찰로 불교사에 획기적인 전기를 마련한 것으로 큰 의미를 갖습니다. 그러나 이러한 혁신적인 선불교도 시간의 흐름에 따라 중국문화와의 적응과정에서 많은 변용을 가져오더니 임제에 이르러서는 인도불교의 흔적은 찾아볼 수 없는 불교 아닌 불교, 좀 심하게 말하면 종교라고도 할 수 없는 무위자연과 신비적 직관을 내세우는 중국의 노장사상이자 철학과 별 차이를 보이지 않게 되었습니다.

수처작주 입처개진(隨處作主 立處皆眞), 즉 자신이 놓인 그때그때의 상황에서 주체적인 입장을 확보하면 바로 그런 자리가 진실이 실현되는 곳이라고 주장한 임제가 이상적인 인간상으로 그렸던 것은 자기 자신 이외에 어떤 것에도 의존하지 않는 주체적인 사람 무의도인(無依道人)이며 자신의 벌거벗은 존재 이외에 다른 아무것도 내세울 필요가 없는 자유로운 사람인 무위진인(無位眞人)이라 하겠습니다. 그런데 이는 바로 노자의 성인(聖人)이나 장자의 진인(眞人)과 실질적으로 다를 바가 없기 때문입니다.

그런데 엄밀히 보면 노자와 장자의 사상에는 차이가 있습니다. 두 사람 모두 무위를 주장하는 것은 같으나 노자의 무위는 나라를 다스리는 통치사상에 관련된 다분히 정치적인 무위인 데 반해 장자의 무위는 개인 삶의 철학으로서의 무위, 즉 무득(無得)과 무애(無碍)의 절대적 자유의 삶이라는 점에서 다릅니다. 따라서 임제는 노자보다 장자의 후예라 하겠습니다.

또 마조도일이 말했다는 평상심(平常心)이 도(道)라고 하는 것도 중국의 도덕경과 장자에서 가장 중요시하는 행동 원리인 무위의 위(無爲之爲), 즉 보통 인간사에서 발견되는 꾸며서 하거나 억지로 하거나 티 내면서 하거나 따지고 가리는 등의 부자연스러운 행동을 일체 하지 않는다는 것과 같은 뜻입니다. 즉, 행동이 너무나 자연스럽고 너무 자발적이어서 자기가 하는 행동이 구태여 행동으로 느껴지지 않는 행동, 그래서 행동이라 이름할 수도 없는 행동, 함이 없는 함과 같은 것입니다. 솔직하게 표현하자면 선종은 노장사상에서의 도(道)를 부처나 마음으로 바꾼 것이 아닌가 하는 생각이 듭니다.

선불교는 개인의 안심입명을 추구하다 보니 사회성과 보살정신이 소홀해졌다는 비판을 받습니다. 불세출의 선승인 임제는 "분명히 말하거니와 온 세상이 헐뜯고 욕하더라도 상관하지 않겠다. 누가 뭐라고 하든 내 마음만 편하면 그만이고, 일 없는 것이 제일(無事是 貴人)"이라 하는가 하면, "졸리면 자고 배고프면 먹을 뿐"이라고도 합니다.

그러나 이와 같이 '남의 눈치 보지 말고 내 마음만 편하면 그만'이라는 식으로 타인의 고통을 공감하지 못하고 이를 구제해야겠다는 발심과 원력, 실천이 없는 무원, 무작, 무사를 석가모니 부처님의 불교라고 할 수는 없습니다. 석가모니 부처님은 출가하실 때 "일체의 생명이 생사의 수레에 매여 고통받고 있지 아니한가. 나는 그들을 구제하기 위해 출가하노라"라고 말씀하셨음(出家誦)을 상기해야 합니다. 초기불교를 소승이라고 비난할 때 써먹던 그 보살정신(대비원력)은 어디로 가 버리고 말았습니다.

한마디로 선종은 불교를 사회적, 이타적인 입장에서 벗어나 개인의 안심입명이나 자기 수양의 틀로만 접근하고 있는 것이 되어 버렸습니다. 사회적 실천이 배제되거나 없는 깨달음은 온전한 깨달음이 아닙니다. 지혜와 자비가 함께 동반되지 않는 깨달음은 기껏해야 신비 체험의 일종일 뿐, 불교적 깨달음이라고 할 수 없습니다.

솔직히 고승들의 선문답이라는 것이 어지간히 공부한 이 사람도 이해하기 어려운데 이것이 중생들의 괴로움의 소멸과 무슨 관련이 있는지 의문입니다. 특히 탈종교화하고 개성은 강한데 물질 만능의 무한경쟁에서 지치고 불안해하는, 그래서 힐링(치유)이 정말 필요한 20~30대의 젊은 디지털 세대들, 불교의 미래가 걸려 있는 이들 MZ세대에게 무슨 감동을 주는지 지극히 의문입니다.

초기경전을 보면 부처님께서는 전도선언에서 보여 주신 중생의 이익과 행복이라는 간절한 대비 원력을 시작으로, 상대방의 수준에 맞추어 이해하기 쉬운 말로 45년간의 쉼 없는 중생교화활동을 하셨으며, 80이 넘은 노구를 이끌면서도 3개월 후에 열반에 들 것이니 마지막으로 물을 것이 있으면 물으라고 하신 분이며, 열반에 들기 직전의 위급한 상황에서도 찾아온 이교도를 물리치지 않고 사성제, 팔정도 등 괴로움을 극복하는 수행을 가르쳐 교화시키신 분이라는 것과 너무도 다릅니다.

네 번째, 선종은 깨달음 지상주의(頓悟)여서 계, 정, 혜 삼학의 균형 있고 조화로운 수행과는 거리가 멀다는 것입니다. 조주 스님은 "문제만 삼지 않으면 번뇌는 없다. 오직 스무 해고 서른 해고 고요히 앉아서 참구만 해라. 그래도 깨닫지 못하면 내 머리를 베어라"
라고 했고, 임제 스님은 "본성을 보지 못하면 전통적인 수행은 부
질없이 업을 짓는 것에 불과하다"라고 했습니다.

그러나 계의 그릇이 반듯하지 않은데 선정의 물이 고일 수 없고
선정의 물이 없는데 지혜의 달이 뜨기 어렵다는 것이 부처님의 말
씀입니다. 계, 정, 혜 삼학이 조화를 이루는 전인적(全人的)인 수행
이 필요한 것입니다. 그래야 삼가고 조심해서 삼업이 청정해집니
다. 이것이 수행의 기본입니다.

깨달음 지상주의는 딱 한 번의 깨달음만을 목표로 할 뿐, 중간
단계를 인정하지 않음으로써 불교를 스스로 너무 어려운 것으로
만들어 버렸습니다. 그렇기 때문에 일반 재가불자는 접근하기조
차 어렵게 되었음은 물론 많은 출가자들까지도 실패자로 만들고
맙니다.

인간 세상만사에 한 방의 깨달음은 있을 수 없습니다. 있다면 거
짓말입니다. 천년 동굴에 순간 빛 들어가는 것에 비유하나, 인간의
심성은 그런 것과 전혀 다릅니다.

부처님의 마지막 유훈인 "방일하지 말고 정진하라"라는 말씀은
꾸준한 노력, 점차적인 수행을 강조하신 것입니다. 부처님께서는
"수행승들이여, 커다란 바다는 점차적으로 나아가고 점차적으로
기울고 점차적으로 깊어지고 갑자기 절벽을 이루지 않듯 수행승들
이여, 이와 같이 가르침과 계율에서는 점차적인 배움, 점차적인 실
천, 점차적인 진보가 있지 궁극적인 앎에 대한 갑작스런 꿰뚫음은
없다. 나는 최상의 지혜는 한 번에 얻어진다고 말하지 않는다. 최

상의 지혜는 점차적인 노력, 점차적인 수행, 그리고 점차적인 향상에 의해서만 얻어진다고 말한다"라고 하셨습니다.

선불교에서는 왜 이러한 부처님의 분명한 말씀을 외면하거나 무시하는지 모르겠습니다. 선불교에서는 중간단계를 인정하지 않으므로 딱 한 번의 깨달음을 얻기도 어렵지만, 깨달음을 얻지 못하면 수행과정이 큰 의미가 없는 것으로 되고 맙니다.

교계 안팎에서 두루 존경을 받는 도법 스님은 "(조계)종단 출가 수행자가 비구, 비구니를 포함하여 대략 1만 2천 명이라고 한다. 50여 년 전체를 합치면 연 인원 50만 명이 수행에 진력해 온 셈이다. 그동안 깨달음을 이뤘다는 사람을 만나기도 하고 함께 살아도 보고 쟁쟁한 소문을 듣기도 했다. 그런데 세월이 한참 지나고 나면 깨달았다고 큰소리쳤던 사람이 이상하게 된 경우가 의외로 많다. 실제 괜찮게 된 사람은 50만 명 중에 20여 명 정도를 넘지 않는다. 그 20여 명도 본인의 주장과는 달리 대중이 반신반의하는 것을 보면 깨달은 도인이 기대했던 것처럼 매력적이지 않은 듯하다. 그렇게 볼 때 수행하여 이루어낸 결과가 너무 초라하고 허망하다"라고 말씀하신 적이 있습니다(불교평론).

그러나 초기불교의 사념처 수행은 매 순간 몸과 마음의 변화의 흐름을 있는 그대로 관찰하는 훈련을 지속적으로 하는 것이기 때문에 깨달음을 얻지 못하더라도 수행을 하면 한 만큼의 성과(번뇌의 저감, 삼업의 청정)를 얻을 수 있습니다. 그렇기 때문에 부처님은 나의 가르침은 처음도 좋고 중간도 좋으며 결과도 좋은 중도적인 가르침이라고 말씀하셨던 것입니다.

4
초기불교로 정체성 확립해야

깨달음은 궁극이 아니라 과정입니다. 행복 찾기가 돼야 합니다. 선종의 모 아니면 도 식인 양변론적인 깨달음 지상주의는 이제 누구든지 배우고 수행하면 어렵지 않게 행복을 체험할 수 있는 대중적, 사회적인 깨달음으로 바뀌어야 합니다.

한국불교는 마치 깨달음이 불교의 전부인 양 깨달음 지상주의에 빠져 있습니다. 깨달음은 궁극이 아니라 과정입니다. 일상에서의 작은 행복 체험의 연속인 과정의 보람을 깨달음이라고 봐야 합니다.

불교에서 연기는 흐름이고 과정의 연속이며, '나(오온)'라는 존재 자체가 끊임없이 변화하며 흘러가는 과정적 존재라는 것을 알아야 합니다. 부처님은 참된 삶의 의미를 '지금 여기에 깨어 있는 것'으로 설명했습니다. 이것은 지금 여기에서 최선을 다하는 삶을 말하며 지금 여기에서 즐겁게 사는 것을 뜻합니다. 다시 말하면 현재 직면한 삶을 즐겁고 행복하게 사는 것(現法樂住)이 참된 삶의 태도라고 하신 것입니다.

불교는 괴로움을 여의고 행복을 실현함(이고득락)을 목적으로 하는 종교입니다. 깨달음은 불교의 목적인 행복을 실현하기 위한 수단에 불과한 것인데, 어쩌다 본말이 완전히 전도되었습니다. 불교는 행복 찾기가 되어야 합니다. 부처님은 제자가 60명이 되었을 때 전도선언을 하시는데, "많은 사람들의 이익과 행복과 안락을 위하여 법을 전하라"라고 하셨습니다.

『숫따니빠따』의 큰 행복의 경 길상경과 법구경의 행복의 장의 게송, 그리고 잡보장경 등에서 불교의 목적인 행복이 무엇인가에 관하여 다음과 같이 말씀하고 계십니다. 부처님이 이들 경전을 통해서 밝히신 행복의 내용은 선종에서 얘기하는 것처럼 마음이 부처니 견성이니 하는 관념적인 깨달음과는 전혀 다름을 알 수 있습니다.

(1) 숫따니빠따의 큰 행복의 경

어리석은 사람과 가까이하지 않으며, 지혜로운 사람과 가까이하며,
공경할 만한 사람을 공경하는 것, 이것이 으뜸가는 행복이다.
적합한 환경에서 살고, 지난날 공덕을 쌓아서, 스스로 바른 서원을
세우니, 이것이 으뜸가는 행복이다.
널리 많이 배우고 기술을 익히고, 높은 수련과 수행을 쌓아 말솜씨가
뛰어나니, 이것이 으뜸가는 행복이다.
부모를 봉양하고 아내와 자식을 돌보고, 하는 일이 혼란함이 없으니,
이것이 으뜸가는 행복이다.

너그럽게 베풀고 바르게 살고 친구와 친척을 돕고, 비난받지 않는 행동을 하니, 이것이 으뜸가는 행복이다.

악행을 버리고 술을 삼가고, 부지런히 가르침을 행하니, 이것이 으뜸가는 행복이다.

존경하고 겸손하고 만족하고 감사하며, 때맞추어 가르침을 듣는 것, 이것이 으뜸가는 행복이다.

인내심이 있고 순응하고 공손하며, 때맞추어 수행자를 만나서 가르침을 논의하니, 이것이 으뜸가는 행복이다.

자신을 절제하고, 청정한 삶을 살며 거룩한 진리를 깨닫고, 열반을 성취하는 것, 이것이 으뜸가는 행복이다.

세상일에 부딪쳐도 마음이 흔들리지 않고, 슬픔이 없고 티가 없이 평온하니, 이것이 으뜸가는 행복이다.

이와 같은 삶을 사는 사람은 어디에서나 실패하는 일 없이 행복을 얻게 되니, 이것이 으뜸가는 행복이다.

(2) 법구경의 행복의 장

남들이 우리를 미워하더라도 우리는 미워하지 말고 미움으로부터 벗어나 진실로 행복하게 살자.

마음에 병든 사람들 가운데 살더라도 병든 마음으로부터 벗어나 진실로 행복하게 살자.

탐욕스런 사람들 가운데 살더라도 탐욕으로부터 벗어나 진실로 행복하게 살자.

저 광음천이 행복을 누리듯 우리는 아무것도 가지지 않았다 하더라도 진실로 행복하게 살자.

승리는 미움을 불러오고, 싸움에 진 자는 고통 속에 살아간다. 그러므로 이기고 진다는 마음을 떠나야 진실로 만족하고 행복하다.

애욕보다 뜨거운 불이 없고, 원망보다 더 많이 잃는 것은 없다. 육신보다 더 심한 고통은 없고, 평온보다 더 좋은 행복은 없다.

굶주림은 가장 나쁜 재앙이요, 육신에 집착함이 제일 큰 죄악이다. 이것을 바르게 아는 사람은 열반을 얻어 최고의 행복을 누린다.

건강은 최고의 축복이요, 만족은 으뜸가는 재산이다. 신용은 최선의 인간관계요, 열반은 더할 바 없는 기쁨이다.

고요한 곳에서 마음의 평온을 누리는 사람은 두려움과 죄로부터 벗어나고 진리 속에 즐거움을 누린다.

현자와 만나는 것은 유익함이요, 현자와 함께 사는 것은 언제나 행복이다. 어리석은 이와 짝하지 않으면 우리는 진실로 즐거우리라.

원수와 함께하는 것이 괴롭듯이 어리석은 사람과 동반하는 것은 괴로움이다. 친한 사람을 만나는 것이 즐겁듯이 지혜로운 이와 여행하는 것은 기쁨이다.

그러므로 현명한 사람, 지혜로운 사람, 많이 배운 사람, 잘 참는 사람, 자기 의무에 성실한 사람을 가까이해야 할 것이요, 착하고 현명한 사람을 따라야 할 것이니, 그것은 달이 항성의 궤도를 따르는 것과 같느니라.

(3) 잡보장경

순경과 역경의 팔풍에 흔들리지 않는 중도적 삶에 대한 경전입니다.

유리하다고 교만하지 말고 불리하다고 비굴하지 말라.

자기가 아는 대로 진실만을 말하여 주고받는 말마다 악을 막아 듣는 이에게 편안함과 기쁨을 주어라.

무엇을 들었다고 쉽게 행동하지 말고 그것이 사실인지 깊이 생각하여 이치가 명확할 때 과감히 행동하라.

제 몸 위해서 턱없이 악행하지 말고 핑계 대어 정법을 어기지 말며 지나치게 인색하지 말고 성내거나 질투하지 말라.

이기심을 채우고자 정의를 등지지 말고 원망을 원망으로 갚지 말라.

위험에 직면하여 두려워 말고 이익을 위해 남을 모함하지 말라.

객기 부려 만용하지 말고 허약하여 비겁하지 말며 지혜롭게 중도의 길을 가라.

이것이 지혜로운 이의 모습이니 사나우면 남들이 꺼려하고 나약하면 남이 업신여기나니 사나움과 나약함을 버리고 중도를 지켜라.

벙어리처럼 침묵하고 임금처럼 말하며 눈처럼 냉정하고 불처럼 뜨거워라.

태산 같은 자부심을 갖고 누운 풀처럼 자기를 낮추어라.

임금처럼 위엄을 갖추고 구름처럼 한가로워라.

역경을 참아 이겨내고 형편이 잘 풀릴 때를 조심하라.

재물을 오물처럼 볼 줄도 알고 터지는 분노를 잘 다스려라.

때로는 마음껏 풍류를 즐기고 사슴처럼 두려워할 줄 알고 호랑이처

럼 무섭고 사나워라.

때와 처지를 살필 줄 알고 부귀와 쇠망이 교차함을 알라.

이것이 지혜로운 불자의 행복한 삶이니라.

이상에서 초기불교와 대승불교, 그리고 선불교를 비교하여 설명하였는데 이들 세 가지 불교는 그 내용과 설명하는 방식이 하나의 불교라고 말하기 어려울 정도로 너무 많이 다릅니다. 그런데도 우리나라에서는 이를 통불교라는 이름으로 뭉뚱그리고 있어 불교의 정체성을 모호하게 할 뿐만 아니라 불자들의 올바른 신행생활의 기준과 목표를 혼란케 하고 있습니다.

한국불교는 언제까지 부처님을 기도하고 재(齋)를 지내면 복을 주는 복주머니로 알거나, 중국 선사들의 족보나 따지고 어록을 뒤적이면서 '마음이 부처'니 '참나'니 '견성'이니 하면서 공허한 관념의 유희에 빠져 있을 것인가요. 세상 사람들이 불교에 관심은 많으면서도 깊은 믿음이 없는 것은 초기불교에서 강조하는 무상, 고, 무아라는 존재의 실상에 대한 통렬한 인식이 없기 때문이라고 생각합니다.

불자라면 **이제 세 가지 불교 중에서 하나를 선택할 때**가 되었다고 생각합니다. 대승불교는 석가모니 부처님의 불교가 아닙니다. 자기들의 입맛에 맞는 새로운 경전을 창작했을 뿐만 아니라 그 내

용도 힌두화되었습니다. 초시간적, 초공간적으로 신격화한 다불, 다보살이 그렇고 복잡한 방편, 의례 등이 그렇습니다. 그런가 하면 선불교는 마음을 절대화하는 것이 외도와 크게 다르지 않고, 또 개인적인 안심입명을 추구하는 중국의 노장철학에 가깝다고 하겠습니다. 선불교에서는 삼보는 물론 교주인 석가모니 부처님이 평생을 두고 가르치신 불교의 진리인 사성제에 관해서조차 한마디 언급도 없고 마음이 부처라는 말만 거듭하고 남의 눈치 볼 것 없이 내 마음만 편하면 그만이라고 합니다. 한마디로 선불교는 석가모니 부처님의 가르침의 흔적이 하나도 없으므로 불교라기보다는 중국의 조사교라고 하는 것이 타당할 것입니다.

불교 변천의 큰 줄기를 되돌아보면 초기불교가 사실(연기법)에 기초하여 사실(사성제, 삼법인)을 말하는 경험적, 과학적(해체관찰, 사념처)이었던 것이 대승에 와서 부처님을 신으로 믿고 떠받드는 유신적, 관념적인 종교가 되더니 선종에 와서 불교는 외도를 닮아 가고 중국의 노장철학, 생활철학으로 변화해 버리고 맙니다.

이제 올바른 불자라면 부처님 가르침의 원형을 찾을 때라고 생각합니다. 니까야와 아함으로 정리된 인간 붓다, 석가모니 부처님의 가르침을 공부하고 따라야 합니다. 우리는 인간 존재 자체의 실존적인 괴로움을 끌어안고 그 해결책을 찾아 평생을 정진하신 석가모니 부처님의 행적을 따르는 불자가 되어야 하겠습니다.

제10부

새로운 삼법인을 생각하다

1
새로운 삼법인의 필요성

불교의 교리 중에는 진리의 기준이나 속성으로 삼법인 또는 사법인이라고 하여 제행무상, 일체개고, 제법무아, 열반적정을 들고 있습니다. 즉, 생멸 변화하는 일체의 현상은 무상하고, 일체법은 '나(我)'라는 실체가 없고, 따라서 모든 존재는 고통이지만 위 세 가지를 여실히 관찰하면 열반을 얻어 최고의 행복을 누릴 수 있다는 것입니다.

이러한 삼법인(또는 사법인)은 부처님의 가르침을 상징하는 도장이나 깃발이라고 하는 것으로, 부처님의 제자들에 의해 여러 경전 중에서 위경을 가려내는 기준으로 널리 채용되었던 것입니다. 즉, 이 기준에 들면 부처님의 가르침이고 들지 못하면 가짜라는 것입니다.

그러나 당초 삼법인이 논의되던 그 시대와 지금은 종교 환경을 비롯해 너무 많은 것이 다르므로 삼법인도 시대에 맞게 조정되어야 한다고 생각합니다. 즉, 기독교 등 계시종교의 위세가 등등하여 세상을 혼란케 하고 나아가서 심지어는 불교를 미신이나 우상숭배인 것처럼 비방까지 서슴지 않는 상황이 되었는데 이러한 상황에서는 삼법인이라는 것도 저들 공격적인 거대종교들과 대비되는 의미로 부처님의 가르침의 핵심을 가려 뽑는 것이 보다 현실적이고 설득력있는 것이라 생각되고, 또한 이제는 깃발을 보는 사람도 옛날과 많이 달라졌다는 것입니다.

즉, 그들의 지적 수준이나 관심 방향 그리고 요구 내용 등이 옛날과 많이 다른데 기존의 불교 깃발은 너무 작고 너무 오래돼서 관심을 끌지 못하고 감동을 주지 못하고 있다고 생각합니다. 그래서 시대에 맞게 깃발을 다시 세워 보자는 것입니다. 그러니까 기존의 삼법인 중에서 크게 감흥을 주지 못하는 것은 빼고, 대신 이 시대에 현실적으로 필요하다고 느껴지는 것은 새롭게 넣는 작업이 필요하다고 보는 것입니다.

요약하면, 제행무상과 일체개고와 열반적정은 빼고 그 대신 만법유의(萬法唯意)와 수행성불(修行成佛)을 추가하여 제법무아(諸法無我)와 함께 새로운 삼법인으로 하는 것이 좋을 듯합니다. 여기서 제법무아는 연기의 성질인 공성, 상의성, 관계성을 말하는 것이고 만법유의는 유전연기(苦의 有, 起)와 사성제의 苦, 集을 말합니다. 수행성불은 환멸연기(苦의 無, 滅)와 사성제의 滅, 道를 말하는 것으로 결국 새로운 삼법인은 부처님 가르침의 핵심인 연기법과 사성제를 각도를 달리해서 새롭게 설명한 것입니다.

이렇게 삼법인을 새롭게 정립하고 보면 기독교 등 계시종교와 불교의 본질적인 차이를 확연하게 알 수 있게 되어 이 시대에 필요한 종교가 왜 불교여야 하는가를 분명하게 알 수 있게 됩니다(다만 이 글은 기독교와의 본질 비교를 위한 것이므로 초기불교의 입장이 아닌 대승불교의 입장에서 작성된 것입니다. 특히 일체개고와 만법유의가 그렇습니다).

이하 장(章)에서 하나씩 살펴보겠습니다.

2
제행무상(諸行無常)

현상세계의 모든 것은 항상한 것이 없다는 것입니다. 즉, 자연도 인간도 그리고 물질적인 것도 정신적인 것도 마치 쉬지 않고 흐르는 물처럼 단 한순간도 가만히 머물러 있지 않고 시시각각 변한다는 것입니다. 제행무상이 불교의 근본문제로 다루어지고 있는 것은 무상이 일체개고, 제법무아 등 다른 법인을 설하기 위한 출발점이 되기 때문으로 보입니다. 확실히 무상을 관하게 되면 자기반성을 통해 집착심과 교만심을 내려놓게 되고 매 순간 삶을 충실하게, 또 소중하게, 그리고 감사하게 여기게 되며 나아가서 자비심도 생기게 됩니다.

그러나 첫째, 법인이나 깃발이라고 하려면 불교를 상징할 수 있고 불교에만 고유하게 있는 핵심적인 가르침이어야 하는데 제행무상은 부처님만 말씀하신 것이 아니라 당시 인도의 다른 종교와 철학에서는 물론 그리스의 자연철학자들도 얘기해 온 것이 사실이기 때문에 이를 법인으로까지 하는 것은 적합하지 않다고 생각합니다. 이것은 마치 업과 윤회가 불교를 특징짓는 주요한 교리임에도 이러한 사상은 불교에만 고유한 것이 아니라 당시 인도의 전통사상을 불교에서 수용했던 것이므로 법인으로 하지 않은 것과 같은 맥락이라 하겠습니다.

둘째, 불생불멸의 가르침을 펴시는 부처님이 무상을 강조하심은 중생교화를 위한 방편으로 보아야 할 것입니다. 즉, 제행무상이 반드시 늙고 병들고 죽거나 부귀영화를 잃어버리는 것과 같이 나쁜 쪽으로의 변화만을 의미하는 것이 아니라, 아이가 어른이 되고 만물이 생장하며 병이 낫고 가난한 사람이 부귀를 누리게 되는 것과 같은 좋은 쪽으로의 변화도 의미하는 것인데 일반적으로는 나쁜 쪽으로의 변화를 연상케 하여 허무주의적인 것으로 받아들여지고 있습니다. 그래서 부처님은 무상 그 자체는 변화를 의미하는 것일 뿐 고도 낙도 아니므로 이러한 점을 올바로 인식시켜 무상의 비관주의에서 벗어나 자유를 얻게 하기 위하여 방편적으로 무상을 강조하신 것입니다. 다시 말하면 제행무상은 인간뿐만 아니라 모든 존재에 대한 객관적 관찰의 결론일 뿐, 결코 감상주의나 비관적 현실관이 아닙니다. 객관적 필연을 담담하게 수용하도록 하기 위하여 자연이법으로서의 변화를 방편적 교설로 말씀하신 것을 불교의 법인으로 하는 것은 문제가 있다고 봅니다.

셋째, 논리적으로 엄격히 따지자면 무상과 무아는 각각 변화와 연관(무실체)을 의미하는 것으로 명백히 구분되는 것이지만 현실적으로 이 양자는 동어반복이라고 할 정도로 거의 같은 의미로 쓰이거나 혼용하는 경우마저 있기 때문에 보다 핵심적인 무아만을 법인으로 하는 것이 간명하다고 봅니다. 즉, 무상은 연기의 시간적 관찰이고 무아는 공간적 관찰이라고 구분할 수 있으나 이 둘은 보는 관점의 차이일 뿐 하나의 '연기'를 말하는 것으로 사실상 같은 것을 얘기하는 것입니다. 실제로 무상과 무아를 설명하는 것을 보면 '불변의 실체가 없기 때문에 무상'이라고 하면서 또 '불변의 실체가 없기 때문에 무아'라고 같은 설명을 하는 것이 일반적입니다. 무상을 법인에서 제외하자니까 마치 외도인 양 말하는데 무아만을 얘기해도 속성상 결과로서의 무상을 동시에 얘기하고 있는 것으로 보아야 합니다. 사실상 같은 것 둘을 법인으로 할 필요가 없다는 것입니다. 중복을 피하자는 것일 뿐입니다.

3
일체개고(一切皆苦)

　세상의 모든 것은 고통이고 괴롭다는 것입니다. 그러나 이에 대해서는 반론이 만만치 않습니다. 이 세상에는 고만 있는 것이 아니라 낙도 있고 불고불락도 있다는 것입니다. 그리고 고와 낙은 다분히 주관적이라는 것입니다. 또한 이 세상에는 삶을 행복하게 보는 사람이 의외로 많다는 것입니다.

　물론 일체개고의 깊은 뜻이 윤회전생하는 범부에게는 설사 쾌락과 행복이 있다고 하더라도 그것은 일시적인 것에 지나지 않는 것이며 절대적인 적정의 낙은 결코 있을 수 없는 것이므로 결국 현상세계는 고에 지나지 않는다는 의미이지만, 일희일비하고 살아가는 범부 중생에게 고만 강조하는 것은 아무래도 한쪽에 치우친 감이 없지 않습니다.

　고는 낙의 다른 이름입니다. 고는 무지와 욕망으로 가득 찬 기대감을 가지고서 나와 세상을 영원하고 실체가 있는 것으로 잘못 인식한 결과(무명으로 인한 인식의 왜곡, 전도몽상) 부딪치게 되는 좌절감일 뿐 고와 낙 어느 것도 실체가 있는 것이 아닌데 고만 강조하는 것은 한쪽에 치우친 것입니다.

또 고를 너무 강조하다 보면 불교를 모르는 사람들에게 마치 불교는 염세적이지 않느냐는 공연한 오해를 불러일으킵니다. 세상의 주인으로서 전 우주와 하나 되어 걸림 없이 살아가려는 적극적이며 밝은 지혜의 가르침이라는 불교의 참뜻을 알지 못하게 하는 문제점이 있기 때문에 제외하자는 것입니다.

4
열반적정(涅槃寂淨)

　모든 고통이 멸한 상태를 말하는 것으로, 불교의 이상이며 실현해야 할 목표라는 것입니다. 열반적정은 탐, 진, 치 삼독의 불이 꺼진 청량한 마음의 상태, 즉 모든 집착에서 벗어나 마음에 괴로움이 없이 고요하고 평안한 자유로운 경지를 말합니다.

　이러한 불교의 열반은 죽음과 관계없이 살아 있는 지금, 여기에서 실현되는 것입니다. 이를 현법 또는 현생열반이라고 하고 또 유여의 열반이라고도 합니다.

　그러나 불교에서는 이와 같은 유여의 열반에서 더 나아가 과거의 업의 결과인 몸마저 소멸한 후에 주어지는 사후열반을 완전한 열반 또는 무여의 열반이라고 합니다.

　불교가 단순한 윤리학이나 심리학 또는 철학을 넘어 종교인 이상, 죽어서 오온이 완전히 소멸한 후 다시 태어나지 않음으로써 윤회로부터 해탈하게 되는 것을 궁극적 이상인 성불이라고 해야 할 것입니다.

　따라서 저는 무여의 열반까지를 의미하는 수행성불(修行成佛)을 새로운 하나의 법인으로 하고자 한 것입니다. 이렇게 하는 것은 이

와 같은 탈 존재적 구원관과 기독교의 인격적 구원관 사이의 차별
성을 드러내기 위해서도 필요하다고 보기 때문입니다.

5
제법무아(諸法無我)

　나를 포함하여 세상의 모든 존재들은 조건 따라 끊임없이 일어
나고 사라지는 현상들의 연기적 흐름일 뿐, 불변의 실체, 즉 영혼이
나 신과 같은 영속적 실체가 있는 것이 아닙니다. 모든 존재는 홀
로 있는 것이 아니라 서로 조건 지어져 하나로 연결되어 더불어 있
는 상대적 존재라는 것입니다. 자립적 실체가 없다는 말입니다. 그
렇기 때문에 불교에서는 세상을 창조하고 만물을 주재하는 세상
의 근원으로서 어떤 궁극적 실재, 즉 신이나 영혼, 제일원인 등을
인정하지 않습니다.

　불교에서 깨달음은 '나다'라는 울타리가 깨져서 나와 남, 나와 자
연, 나와 다른 모든 생명이 하나가 되어 서로 통하는 것입니다. 이
세상의 모든 존재는 중중무진하게 서로 관계하고 서로 의존하는
하나의 생명그물, 하나의 생명공동체를 이루고 있다는 것입니다.
불교에서는 이 세상을 상와사(samvasa)라고 합니다. 이 말은 '더불
어 살아야 하는 세상'이라는 의미입니다.

　이러한 하나의 생명사상에서 볼 때 이 세상에는 내 생명이 아닌
것이 없고 내 생명이 없는 곳이 없습니다. 대평등의 세계입니다. 그

렇기 때문에 기독교나 이슬람에서와 같은 인종차별이나 남녀의 성차별 등이 없습니다. 부처님은 4성의 엄격한 신분계급제도인 카스트를 부정하시면서 "출생을 묻지 말고 행위를 물으라"라고 하셨습니다. 하는 일이 무엇이냐에 따라서 직업의 이름이나 귀천이 결정되는 것이지, 출생에 의해 결정되는 것이 아니라고 하신 것입니다. 그리고 불교에서는 인간을 수많은 생명 가운데 하나로 볼 뿐입니다. 인간만의 구원이 아니라 모든 생명(중생)을 구제하자는 것입니다. 그래서 불교에서는 '살인을 하지 말라'가 아니라 '살생을 하지 말라'라고 하는 것입니다.

또 불교에서는 자연과 환경을 파괴하는 것은 곧 내 생명을 파괴하는 자살행위와 같은 것으로 봅니다. 다른 생명을 '부리라'라고 하고 자연을 '정복하라'라고 하는 기독교의 천지창조 말씀과는 많이 다릅니다.

불교의 무아사상은 동서고금의 모든 종교나 사상들이 세상의 모든 것을 실체론적, 기계론적 이원론적으로 보는 것과는 극명하게 다른 것입니다. 제법무아야말로 부처님의 가르침을 드러내는 첫 번째 깃발입니다. 불교의 모든 것은 무아로부터 비롯되는 것이라 하겠습니다.

사실, 인간의 삶이 무상하고 괴롭다고 하는 삶의 기초에 대한 인식은 불교만의 독특한 것이 아닙니다. 어떻게 보면 내세(천국)에서의 영생을 목표로 신(神)의 길을 택한 기독교 등 계시종교에서 현세 부정적인 인식은 더 강할지 모릅니다. 그러나 불교에서는 그런 차원을 훨씬 넘어 인간의 이성과 자유의지를 바탕으로 냉철한 내적 관찰을 통해 신(神)은 고사하고 집착하는 '나'라는 실체 자체가 없다(무아)는 근원적인 가르침을 주는 것입니다.

'나'는 오온의 연기적 산물일 뿐 고정불변하는 실체성이 없으므로 공(空)이며 무(無)입니다. 공이며 무아이기 때문에 반야심경에서는 불가득(不可得)이고 무소구(無所求) 무소득(無所得)이며 무가애(無可碍) 무주상(無住想)이라 했고, 금강경에서는 무유정법(無有定法)이며 제상비상(諸相非相)이고 즉비시명(卽非是名)이라고 했습니다.

기독교의 실체론적, 이원론적, 수직적, 일회적인 신앙과 사유체계는 세상의 모든 것을 선과 악, 믿음 천국과 불신 지옥, 구원과 저주 등과 같이 이항 대립적 구도로 고착화시킨 뒤 그들 중 하나를 선택하도록(either/or) 강요하는 것이므로(예수의 설교는 구원에 대한 보상과 지옥에 대한 공포를 끊임없이 호소함) 필연적으로 대립과 배타, 상극일 수밖에 없는 구조입니다. 그에 반하여 불교에서 연기의 상관적, 전일적, 가역적, 원환적인 사유체계는 공존(both/and)과 상생, 불이와 중도의 구조입니다.

불구부정이고 유혐간택(有嫌揀擇)이며 불사선 불사악(不思善, 不思惡)하고 자정기의(自淨其意)하라고 했습니다. 악인을 없애려면 먼저 성인을 없애야 하고, 부도덕을 없애려면 도덕을 세우지 말라고 했습니다. 선과 악은 물론 미추, 빈부, 귀천 등 일체의 상대적인 분별을 초월하라고 합니다. 부처님 가르침의 핵심은 연기법과 무아, 즉 '나다'라는 벽이 깨져 나와 다른 모든 생명이 하나라는 존재의 실상을 깨닫고(지혜) 연기법대로, 즉 '나'가 빠진 하나로서의 삶을 사는 것(자비의 실천)입니다.

기독교에서는 원수를 사랑하라고 하나 불교에서는 사랑해야 할 원수가 따로 있는 게 아니라 우리는 사랑할 수밖에 없는 하나라는 것입니다. 동체자비인 것입니다.

제법무아를 말하는 불교는 진리를 독점하지 않습니다. 모든 것이 관계에 의해 결정된다는 불교의 연기사상은 나만이 옳다는 독선적 사고를 허용하지 않습니다.

이 책 제1부의 「3. 불교는 열린 종교, 평화의 종교입니다」에서 불교의 특징에 대해 설명한 것처럼, 역사를 돌이켜 보면 인류를 구원하겠다고 나선 종교가 여럿 있었는데 그중에서 과연 인류에게 진정한 자유와 평화 그리고 행복을 준 종교는 어느 종교였나요. 십자군전쟁, 종교재판, 마녀사냥과 화형, 수많은 종교전쟁 등으로 중세 천년의 긴 역사를 암흑 속에 살게 한 종교는 어느 것이었나요.

근대 이후에도 노예제, 제국주의, 과학적 지식이나 자유사상의 억압, 유대인 학살 등의 부정적 역사는 어느 종교의 것이었나요. 그리고 지금도 이스라엘과 팔레스타인 전쟁, 9·11테러, 발칸반도의 인종청소, 이슬람과 힌두교의 충돌, 수니파와 시아파의 분쟁 등 지구촌 곳곳에서 끊임없이 자행되는 처절한 분쟁사태는 어느 종교를 배경으로 하고 있는가를 생각해 보면 사랑과 구원을 입버릇처럼 외치는 기독교, 이슬람 등 게시종교의 본질을 바로 알 수 있는 것입니다. 그것은 그들의 유일, 절대사상이 '나와 다름'을 결코 인정하지 않는다는 점입니다. 진리를 독점하는 닫힌 종교이기 때문입니다. 성경이라는 문자에 꽉 막혀 꼼짝 못하는 종교입니다.

이에 반하여 공존과 상생, 중도를 의미하는 불교의 무아, 연기사상은 위와 같은 인간의 상극적인 집단 광기로부터 인류를 구원할 수 있는 비폭력, 평화주의 종교로서 21세기, 나아가 인류의 영원한 공존공영의 대안사상이 될 수밖에 없습니다. 그것은 2천 6백 년의 불교의 역사적 발자취를 돌아보면 분명해지기 때문입니다. 지나간 역사를 돌아보고 현재 벌어지고 있는 사태의 본질을 꿰뚫어 보면 나아갈 길이 분명하게 보인다는 말입니다.

칼 야스퍼스는 "불교는 종교라는 이름으로 다른 종교를 탄압하고 폭력이나 종교재판, 종교전쟁을 일으키지 않은 유일한 종교다"라고 했습니다. 또 인도의 불교 성군이라고 칭송되는 아쇼카 왕은 "타인의 신앙을 존중하는 것은 나의 신앙을 존중하는 것이며 반대로 타인의 신앙을 해치는 것은 곧 자신의 신앙을 해치는 것이다"라고 했습니다.

더 나아가서 부처님은 "마치 강을 건넌 사람이 뗏목을 버리듯이 불법까지도 버려야 한다"라고 말씀하셨습니다. 황금으로 된 감옥도 자유를 속박하기는 마찬가지라는 말씀입니다. 자신의 가르침에 대해 세상의 어떤 종교 창시자도 하지 못한 말씀을 부처님은 서슴없이 하고 계신 것입니다. 불교는 이렇게 열린 종교입니다.

6
만법유의(萬法唯意)

　불교사상의 양대 산맥은 공사상(중관)과 유식사상이라고 할 수 있는데, 기존의 삼법인에는 유식사상을 명확히 드러내는 것이 빠져 있습니다. 그래서 저는 새로운 삼법인의 하나로 만법유의를 말하고자 하는 것입니다. 일체유심조라 하고 만법유식, 삼계유심이라고도 합니다.

　부처님이 이 세상을 고통스럽다고 하신 것은 이 세상이 실제로 고통스럽다는 것이 아니라 중생들이 세상을 있는 그대로 보지 못하고 자기 중심적으로 보는 데서 고통을 스스로 짓는다는 것입니다. 원래 인간의 마음이 개입되지 않은 세상은 백지와 같이 가치중립적인 것인데 인간은 거기에 자기 중심적으로 이름과 기능, 가치 등을 매겨 놓고 스스로 묶여 갈등하는 것입니다. 그래서 마음을 화가라고 합니다.

　그냥 보고 듣는 게 아니라 보고 싶은 것을 보려고 하고 듣고 싶은 것을 들으려는 마음을 가지고 보고 듣기 때문에 있는 그대로를 보고 듣지 못한다고 합니다. 심외무법(心外無法)인데 의재목전(意在目前)이라는 것입니다. 자기 중심적인 분별심(manas: 意)으로 있는 그대로 보지 못하기 때문에 미혹한 고통의 세상이 벌어진다는 것입니다.

바라는 마음(그렇게 되었으면, 그렇게 되지 않았으면)이 없으면 괴로울 일이 없을 것인데 바라는 마음이 앞서니 스스로 괴로움을 만든다는 것입니다. 이와 같이 불교는 자업자득, 자작자수를 믿고 무슨 일이든 우선 자기 자신에게 책임을 돌리고 자신을 돌아보라(조견오온, 회광반조)고 합니다.

이에 반하여 기독교는 전지전능하다는 하느님을 '인격신'으로 믿는 종교입니다. 따라서 무슨 문제가 생겼다 하면 '하느님의 뜻'을 들먹이며 그 책임을 하느님에게 돌리고, 문제의 해결도 하느님께 매달리는, '병 주고 약 주는 식'의 하느님을 믿는 종교입니다.

그리고 문제를 해결(탕감)해 줬으니(대속) 이를 믿고 받아들이고 찬양해야만 천국 간다고 합니다. 그렇지 않으면 지옥 간다고 합니다. 매우 타산적입니다. 초월적, 절대적 존재라는 하느님이 어떻게 이기적이고 변덕스럽고 간사하기까지 한 인간의 감정을 가지고 세세한 인간사에 구체적으로 개입하는지 이해할 수 없습니다.

또 전지전능한데 왜 이 세상에 악이 존재하는가에 대해서는 하느님의 선의 의지를 드러내기 위함이라고 합니다. 마치 평화를 드러내기 위해서 전쟁이 필요하다는 식입니다. 어처구니없지만 이것이 그들의 정통 교리입니다.

그러나 불교는 무신론입니다. '창조주 하느님'이라는 것은 인간의 마음이 만들어 낸, 실체가 없는 허구적 개념(산냐: delution)일 뿐이라고 합니다. 이와 같이 허황되고 불합리한 하느님의 뜻을 들먹이는 기독교의 믿음보다는 자기 중심적인 욕망과 분별심을 괴로움의 원인으로 보는 불교의 가르침은 분명 합리적이고 이성적이며 윤리적인 성숙한 태도인 것입니다.

7
수행성불(修行成佛)

부처님은 "자신을 등불(섬)로 삼고 자신에 의지하고 법을 등불(섬)로 삼고 법에 의지하라. 이 밖에 다른 것에 의지해서는 안 된다"라고 말씀하셨습니다. 인간은 스스로 괴로움으로부터 벗어날 수 있는 능력을 본래부터 갖추고 있는 존재라는 것입니다. 어리석고 미혹하여 알지 못하고 보지 못할 뿐, 중생은 여래와 같은 지혜와 덕상을 갖춘 부처라고 했습니다. 또 마음과 부처와 중생은 똑같아서 어떤 차별도 없다고까지 선언하셨습니다.

불교는 이와 같이 인간의 이성(지혜)과 그 가능성에 대한 깊은 신뢰 위에 세워진 종교입니다. 인간의 원죄와 하느님의 징벌을 강조하는 기독교와는 출발부터 다릅니다.

불교는 수행해서 스스로 부처가 되자는 종교인 데 반해 기독교는 하느님의 뜻을 따르는 충실한 종이 되자는 종교입니다. 인간은 결코 신이 될 수 없습니다. 기독교에서는 인간은 피조물일 뿐만 아니라 죄인이라고 합니다.

이 원죄라는 것도 지독한 연좌제여서 자기책임을 강조하는 불교와는 너무 다릅니다. '한 사람이 죄를 지어 이 세상에 죄가 들어왔

고 모든 사람이 죄를 지어 죽음이 온 인류에게 미치게 됐다'라고
합니다.

불교에서는 선과 악을 구분하는 지혜를 정견(바른 지혜)이라고 하
여 팔정도의 첫 번째 수행의 덕목, 기준으로 삼고 있습니다. 그런데
기독교에서는 선과 악을 구분할 줄 아는 과일을 따 먹은 것을 원
죄라고 하는 것을 이해하기 어렵습니다. 설사 신의 뜻을 거역한 잘
못이라고 해도 단 한 번의 잘못으로 전 인류가 한 명의 예외도 없
이 모두 죄인이어야 하나요. 또 예수의 십자가 처형으로 모든 인류
가 죄에서 해방된다는 것도 이해하기 어렵습니다(대속신앙: 예수 자
신은 죄가 없는데도 인간 때문에 스스로 대신 벌을 받은 것이라 하여 정치
범으로 몰려 처형된 것을 대속이라 하고, 그렇기 때문에 인간은 예수를 믿어
야 구원을 받는다고 함).

그들은 말하기를, 인간은 스스로의 문제를 스스로 해결할 능력
이나 힘이 없으며 구원은 신의 은총일 뿐 인간의 노력에 대한 보상
일 수가 없다는 것입니다. '네 공로로 뽑힌 것이 아니라 하느님의
은총으로 뽑힌 것'이라고 합니다.

이와 같이 인간의 이성은 애초부터 포기, 단념됨으로써 인간의
행위(주체적 노력)는 아무런 의미가 없으며 죄의 자각과 신에 대한
믿음만 강조됩니다. '예수를 믿지 않는 사람은 이미 죄인으로 판결
을 받았다'라고 합니다. 그들은 악행으로 저주받는 것이 아니라 불
신앙으로 저주받는다고 합니다.

기독교가 이 땅에 들어온 지는 200년 정도밖에 되지 않았는데
그 이전에 예수를 몰랐던, 아니, 알 수도 없었던 우리 선조들은 모

두 지옥에 가 있다는 말인가요. 더욱이 현재 지구상의 인구가 80억 명을 육박하는데, 15억 명 정도밖에 되지 않는 기독교 신자를 제외한 나머지 60억 명이 넘는 이슬람, 불교, 힌두교, 유교, 신도 등의 다른 종교인이나 특별한 신앙을 갖지 아니한 사람들 모두가 지옥에 떨어진다면 세상에 이런 억지와 독선이 어디 있나요. 우리 주위의 선량한 이웃들이 단지 예수 그리스도를 받아들이지 않는다는 이유만으로 멸망의 길을 가야 한다면 기독교는 사랑의 종교가 아니라 증오의 종교, 저주의 종교라고밖에 말하지 않을 수 없습니다.

그러나 불교에는 죄인이 없습니다. 인간은 구원의 대상이 아니라 자성이 청정하고 스스로 완벽한 존재입니다. 불교는 문제(원죄와 종말 심판)를 만들어 놓고 해결사가 등장하는 그런 구조가 아닙니다. 병 주고 약 주는 식이 아닙니다. 다만 자기 중심적인 분별심(意)으로 인해 나와 세상을 있는 그대로 보지 못하는 어리석음, 즉 무명(無明)이 문제라는 것입니다. 따라서 불교에서 말하는 것은 무명을 걷어내기 위한 수행을 해야 하고, 그 결과 깨달음을 얻어 본래의 부처(자성청정심)를 회복하자는 것입니다.

이와 같이 불교는 수행(주체적 노력)을 중시하는 수행의 종교입니다. 그래서 불교에는 제법이 무아(空)이고 일체가 유의(唯意)임을 깨닫게 하기 위한 다양한 수행체계가 확립되어 있습니다. 팔정도와 육바라밀을 비롯하여 간경, 주력, 염불 등이 그것입니다.

그리고 불교는 기독교처럼 지성의 희생을 감수하고 무조건 믿어야만 하는 신앙의 종교가 아니라 부처님 스스로 "와서 보라. 내 말이라도 면밀히 검토해 보고 나서 옳다고 인정되거든 받아들이라"

라고 말씀하셨듯이 이해를 바탕으로 하는 믿음, 신해(信解)의 종교입니다. 기독교에서 의심은 죄악이 되지만 불교에서는 큰 의심은 큰 깨달음을 낳는다고 합니다(간화선에서의 大疑情).

　부처님은 '나'라는 것이 오온의 가합일 뿐 실체가 있는 것이 아니라는 무아의 가르침을 통하여 '나'에 대한 집착을 끊을 것을 가르치셨는데, 수행에 의하여 집착의 업력(業力)이 무화(無化)되어 죽은 후에는 '나'라는 오온의 존재 자체도 소멸하고 다시 태어나지 않음으로써 윤회에서 벗어나는 것을 완전한 열반이요 궁극적인 이상이라 합니다. 이름을 붙이자면 탈 개체적, 탈 존재적 구원관이라 하겠습니다.

　이에 비하여 기독교에서는 '나'의 정체성, 즉 지상에서의 '나'라는 존재가 어떤 형태로든 사후에 영원히 산다는 것(영생)을 구원이라고 합니다. 인격적 구원관입니다. 죽어서 까지 '나'에 대한 강한 집착의 끈을 놓지 못하고 있는 것입니다. 요단강 건너가 만나자고 합니다. 그러나 만나자고만 할 뿐 언제의 기억과 어느 때의 모습으로 만나는지에 관해서는 답이 없습니다. 이러한 기독교의 인격적 구원관은 불교의 시각으로 보면 고통스러운 윤회의 삶으로밖에 보이지 않습니다. 지상에서의 내 삶의 기억과 경험이 영원히 지속되는 것이 과연 행복한 것일까요?

　기독교의 인격신과 인격적 구원관은 결국 인간의 이기적 욕망을 한껏 투사하고 이를 신이라는 절대적 권위 밑에 교묘히 숨기고 합리화한 것은 아닌가 하는 생각이 듭니다. 그렇다면 기독교는 궁극적으로 인간의 끈질긴 생존욕에 굴복한 종교라고 하지 않을 수 없는데, 이런 종교로 과연 명경지수와 같은 무념, 무상, 무아의 삶과 구원이 가능하겠는가 하는 의문을 떨칠 수가 없습니다.

부처님은 말씀하셨습니다. "나의 가르침은 인간의 이기적 욕망을 거슬러 그것을 없앰으로서(逆流門) 지극한 평온과 최상의 행복을 얻을 수 있는 것"이라고. 괴로움이 발생한 자리, 그곳이 괴로움이 소멸하는 자리입니다. 땅에서 넘어진 자는 땅을 짚고 일어나야지, 땅을 여의고 일어나려는 것은 잘못된 것입니다. 기독교의 인격적 구원관은 불교의 탈 개체적, 탈 존재적 구원관과 비교하면 어쩐지 저급하고 유치하기까지 하다는 생각이 드는 것은 저 혼자만의 생각일까요?

제11부

어떻게 살 것인가

1
두 가지의 명상과 마음의 평안

불교를 공부하면서 '어떻게 살 것인가'에 대한 생각은 사람마다 다를 것입니다. 그러나 제가 초기불교를 공부하고 내린 결론은 다음의 세 가지입니다.

첫째, 항상 깨어 있어라. 둘째, 내 몸과 마음이 무상하고 괴로움이며 무아인 것을 명상하라. 그래서 괴로움의 근원인 나에 대한 집착심을 내려놓도록 해야 한다. 셋째, 삼업을 청정하게 하여 악을 짓지 말고 선한 업을 실천하라. 이것이 현생에 행복하게 살 수 있는 길이며 다음 세상에도 좋은 세상에 태어나게 하는 길이다. 이것은 팔정도를 실천하는 것이며 역대 부처님의 공통된 가르침(칠불통계)이다.

저는 이 세 가지를 '깨어 있음과 삼법인 명상', 그리고 '십선업 실천 명상'의 두 가지 명상 염불의 형태로 정리했습니다. 저는 이 두 가지 명상을 매일 아침 일어나자마자 실천합니다. 그런 지가 벌써 10년이 넘어 이제는 일상이 되었습니다. 갈수록 마음이 평안해지는 것을 느끼며 살고 있습니다.

2
깨어 있음과 삼법인 명상

삼계도사 사생자부 석가모니불(3)

형성된 것들은 소멸하기 마련인 법이다. 방일하지 말고 정진하라 (부처님의 마지막 유훈). 호흡에 집중하여 마음을 고요히 하고(정정), 부처님 말씀(사성제, 연기법)을 한시도 잊지 않고 기억하면서(정견), 매 순간(지금, 여기) 내 몸과 마음의 모든 현상들(대상: 몸, 느낌, 마음, 마음의 작용들)의 움직임을 좋아하거나(탐욕, 바라는 마음) 싫어하는 마음(성냄, 없애려는 마음) 없이, 마치 남의 일처럼 내 주관적인 생각 (想: 고정관념, 선입견, 시비, 판단, 비교 등 상대적인 분별심)을 개입시키지 않고 객관적인 입장에서(오온과 오개를 나와 동일시하지 않고), 그러나 대상에 대해서는 정신 똑바로 차리고 밀착하여 끝까지 놓치지 않고 있는 그대로를 지켜서 보라(정념, 사념처).

그리하면 언젠가는 그토록 소중한 '나'라고 하는 것이 알고 보니 단지 색, 수, 상, 행, 식이라는 다섯 가지 무더기(요소)의 결합에 불과하다는 오온의 지혜와, 모든 것은 원인과 결과, 즉 조건 발생이라는 연기의 지혜, 그리고 모든 것은 항상 변하므로 불만족이고 또 내 맘대로 할 수 없으니 무상하고 고이며 무아라는 삼법인의 지혜를 통찰하게 될 것이다.

그러면 그동안 대상에 대해 즐기고 집착했던 마음은 버려지고 오히려 이들을 싫어하고(염오) 멀리하게 되어(이욕, 단순한 무심이 아님) 지극한 행복과 평온을 얻게 될 것이다(해탈, 열반).

그리고 이러한 내면관찰(insight: 자기 분석)은 평소에 모르고 있던 나의 성격이나 행동 습관을 알게 하여 대상에 즉각적 반사적 반응을 하기 전에 마음에 여유 공간(대응 시간, 방법)을 가지고 행동을 자율적으로 통제할 수 있어 나쁜 습관이나 성격을 고치고 새로운 자기 창조를 가능하게 한다.

오온무상 석가모니불(3)

나는 살아가면서 일상적으로 먹고 숨을 쉬고 보고 듣고 냄새 맡고 맛보고 감촉하고 느끼고 생각하고 의도하는 등 쉼 없는 생명활동을 한다. 그리고 성장과정에서 많은 교육을 받고 또 사회생활을 하면서 다양한 학습을 하고 수많은 사람들과 교섭을 하는데 이러한 수많은 신체적, 정신적 경험들이 유사한 성질별로 모이고 쌓인 다섯 가지 무더기가 색, 수, 상, 행, 식이라는 오온이며 이것들이 내몸과 마음을 이루고 있어서 결국 나는 이들 오온의 집적일 뿐이다 (나는 나 아닌 것으로 이루어진 것이다. 구성요소를 본래 자리로 되돌리면 '나'는 없는 것이다).

따라서 내 몸과 마음은 이 다섯 가지 무더기(요소)들이 지금까지 모이고 쌓이면서 변화해 왔던 것처럼 앞으로도 항상하지 않고 모이고 쌓이면서 끊임없이 변해 가는 것이다(오온의 상속). 내가 지금

마주하고 있는 상황과 조건은 언제든지 바뀌는 것이다.

이와 같이 오온이 무상임을 알아야 무명으로 인한 인식의 왜곡(常)에서 벗어나 집착을 하지 않게 되어 평온을 얻게 된다.

오온개고 석가모니불(3)

태어난 몸은 늙고 병들고 죽는 길을 피할 수 없어 가장 큰 고통이며(생로병사) 마음은 원하는 대로 되지 않아 괴롭다(애별리고, 원증회고, 구부득고, 우비고뇌).

괴로운 느낌은 물론이고(고고) 행복하다는 느낌도 끝내 괴로움이며(괴고) 근본적으로 형성된 것들은 변할 수밖에 없기 때문에 불만족이어서 괴로운 것이다(행고).

요컨대 이들 모든 괴로움은 조건으로 형성된 오온을 나라고 취착하기 때문이다(오취온고).

이와 같이 '나'라는 존재 자체가 괴로움이라는 것을 알아야 무명으로 인한 인식의 왜곡(樂)에서 벗어나 집착을 하지 않게 되어 평온을 얻게 된다.

오온무아 석가모니불(3)

내 몸과 마음은 조건(삼사화합촉) 따라 끊임없이 일어나고 사라지는 현상들의 연기적 흐름(오온의 이어짐)일 뿐, '나'라고 하는 불변의 실체, 즉 영혼과 같은 영속적 실체가 있는 것이 아니다.

그렇기 때문에 내 몸과 마음은 내 의지대로 변하지 않게 하고 괴롭지 않게 할 수 있는 것이 못 된다. 마음대로 안 죽고 마음대로 근심 걱정 안 할 수 있는가.

이와 같이 내 의지대로 어쩌지 못하는 이 몸과 마음은 '나의 것', '나', '나의 자아'가 아니다. '나'라고 하려면 나에게 상일성(자기동일성)과 주재성(내 마음대로 할 수 있음)이 있어야 하는데 우리는 그렇지 못해 무아인 것이다.

그런데도 우리는 이 다섯 가지 무더기의 결합에 불과한 오온을 불변의 실체가 있는 '나'라고 집착하는 잘못된 생각(유신견)을 가지고 있어서 온갖 괴로움을 겪는 것이다.

이와 같이 오온이 무아임을 알아야 무명으로 인한 인식의 왜곡(我)에서 벗어나 집착을 하지 않게 되어 평온을 얻게 된다.

참회진언 석가모니불(3)

무시 겁 이래 몸과 입과 생각으로 알게 모르게 지은 죄(10악업)를 모두 참회합니다. 옴 살바 못자모지 사다야 사바하.

그리고 탐욕과 성냄과 어리석음으로 다시 또 업을 짓지 않겠습니다.

선업공덕 석가모니불(3)

'나'는 없고 내가 지은 업과 그 과보의 흐름만 있는 것입니다(유업보, 무작자). 나는 업의 상속자로 업으로부터 태어났고 업에 묶여 있는 업의 존재입니다.

이러한 업보의 흐름에서 내가 할 수 있는 일은 보시를 하고(施) 계율을 지키며(戒) 선정 수행(定)과 지혜 수행(慧) 등의 선업공덕을 지어 좋은 조건을 많이 만들어 놓는 일입니다.

이 조건들은 다음 세상에서 그것이 성숙할 때 선한 과보(선처, 천상)로 응답하여 나를 보호하게 될 것입니다.

3
십선업 실천 명상

살생하지 않겠습니다. 나는 살고 싶고, 죽고 싶지 않으며, 즐거움을 원하고, 괴로움을 싫어합니다. 다른 생명도 살기를 원하고, 죽고 싶지 않으며, 편안함을 원하고, 괴로움을 싫어합니다. 그러한데 어찌 다른 생명을 죽이거나 해칠 수가 있습니까? 돕지 못하면 최소한 해치지는 말아야 합니다.

도둑질하지 않겠습니다. 주지 않는 것을 억지로 내 것으로 하지 않겠습니다. 부당한 방법으로 부를 축적하지 않겠습니다.

삿된 음행을 하지 않겠습니다.

거짓말하지 않겠습니다. 진실만을 말하겠습니다.

이간질하지 않겠습니다. 화합하는 말을 하겠습니다.

악하고 험한 말을 하지 않겠습니다. 부드럽고 온화한 말을 하겠습니다.

쓸데없는 말을 하지 않겠습니다. 이치에 맞고 절제가 있으며 유익한 말을 적절한 시기에 하겠습니다.

탐욕을 버리겠습니다. 감각적 욕망의 대상에 집착하지 않겠습니다. 나눔과 베풂(보시)에 애써 힘씀으로써 욕심을 덜어내고 적은 것으로 만족하겠습니다(소욕지족). 인색함을 버리겠습니다. 평소에 작은 것부터 실천하는 습관을 길러 남을 돕는 것이 자연스런 삶의 일부가 되도록 노력하겠습니다.

성냄을 버리겠습니다. 단 한 번의 분노로 그동안 쌓아 온 공덕과 좋은 인연이 무너지고 파괴되고 만다는 것을 명심하고 분노가 치밀고 미움이 앞을 가릴 때 즉시 이를 알아차려 우선 인내한 다음 내 마음의 평안을 위해서 참았던 것을 풀겠습니다. 그런 다음 상대도 나의 고정관념 때문일 뿐 본래 미운 사람이 아니라는 것을 이해하고 용서하겠습니다. 나아가 생명 있는 모든 존재들이 행복하고 평화롭기를, 고통에서 벗어나기를 기원하겠습니다.

어리석음을 버리겠습니다. 삿된 생각(유신견, 상견, 단견)이 모든 번뇌, 괴로움의 근원임을 알고 부처님의 가르침(연기법, 사성제, 팔정도)으로 항상 깨어 있도록 하겠습니다. 그러기 위해서 부처님의 가르침을 읽고 배우는 데 온 정성을 기울이겠습니다.